SaaS

产品增长笔记

从0到100，PLG落地实战

吴平辉 著

电子工业出版社

Publishing House of Electronics Industry

北京·BEIJING

内 容 简 介

本书是专注 SaaS 产品增长的实战之作，将理论和实践相结合，既有作者 9 年从业经验的提炼，也有对国内外数十个优秀产品的案例解读。全书共有 5 个部分，以增长三阶段为核心框架展开，包括用户研究、产品设计、集客营销、客户成功、用户运营、SaaS 出海等内容。通过阅读本书，你将对 SaaS 产品如何从 0 到 1、从 1 到 100 有全面的认知，也可以通过书中的理论与案例厘清思路，更可以借鉴各类实战技巧。本书适合 SaaS 创业者、增长负责人、产品负责人、市场负责人、运营负责人和企业服务赛道投资人等阅读。

图书在版编目（CIP）数据

SaaS 产品增长笔记：从 0 到 100，PLG 落地实战 / 吴平辉著 . —北京：电子工业出版社，2023.1
ISBN 978-7-121-44540-8

Ⅰ . ①S… Ⅱ . ①吴… Ⅲ . ①企业管理－应用软件 Ⅳ . ①F272.7-39

中国版本图书馆 CIP 数据核字（2022）第 227005 号

责任编辑：石　悦　　　　　特约编辑：田学清
印　　刷：三河市君旺印务有限公司
装　　订：三河市君旺印务有限公司
出版发行：电子工业出版社
　　　　　北京市海淀区万寿路 173 信箱　　　　邮编：100036
开　　本：720×1000　　1/16　　印张：17.75　　字数：298 千字
版　　次：2023 年 1 月第 1 版
印　　次：2023 年 1 月第 1 次印刷
定　　价：89.00 元

凡所购买电子工业出版社图书有缺损问题，请向购买书店调换。若书店售缺，请与本社发行部联系，联系及邮购电话：（010）88254888，88258888。
质量投诉请发邮件至 zlts@phei.com.cn，盗版侵权举报请发邮件至 dbqq@phei.com.cn。
本书咨询联系方式：（010）88254199，sjb@phei.com.cn。

前　言

↘本书由来

- 2016 年夏天，我从一个创业项目中退出，再一次面临职业选择。既有大厂机会，也有创业团队的橄榄枝，何去何从？最终，在群核科技 CTO 朱皓的邀请下，我又回到了这家公司。为什么又回到了群核科技呢？当时我的想法很简单，我想经历一个产品的成长，经历一家公司壮大的过程。我已经见证过酷家乐从 0 到 1，不如再继续参与从 1 到 100 吧！一转眼，6 年过去了。如今，群核科技已经成为国内头部的 SaaS 公司，旗下除酷家乐外已有多款产品，业务也扩展到全球各地。
- 当 SaaS 行业还不被人们关注时，我已身在其中，而当 PLG 概念兴起时，却发现酷家乐正是实践者。这几年我陆续受邀参加活动并做交流分享，在这一过程中逐渐将自己的经验提炼出来，便有了本书的核心内容。但因为工作繁忙，需要陪伴儿女，所以我一直没有时间将自己的经验形成文字，直至 2021 年开始负责酷家乐国际版 Coohom 在全球的用户增长工作，才有了验证先前所总结内容的机会，于是一边应用一边写作，断断续续一年方得完成书稿。效率委实不高，但是我之前的经验经历了更多检验。

↘本书核心

- 人要经历童年、少年、青年、中年等不同阶段。在每个阶段人的状态都不一样，需求也不一样，要做的事情也不一样。没有人会指望 3 岁小孩的身高达到 1.8 米，也很少有人接受 30 岁还赚不到钱。那 SaaS 产品增长是不是也要分阶段呢？我认为这是肯定的。SaaS 产品增长有不同的阶段，且对应不同的侧重点，"做正确的事"就是在特定的时期做合适的事情。很多人并没有这种认知，在 SaaS 产品尚未得到市场验证时就组建销售团队，并开始往外推广产品，结果却是客户不满、钱打水漂、团队涣散。这样的场景在许多公司都发生过，当然我也亲身经历过。

- 也许有人迫于形势，被投资方要求采取措施，但更多的是团队上下缺乏对产品增长逻辑的认知与敬畏。自以为有钱就行，于是好高骛远；自以为有成功经历，便忽视产品自然增长的规律；自以为人定胜天，便做出揠苗助长的事情。写作本书，便是期望能给读者提供一个全局认知，基于更长的时间周期来做计划，择时而动，既不冒进，也不错过。

↘内容结构

- 本书主要包含 5 篇。第一篇从 SaaS 的本质出发来选择增长战略，第二篇、第三篇、第四篇依次介绍增长三阶段的重点策略及实战技巧，第五篇着眼未来，介绍我对第二增长曲线的探索。本书将理论与实践相结合，覆盖了 SaaS 产品增长的各个阶段，包括用户研究、数据指标、NPS、产品设计、冷启动、集客营销、客户成功、用户运营、SaaS 出海、产品矩阵、PLG 等内容。我希望本书对读者有所启发。我的经历有限，许多内容未能深入介绍。若有不足之处，还望读者理解与指正。

↘ 致谢

- 本书的写作过程有些曲折，前后花了近两年时间，过程中也得到了很多朋友的支持。
- 感谢我的家人，他们始终包容并鼓励我，让我有时间和动力坚持写作。
- 感谢电子工业出版社的石悦老师，他为本书的出版付出了很多时间与精力。
- 感谢群核科技的三位创始人和诸位前同事，与你们并肩战斗的经历让我学到了很多。
- 感谢林文丰、郑生强、李可娜、徐欣妍、陈清国等朋友对本书的反馈建议。

目　录

第二篇 验证期：打造市场需要的产品

第五篇　可持续增长

第一篇
SaaS 增长引擎与阶段

　　SaaS（Software as a Service，软件即服务）市场规模超千亿美元，每年仍保持着高速增长。在美国上市的 SaaS 公司中，市值百亿美元、千亿美元的公司很多，SaaS 产品的应用也非常广泛且深入。中国 SaaS 行业的发展比美国 SaaS 行业的发展慢了数年。中国 SaaS 行业正在快速发展中，并且中国的 SaaS 市场也将达到千亿元的规模。不过中国 SaaS 公司的发展并不一帆风顺，营收达到上亿元的公司少，赚钱的公司更少。国内外的商业文化、市场环境等不同，SaaS 模式虽好，但照搬是行不通的。我们要探索出一条适合中国的 SaaS 发展之路，既要看到 SaaS 的本质特点与发展历史，又要结合中国的实际情况，还要灵活应用不同领域的优秀经验。本篇将从 SaaS 的发展历史开始讲起，纵览其特点与各类增长引擎，并概述我基于多年从业经验总结出来的"SaaS 增长阶段论"。

第1章

SaaS 崛起，从 "No Software" 开始

1.1　Salesforce 的创办

1994 年，网景①开发的 Netscape Navigator 浏览器问世，掀起了互联网的浪潮。1995 年，网景上市，一飞冲天，就在网景上市前一个月，亚马逊公司创立了。随后，亚马逊公司快速发展，并在两年后成功上市。在各类互联网公司喷涌而出时，马克·贝尼奥夫正享受着令人羡慕的生活，作为 Oracle（甲骨文股份有限公司）的副总裁，他有着舒适的工作环境、稳定的薪水和丰厚的期权。在 Oracle 工作 10 年后，马克认为该做些有意义的事，亚马逊公司正好引起了他的注意。如何把在消费领域发展得如火如荼的互联网应用于商业领域，将软件的购买、使用搬到互联网上，是他一直思考的事情。

---

① 网景是网景通信公司（Netscape Communications Corporation）的常用简称。网景通信公司曾经是美国的一家计算机服务公司，以开发的网页浏览器 Netscape Navigator 而闻名。网景于 1994 年成立，在 1998 年 11 月被 AOL（American Online，美国在线）收购。

当马克还在思考时，他的老同事汤姆创办的 Seibel 在 1996 年上市并成为 CRM（Customer Relationship Management，客户关系管理）领域的领头羊。作为早期投资人，马克从 Seibel 上市这件事情中收获不小，也在软件与互联网结合这件事情上有了更多的想法，后来他与汤姆反复探讨 SaaS 模式的 CRM，汤姆也邀请他加入自己的公司。不过他们的想法不同，马克认为 SaaS 将会成为革命性的趋势，汤姆则认为 SaaS 只有很小的市场，所以马克没有加入 Seibel，而是选择自己干。

终于，1999 年，马克辞职并在旧金山创立了 Salesforce，那年他 34 岁。同年，35 岁的马云在杭州创立了阿里巴巴集团，同样 35 岁的贝索斯已成了那年《时代》周刊的年度封面人物。这三人真是有缘，亚马逊公司的 AWS（Amazon Web Services，亚马逊网络服务）是全球云计算领域的龙头，阿里云是中国云计算领域的先锋，Salesforce 则是 SaaS 时代的开创者。

1.2　提出 "No Software" 的口号

从公司成立开始，Salesforce 就很有针对性，直指传统软件公司，向它们大力宣传 SaaS，并提出 "No Software" 的口号。当然，这个口号可不是随便提出的，Salesforce 将其当作最有利的武器之一，去挑战对手，攻城略地。2000 年 2 月 7 日，Salesforce 在旧金山摄政剧院以 "The End of Software"（软件的终结）为主题开展了一场活动，约有 1500 人参加。后来在 3 月，Salesforce 又让一些演员在对手 Seibel 的会议地点外面进行抗议，以夸张的方式喊口号，效果也很明显，Salesforce 第一次出现在新闻报道中。在之后的很多年里，Salesforce 采取各种非常规手段宣传 SaaS 理念，同时还把自家产品推向大众视野，一个行业就这样让一家公司引领、发展起来，而 Salesforce 也成了 SaaS 行业的绝对代表。

1.3 从 Salesforce 的发展看 SaaS 行业

Salesforce 的发展历史是整个 SaaS 行业的缩影，下面我们简单回顾一下 Salesforce 发展的时间线与关键节点。

（1）1999 年，Salesforce 创立。同年，阿里巴巴集团创立。

（2）2001 年，Salesforce 推出首个 SaaS 模式的 CRM。

（3）2003 年，Salesforce 举办首届 Dreamforce 大会，当年其收入约为 1 亿美元。

（4）2004 年，Salesforce 于纽约证券交易所上市，代码为 CRM。同年，SaaS 电商服务平台 Shopify 和 ITSM（IT Service Management，IT 服务管理）服务商 ServiceNow 创立。

（5）2005 年，Force.com 上线。同年，人力资源管理系统服务商 Workday 创立。

（6）2007 年，基于 Salesforce 平台的医疗领域垂直 CRM 供应商 Veeva 上线，并在 2013 年上市，如今其市值约为百亿美元。

（7）2009 年，Salesforce 的年收入达 10 亿美元，被 Gartner 评为 CRM 领域第一。同年，创立于 1982 年的软件巨头 Adobe Systems Incorporated（奥多比系统公司，以下简称 Adobe）开始快速发展 SaaS 模式。

（8）2012 年，Salesforce 的订阅客户达到 10 万名。同年，ServiceNow 和 Workday 上市，两家公司都是市值排名前十的 SaaS 公司。

（9）2015 年，Salesforce 进入《财富》世界 500 强排行榜，员工约两万名。同年，软件研发协同平台 JIRA 的母公司 Atlassian 上市，成立于 1983 年的以财务软件为主的 Intuit 公司开始快速发展 SaaS 模式。同时，阿里巴巴集团的钉钉也上线正式版，中国 SaaS 创业与融资第一次达到高潮。

（10）2017 年，Salesforce 的年收入达到 100 亿美元。同年，Adobe 的订阅收入占比超过 80%，Adobe 成功转型为 SaaS 公司。

（11）2019 年，Salesforce 斥资 157 亿美元收购数据分析平台 Tableau。同年，PLG（Product Led Growth，产品驱动增长）模式的代表公司 Zoom、Slack、Datadog 上市。

（12）2020 年，Salesforce 的市值超过传统软件巨头 Oracle 的市值。同年，Salesforce 斥资 277 亿美元收购即时通信平台 Slack。

（13）2021 年，Salesforce 的市值稳定在 2000 亿美元以上，市值超 1000 亿美元的 SaaS 公司有 5 家，市值超 100 亿美元的 SaaS 公司有 40 家。

从 Salesforce 的发展中可以发现，每当 Salesforce 的发展达到一个里程碑时，便有其他细分领域的优秀 SaaS 公司创立或上市。网景与美国知名风险投资公司 Andreessen Horowitz（a16z）的创始人安德森曾说 "Software is eating the world"，现在则是 "SaaS is eating the world"。过去 10 年，全球 SaaS 产业市场规模增长迅速，年复合增速达到 25%。在美股新上市的科技公司中，很多公司都是 SaaS 模式的，整体市值不断增长。传统软件巨头们纷纷转变了态度，从最初的不屑到激进地转型，其中便有转型成功的公司 Adobe 和 Intuit。

每隔几年，就会有一批 SaaS 模式的公司出现，各类垂直细分领域 SaaS 模式的公司也层出不穷，其中以 Zoom、Slack、Datadog 等为代表的 PLG 模式的公司风头正盛。随着数字化在国家 "十四五" 规划中被重点强调，中国 SaaS 行业也迎来了新机遇。如何打造好 SaaS 产品并获得快速增长，是本书要探讨的主题。

第2章
SaaS 的特点与增长逻辑

SaaS 是 Software as a Service 的缩写，常译作"软件即服务"，是一种软件分发模式，在云端集中部署，客户可在线使用并按需付费。SaaS 还被称为"按需定制软件""在线软件""托管软件"等，从这些名称中可以感受到 SaaS 既是一种软件交付方式，又是一种商业模式。如果将 SaaS 与其他云计算概念［如 IaaS（Infrastructure as a Service，基础设施即服务）、PaaS（Platform as a Service，平台即服务）］放在一起，SaaS 又成了技术名词，如图 2-1 所示。总之，云时代的软件不再是一张光盘、一个安装文件或一堆代码，而是服务。卖软件是一种逻辑，做服务是另一种截然不同的逻辑。

图 2-1　SaaS、PaaS、IaaS 关系图

那怎么做好 SaaS 呢？作为从业者，其实不必纠结定义，可以从底层逻辑出发，结合 SaaS 的特点去做增长。相比传统软件，SaaS 的核心特点是云端在线、多租户架构、订阅制和服务。

2.1　云端在线，无处不在

回想十几年前，我通过光盘安装杀毒软件，然而现在的计算机和笔记本电脑几乎都没有光驱了。以前，需要什么软件就从网上下载，后来慢慢地很少安装软件了，而是直接通过网页在线使用。打开浏览器就可以看资料、写文档、处理图片、分析数据、管理任务等。不论是在公司还是在上班、下班的路上，不论是用计算机还是用手机，都可以处理工作。这就是 SaaS 的魅力，只要有网络，就能使用。

云端在线这一特点使各项工作发生了变化。首先，改变的是营销，以往客户只能通过广告或销售渠道了解产品，现在客户可以主动了解和体验产品。其次，改变的是销售，客户体验完产品后可以直接在线付款，不一定要经过销售人员，开通即可使用，交易、交付流程不再烦琐。再次，改变的是服务，客户既可以在线上使用产品，又可以在线上咨询，甚至可以自助解决更多的问题。另外，客户不需要等很久才能更换版本，而是能始终使用最新版本。最后，改变的是运营，以往厂商很难了解客户的使用体验，也无法干预，但 SaaS 能采集到客户的各种行为数据，支持精细化运营，这便为实现客户成功打下了基础。

2.2　多租户架构，集中部署

在知乎、百度知道等平台上常常有人问"如何理解 SaaS"，如果用类比的修辞手法来解释，可以这样理解：找人定制、开发软件就相当于自己建房子，虽然成本高但能建成自己想要的样子；购买传统软件相当于购买商品房，一次性付很多钱但房子属于自己；使用 SaaS 则相当于租住公寓，拎包入住，按月或按年付租金就可以了。SaaS 与前两者的核心区别体现在"租"这个字上。

"租"意味着所有权和使用权分隔，客户无须考虑建设与维护等事情，想用就用，不想用就停。厂商不仅要考虑最初的交易，还要做好运营和维护，这就为厂商带来新的挑战。因为集中部署，SaaS 服务一旦出现问题就会波及大量客户。然而，要做到完全不出问题非常困难，Salesforce 就在 2021 年 5 月发生了一次长达 5 小时的全球宕机事故，原因是一位工程师想规避批准，快速处理问题，结果弄巧成拙，反而带来更大的问题。所以，当厂商采用 SaaS 集中为客户提供服务时，必须将安全性与稳定性放到首位来考虑。

另外，"租"也意味着更加标准化，但缺少个性。每个人、每家公司都不同，必然会有个性的需求，而且越是大公司，个性化需求越多，所以，SaaS 公司既要满足客户的个性化需求，又要把握好与标准产品的关系。可以采取的方式比如像 Salesforce 那样发展自己的 PaaS，开放能力，让第三方提供更个性化的产品或让客户自己去满足特殊需求。当然，随着大数据与 AI（Artificial Intelligence，人工智能）的应用，不做 PaaS 也可以提供很多个性化体验，这也是 SaaS 发展的趋势。

2.3 订阅制，按需付费

什么是订阅制呢？我们身边比较常见的例子就是手机话费套餐了，现在手机每月的套餐费用为十几元甚至上百元，交费才能享用，不交费就停机。比如哔哩哔哩或爱奇艺上的一些视频在付费后才能观看，这也是订阅制。原先，购买软件是一锤子买卖，比如花钱买了 Office 2007，可以一直用，但想要升级到 Office 2013 就得花钱，这样的模式使得很多人一直用旧版本而不愿升级。订阅制让客户想用就付费，少用少付费，多用多付费，想一直用就得一直付费。SaaS 公司的客户虽然在使用初期付费少，但随着时间的推移，客户贡献的收入会不断提高，远远超过一次性售卖的收入。

一些大公司发现 SaaS 的这个特点后，也纷纷往订阅制方向发展。比如微软推出 Office 365，虽然客户还在用本地软件，但改成了在线订阅，按年收取费用；Adobe 也如此，把 Photoshop 等产品的收费方式改成订阅制。最终，这些公司都迎来了收入暴增，其股价也不断攀升。如今，Adobe 的订阅收入已经占了全部收入的大部分，Adobe 摇身一变成为 SaaS 公司。当然，也有很多转型不成功的例子，因为这不是把一次性收费方式改为订阅制收费方式就可以的，得给客户带来实际好处，比如成本更低、服务更好等。只有客户愿意持续使用产品，才会有高留存率，订阅制才可行。如果客户流失率高，在第二年或第三年客户就不使用产品了，那么公司的收入很可能填不平获客成本。很多厂商做一次买三年给优惠或买两年送一年的活动，就是因为客户流失率高而不得不采取这样的策略，这种所谓的订阅制实际上就是一次性收费。

采用订阅制的公司要考虑得长远一些，因为客户在使用初期付费少，这时企业的收入可能不足以覆盖获客成本或服务成本，只有当客户持续使用产品一段时间后才有正向利润，如图 2-2 所示。所以，SaaS 公司需要投入更多的运营资源，甚至建立专门的客户成功部门，以确保客户能用起来并持续使用产品。

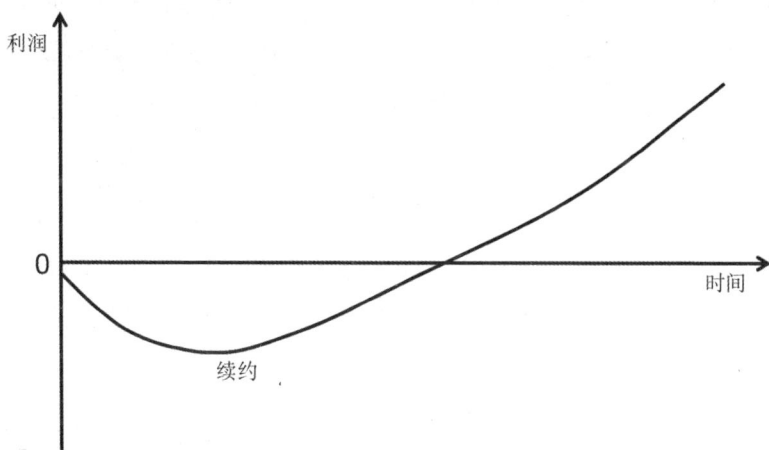

图 2-2　SaaS 公司单客户贡献利润变化趋势

不过订阅制未必就是按年收取固定费用，具体方式有很多种，比如按账号数收、按时间收、按使用量收、按交易抽成等。这些方式的特点是非一次性，只要客户使用产品，就能收到钱，客户用得越多就能获得越多的收入。这是订阅制的核心魅力所在，也是 SaaS 公司在市场上获得高估值的关键。

2.4 服务，持续的服务

SaaS 的核心是服务。一般来说，商品就是产品或服务，或两者的组合，在纯产品和纯服务之间又可以根据偏好分成产品导向、使用导向、结果导向。当我们购买产品时，买的是产品本身，比如一个苹果、一部手机或一个软件；而当我们购买服务时，买的则是某种结果，比如好看的发型、干净的房间、更快的业务增长等。购买产品可以看产品的各种参数，产品的参数符合条件即可；购买服务却有着较大的不确定性，使用之后才知道结果如何。正因为这种差异，传统软件公司关注前端销售如何卖产品，而 SaaS 公司侧重后端运营如何让客户成功，它们都提供一套系统，但已然有了很大区别。

软件厂商具有软件开发能力，可以提供产品，也可以提供服务，卖什么对它们来说是个选择题。但客户需要的是收入增长、降本提效，显然采购什么是结果导向的。企业需要可以带来结果的各种解决方案，解决方案需要各种服务，而 SaaS 则是服务中的一类。许多软件厂商提供代运营、代招聘、代培训等服务，甚至其解决方案中的软件订阅费用只占一小部分，这便是缘于客户的需求。

如果企业想做好 SaaS，就得深入思考所提供的服务究竟怎么样，以及怎么衡量。当我们衡量一个软件怎么样时，可以看它的功能强弱、速度快慢、故障多少。而衡量 SaaS，就得看客户用得如何、是否达成目标。两者的评判标准不同，如果只想着产品的功能如何，始终跟客户保持距离，也做不好 SaaS。

由此可见，SaaS 的独特性很明显，既有传统软件的重，又有互联网产品的轻，既要做线上的营销与运营，又要拓展线下活动与渠道，既重视前端销售，又依赖持续服务，既能以低成本提供标准产品，又能支持个性化的需求。如此种种，使得 SaaS 的增长需要相应的战略来配套。

2.5　一些常见概念的区分

1．SaaS 和 PaaS 的差异

SaaS 面向终端用户。虽然 PaaS 也具有 SaaS 的一些特点，但它不面向终端用户，而是面向应用。在云计算领域，PaaS 在 SaaS 的下一层，中间还有 aPaaS（application Platform as a Service，应用程序平台即服务）这样的过渡型。

2．网站、Web 应用和 SaaS 的差异

SaaS 是一种模式，其特点是云端在线、多租户架构、订阅制和服务。SaaS 需要联网使用，但不是只在网页上使用。Web 应用是基于网页浏览器的应用，与本地软件及其他终端 App 相对应，可能是 SaaS 也可能不是 SaaS。虽然这两者不同，但交集也不少，比如软件 Zoom 是 SaaS，但在手机上使用的 Zoom App 不是 Web 应用；企业可以在本地服务器上部署 Web 应用，能在内部网络通过浏览器访问使用，但这却不是 SaaS。

网站与 Web 应用的区别则更明显一些。网站可以只是一个页面，可以只有内容，但 Web 应用却不是，它更复杂且有用户交互。

3．一些看着像但不是 SaaS 的产品

爱奇艺、奈飞等平台虽然采用订阅制，但属于内容服务，而非软件服务。京东、拼多多、淘宝等主要提供的还是平台流量，不是软件服务。

第 3 章

寻找合适的增长引擎

中国的 SaaS 行业已发展十多年，市值 10 亿美元以上的 SaaS 企业和已上市的公司只有十几家，与美国 SaaS 行业的发展比起来相距甚远，其主要原因是中国的市场接受度不高、市场规模小。近两年，在新冠肺炎疫情、政策等因素影响下，中国的 SaaS 行业迎来了快速发展期。钉钉与企业微信都拥有了数亿位用户、上千万家企业和组织，同时也有大量公司涌入 SaaS 行业。欣欣向荣的行业意味着竞争的到来，SaaS 企业不仅要教育市场还得与竞争对手抢夺客户。什么样的竞争力才是 SaaS 企业获得更快增长所需要的呢？关于这个问题，我们既要注意到 SaaS 与传统软件的差异，又要考虑 SaaS 产品之间的不同。下面我抛砖引玉，从不同类型的 SaaS 适用于不同增长引擎的视角展开，做简单的分析。

3.1　SaaS 的 3 种分类

先来了解 SaaS 有哪些类型，因为不同的产品面临的挑战不同，所以影响 SaaS 增长的关键因素也不同。目前，行业里对 SaaS 的分类有很多种，以下是 3 种分法。

（1）按场景将 SaaS 分为通用型 SaaS 与垂直型 SaaS，通用型 SaaS 与垂直型 SaaS 如表 3-1 所示。

表 3-1 通用型 SaaS 与垂直型 SaaS

		垂直型 SaaS				
		教育 SaaS	金融 SaaS	房产 SaaS	零售 SaaS	……
通用型 SaaS	会议系统					
	CRM					
	HRM					
	客服系统					
	……					

- 通用型 SaaS，是指适用多个行业并服务通用业务场景的产品。例如，CRM 系统纷享销客、智能客服系统网易七鱼、一体化 HR SaaS 和人才管理平台 iTalentX、视频会议软件 Zoom 等。

- 垂直型 SaaS，是指为特定行业提供针对性服务的产品。例如，服务电商 行业的有赞微商城、服务餐饮行业的奥琦玮、服务教育行业的校宝在线、 服务家居行业的酷家乐。

通用型 SaaS 通常聚焦于具体业务而跨行业，垂直型 SaaS 通常聚焦于特定行 业。当然，也有既深度服务多个行业、多个行业场景的 SaaS，还有只服务单个行 业、单个业务场景的 SaaS。

（2）按收益将 SaaS 分为增收类 SaaS、降本类 SaaS、合规类 SaaS。

- 增收类 SaaS，主要用来帮助企业更好地获取客户和收入。例如，营销类 SaaS、商城类 SaaS、支付收银类 SaaS 等。

- 降本类 SaaS，主要用于内部管理、提升工作效率、降低人力成本等。例 如，办公协同软件、招聘系统、网盘存储软件等。

- 合规类 SaaS，主要是为了符合法规、政策而产生的。例如，财务类、法 务类的工具。

（3）按面向群体将 SaaS 分为 To C SaaS、To B SaaS、To G SaaS 3 种类型。

- To C SaaS 是指面向个人用户的主要适应办公生产力的各种通用工具。例 如，文档写作软件、任务管理系统、平面设计软件等。

- To B SaaS 是指面向企业客户的产品，包括各种类型的产品。例如，CRM 系统、ERP（Enterprise Resource Planning，企业资源计划）系统、OA（Office Automation，办公自动化）系统等。

- To G SaaS 是指面向政府或事业单位的产品。例如，电子印章、电子证照、人脸识别等系统，但通常情况下使用的不是公有云 SaaS，会采用本地或私有部署、混合部署。

3.2 常见的六大增长引擎

每个人都有多种不同的能力，每个人都有自己擅长的方面，每家企业也如此。企业的突出之处是驱动企业增长的动力，有的企业可能只有一项，有的企业可能有多项。在 SaaS 行业，常见的驱动力有销售、市场、渠道、产品、技术、运营。

（1）销售。客单价高、复杂度高且决策链路长的场景对销售人员的要求较高，销售能力强的企业才能在竞争中取得优势。在互联网行业中，销售能力强的团队有阿里铁军（也叫"中供铁军"，全称"中国供应商直销团队"）、美团的地面推广人员等，而 SaaS 企业中销售能力强的有纷享销客等。

（2）市场。看重品牌、知名度、影响力的场景要求企业的市场能力强，并能获取客户信任，例如 Salesforce 就非常擅长做市场品牌宣传。

（3）渠道。传统软件企业特别依赖渠道，就像厂商难以面对终端用户一样。一般依赖社会网络的或具有独立性的区域市场，需要依靠渠道来做增长，比如 Salesforce 获取客户依赖与各类咨询公司合作这一渠道。

（4）产品。终端用户对决策的影响越大，产品自身的影响力越大。在企业服务领域，终端用户的话语权越来越重要，可见产品的影响力将成为每家企业的核心竞争力。

（5）技术。许多 SaaS 产品之间没有技术上的明显差异，例如企业微信 SCRM

（Social Customer Relationship Management，社会化客户关系管理）系统。有的 SaaS 产品就强依赖技术能力，例如大数据与 AI，如果 SaaS 产品具备明显优势，自然也就具有很强的竞争力。

（6）运营。在落地难、重服务的场景中，运营能力将决定客户能否把产品用起来，也决定了是否有留存和续费，例如企业微信 SCRM 系统看着简单，但让客户真正用起来很难。

3.3　选取核心竞争力

在市场竞争中，不同类型的 SaaS 依赖的能力不同，SaaS 企业需结合自身资源的积累情况，选取核心竞争力，并扬长补短。下面我们从两种不同的划分思路来看看 SaaS 企业应侧重的能力及需要打造的竞争力。

第一种是根据客户规模与客单价来划分，不同的客户规模与客单价对应的增长竞争力如图 3-1 所示。

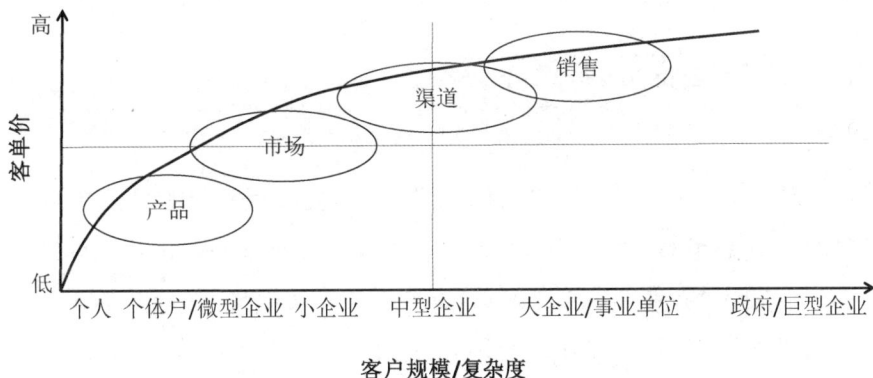

图 3-1　不同的客户规模与客单价对应的增长竞争力

从图 3-1 中可以直观地看出，个人用户需要的产品的客单价低，同时使用者与决策者一致，因而它强调产品与市场这两种能力。而随着客户规模变大，对产品的需求越来越复杂，客单价越来越高，决策链路越来越长，这就需要销售和渠道这两种能力参与进来，甚至有些企业依赖于特定渠道。

第二种是根据侧重的能力来划分。不同类型的 SaaS 侧重的企业能力如图 3-2 所示。

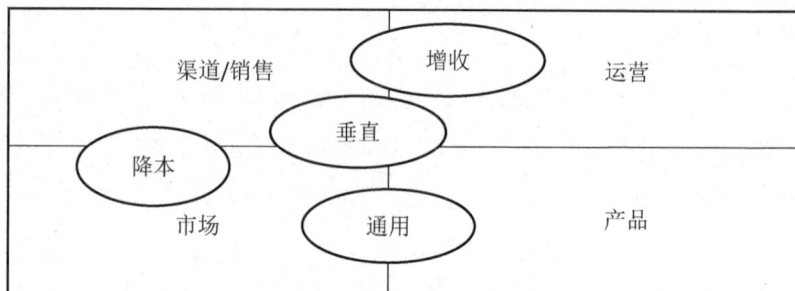

图 3-2　不同类型 SaaS 侧重的企业能力

一般来说，垂直型 SaaS 更需要行业知识，比如酷家乐的员工中就有许多曾经的家居行业从业者，同时还注重销售和渠道这两种能力，对其他能力也有一定要求。通用型 SaaS 涉及多种客户角色，看重品牌影响力，对市场和产品这两种能力的要求也比较高。增收类 SaaS 对运营能力有较高要求，例如 SCRM 工具的价值多大全看用户的应用情况，需要厂商提供更好的服务。降本类 SaaS 的价值较难衡量，需要做更多的市场教育工作，因而更侧重市场和销售这两种能力。

3.4　混合增长引擎是未来

当下对于 To B SaaS 来说，比较重要的两项能力就是销售能力与产品能力，SaaS 行业里关于 SLG（Sales Led Growth，销售驱动增长）和 PLG 的讨论不少，还有人过于推崇某种能力。投资大师查理·芒格常常提及"拿锤子的人"，生活中很多人强依赖某一种思维方式或手段，把所有东西都当作钉子，然后一直捶。更好地适应环境的方式是拥有多元思维模型，具备多种能力。每家 SaaS 企业都应具备多种能力，打造出综合竞争力，根据实际情况使用不同的模式。我认为多数企业可以采取混合模式，既要有销售驱动增长，又要有产品驱动增长，还可以有市场驱动增长、运营驱动增长、技术驱动增长等，尤其产品驱动增长已形成一股新潮流，更要重点关注。

第4章

"产品驱动增长"如何在本土落地

大概 3 年前，我工作的公司开始使用 Zoom 视频会议软件，那时国内知道它的人比较少。在此之前，公司使用另一款软件与硬件一体的会议系统，经同事强烈推荐后大家发现 Zoom 确实好用，后来公司开远程会议基本就用 Zoom 了。再后来因为受环境影响，Zoom 退出中国市场，我们公司内部开会逐渐改用腾讯会议软件，但在举行跨国视频会议时仍然使用 Zoom。从这里可以看出 PLG 产品的特点：提供免费使用或试用，产品体验好，用户口碑推荐，客户主动购买。

4.1 什么是 PLG

PLG 是 Product Led Growth 的缩写，意为产品驱动增长或产品导向型增长。这一概念最早由风险投资公司 OpenView 的 Blake Bartlett 在 2016 年提出，现在它已成为美国 SaaS 行业的一股风潮，典型的代表公司比如 Atlassian、LogMeIn、Wix、Zendesk、Zoom、Dropbox、Slack 等。提出者将 PLG 定义为一个聚焦终端用户的增长模型，将产品自身作为客户获取、转化的主要驱动力。*Product Led Growth* 一书的作者 Wes Bush 对 PLG 的定义是：PLG 是一种进入市场的战略，它将产品作为获取、激活和留住客户的主要工具。下面对这一定义中的几个关键点解读一下。

（1）GTM 战略。Gartner 对 GTM 的定义："GTM（Go To Market，进入市场）是关于如何触达客户并使之购买产品或服务来获得竞争优势的详细计划。GTM战略包括与定价、销售、渠道、购买旅程、新品上市、品牌重塑、引入新市场等相关的一系列策略。"从这个角度看，PLG 强调的是市场，强调的是让客户知道并购买产品，还要建立优势。它主要研究一款产品是在国内销售还是销售到国外，是在线上销售还是在线下销售。

（2）终端用户。以往企业购买软件的决策者主要是老板、CIO（Chief Information Officer，首席信息官）或信息主管、业务部门经理等，他们是购买软件的人，而实际使用的人是一线员工。有时企业推广应用购买的产品非常难，那是因为产品不是员工想要的、喜欢的。怎么办呢？让员工挑选自己喜欢的产品。从"老板觉得好，买了让员工用"变成"员工用了觉得好，推荐老板买"。因此，PLG 重点关注实际使用产品的用户，这也使 To B SaaS 有了更多 To C 的属性。

（3）模型/战略/方法论。PLG 是一个增长模型，是一种战略，也是一种方法论。它不是一种具体的技巧或手段，而是思维理念。

（4）产品自身。产品的特点、能力、价值在传统软件市场中并不受重视，产品的推广更多依赖于人，产品的成交靠销售、靠关系。而 PLG 则主张不依赖于额外的推销，更多靠产品自身。

（5）获取、激活、转化、留存与扩展。销售部门和市场部门关注的是前端获客，其他环节较少顾及。而以 PLG 为思路的产品在用户生命旅程的各个阶段都起到重要作用，比如通过产品体验塑造口碑，进而获取被推荐来的新客户，又或者通过持续的 A/B 测试来提升转化率，以及通过打造更多新功能来刺激客户升级和增购。

4.2 PLG 的 SaaS 公司

要想更直观地理解 PLG，就得看具体有哪些产品或公司，国外 PLG 的典型代表公司有 Atlassian、Zoom、Dropbox、Slack 等，它们的共同特点是产品简单、口碑好、增长快，很多还有网络效应。作为 PLG 的支持者，OpenView 每年都会发布 SaaS 行业报告，其中还整理了美股上市 SaaS 公司中采用 PLG 类的公司名单，如图 4-1 所示，Zoom、Dropbox、Atalassian 等知名公司都在列，其中还有 OpenView 投资过的 Datadog。

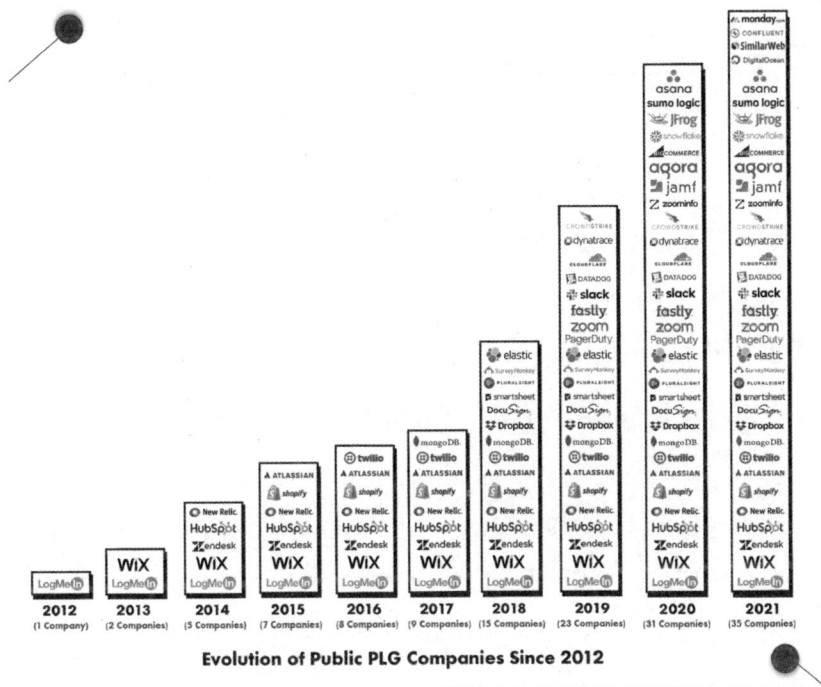

图 4-1　OpenView 2021 年产品基准报告图

国内采用 PLG 的公司不多，形成规模的公司更少。表 4-1 是中国采用 PLG 的 SaaS 公司及其发展领域。

表 4-1　中国采用 PLG 的 SaaS 公司

公司/产品	模式	领域
酷家乐	PLG+SLG	3D 云设计
蓝湖	PLG	设计协同
石墨文档	PLG	在线文档/协同办公
有赞	PLG+SLG	电商
码云	PLG	代码托管/研发协作
创客贴	PLG	在线设计
小鹅通	PLG+SLG	教育

当然，这里只列举了一部分产品，可见 PLG 在很多细分领域中都有应用。表 4-1 中列出了采用 PLG+SLG 模式的公司，它们的共同特征是早期侧重 PLG 而后侧重 SLG，用户数都不小，收入相对较高。

4.3　为什么会有 PLG

传统软件公司和许多 SaaS 公司都极度依赖销售，例如 Oracle、SAP、Salesforce 等，这种模式就是销售驱动增长，简称 SLG。然而行业开始变化，从卖方市场向买方市场转变，且随着网络的普及，个体的话语权得到很大提升，这就使企业面临以下新的挑战。

（1）依赖销售渠道的获客成本与服务成本不断增加，SaaS 公司需要寻找成本低的渠道和运营模式。

（2）用户变得挑剔，自我意识增强，更愿意自己做决定，用户希望用自己喜欢的而不是公司要求使用的产品。

（3）网络环境下用户口碑的影响力被无限放大，产品体验不好，寸步难行，产品体验好，才有续费和老带新。

如何面对这些新的挑战呢？PLG 应运而生，其优势也非常明显。

（1）"自助"带来高自主性和低成本。公司采用 PLG，便意味着产品要让用户自助完成各项工作。如表 4-2 所示，用户在体验产品、付费、学习使用、服务、升级产品等方面能独立完成，不需要过多的销售人员与服务人员介入。这样不仅过程成本低，还让用户更有自主权，更愿意相信自己的选择，公司的客户忠诚度也会高些。

（2）好产品带来好口碑。产品设计得简单、易用，并以终端用户为中心进行优化，体验自然得到提升，口碑也就有了。好口碑又会带来更多的新用户，既免费又优质，甚至可能形成"病毒式"传播，实现高速增长，比如 Slack 和 Notion 就是如此。

表 4-2 "自助"带来的变化

用户旅程	非自助模式	自助模式
体验产品	预约，销售演示	在线注册试用
付费	销售谈判，签合同，银行打款	在线支付
学习使用	现场实施，培训教学	在线自学
服务	客户成功经理或客户服务支持	以帮助中心+机器人为主
升级产品	销售上门推销引导	自行体验升级

下面简单对比一下 PLG 与 SLG，如表 4-3 所示。

表 4-3 PLG 和 SLG 的对比

类型	主要目标	特点	优点	缺点	适应领域	营销策略
PLG	快速扩大市场占有率	以产品为核心，各团队围绕产品开展工作	获客成本低，用户口碑好，用户/客户增长速度快	难以搞定大客户	简单场景，中小客户、潜在用户/客户多	提供免费版或试用版，在线推广多，注重口碑传播
SLG	最大化营收	销售驱动，产品研发等团队跟着销售团队开展工作	客单价高，能搞定大客户，收入多	获客转化周期长	复杂场景细分领域，客户少	当面演示沟通，线下推广多，打造销售团队

从表 4-3 中可以看出 PLG 和 SLG 有明显差异。当然，一家公司可以同时实践两种模式，也可以在不同阶段实践不同模式，比如 Atlassian 公司在第一个 10 年的收入达到 1 亿美元，其中没有销售收入，不过如今也有了一个规模不小的销售团队。实际上，随着业务的发展，很多 SaaS 公司都会采用混合模式，不止 PLG 和 SLG，还有 MLG（Marketing Led Growth，市场驱动增长）和 CLG（Customer Led Growth，客户驱动增长）等。

4.4 落地 PLG 的方法

1. 何时采用 PLG

落地 PLG 的第一步，便是考虑在什么情况下采用 PLG，因为对于某些产品而言，PLG 是核心，对于另一些产品而言，PLG 只是参考。下面提供一个何时采用 PLG 的方法，根据产品复杂度和客单价划分出 4 个区域，分别是高客单价高复杂度、高客单价低复杂度、低客单价高复杂度、低客单价低复杂度。显然，低客单价高复杂度这个区域的价值很低，我们主要看另外 3 个区域。把主流的 SLG、新潮的 PLG 及混合模式放入其中，可以得到如图 4-2 所示的分布。

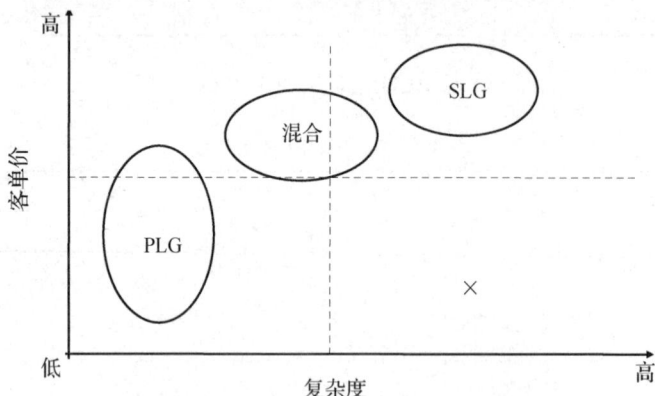

图 4-2　基于产品复杂度和客单价选取增长模式

PLG 更适合复杂度低的产品，让客户自助了解、自助学习、自助注册使用，甚至自助付款。SLG 的获客成本高，自然也就对应高客单价高复杂度的产品。有的产品既要为许多终端用户提供简单的产品，又要向企业提供复杂的解决方案，这时候就要采用混合模式。当然，采用 PLG 还要考虑潜在用户数，用户数少了也难走通，如图 4-3 所示，按实现 1 亿元收入来看，客单价越低，则需要越多的客户。

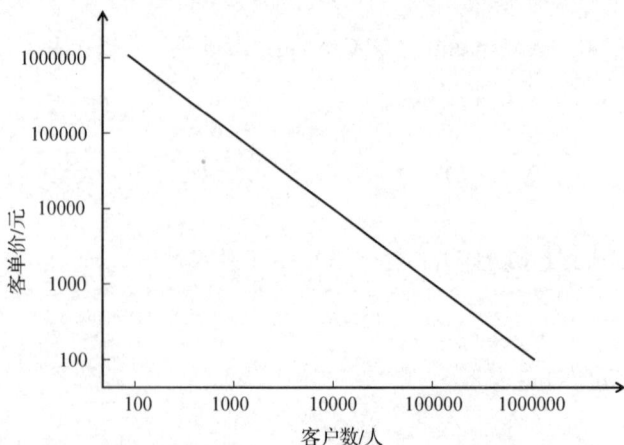

图 4-3　客户数与客单价关系的变化趋势

2．创始人，战略与文化

近两年企业微信 SCRM 赛道很火。我在某行业的群里看到一些创业者说市面上的产品太差，想打造一款更好的 SCRM 工具。产品刚上线，一些公司就立马让销售人员开始卖，将产品自诩为 PLG 模式的产品。我好奇并去访问，发现其产品跟别家的产品并无明显差异，还不提供免费版和试用版。做 PLG 可不是做出一个功能强大的产品，而是从创始人、团队、开发、营销到转化都需要从产品出发。而首要条件就是创始人真正理解 PLG 并将之作为公司级战略去落地。创始人或负责人应当是做研发或产品出身的，这样，将 PLG 作为战略时才不容易跑偏。然后，还需要让团队里的人都了解并认可 PLG，都想着做好产品、让产品自己增长，而不是客户给钱就做或有钱才做。

3．获客：采用基于产品的营销策略

营销策略有很多，与 PLG 比较契合的策略主要有 4 种。

（1）内容营销与 SEO（Search Engine Optimization，搜索引擎优化）。这始终是获取免费流量的重要方式，要围绕产品生产出大量优质内容。比如 HubSpot 有大量用于 SEO 的内容，而且都跟产品相关，其官网每月的自然搜索访客有上千万个。

（2）口碑营销。只要产品足够优秀，老用户就会带来大量新用户。我曾经对酷家乐的个人用户做过调研，一半以上的用户表示使用酷家乐来自他人推荐，现在的 Canva、Notion 也如此。

（3）病毒传播或裂变。这种营销策略适合协同类产品或类似属性的产品，比如 Slack、Zoom、Calendly，因为用户在使用时会邀请其他人一起用，这样才能完成协同的工作流。

（4）社交媒体与 KOL（Key Opinion Leader，关键意见领袖）。自身社交媒体运营得好的公司（如 Adobe）的内容都是用自家产品做出来的，非常吸引人，在社交媒体上有很多粉丝，与粉丝的互动率也很高。

4. 激活：让用户快速体验到产品的价值

激活的核心是让用户以最短路径体验到产品的核心价值或者经历 Aha 时刻。很多产品的新用户流失率高，是因为用户只进来"体验"了一下产品，根本没有感受到产品的价值。每个产品都需要明确第一个"Aha 时刻"，比如对于 Dropbox 来说"Aha 时刻"是成功上传文件，对于 Slack 来说"Aha 时刻"是建群发消息，对于酷家乐来说"Aha 时刻"是渲染出效果图。当然，在产品变得复杂后，会发现不同类型的用户的 Aha 时刻是不同的，个人、团队的 Aha 时刻也不同。

从 PLG 的角度看，激活的重点是让用户"能用"和"会用"。"能用"是指降低门槛让用户能够直接体验产品。如果需要在网上填一堆表单，然后等几天让销售人员做一次线下或线上的试用，这显然不是 PLG。比较好的方法是让用户轻松地体验到产品的价值。比较常见的方式有两种：一种方式是免费试用（Free Trial），如免费使用正式版 7 天、14 天或 30 天，这种方式适合面向企业客户且潜在用户规模小的产品，比如有赞。另一种方式是免费增值（Freemium），提供免费版和不同的付费版，让用户逐级上升，这种方式适合面向个人且用户规模大的产品，比如 Zoom、酷家乐等。"会用"是指产品尽量简单，同时做好新手引导。在这方面，SaaS 可以学习游戏软件的新手引导，采用弹窗、提示、视频、任务等方式，也可以结合短信、微信、邮件通知等。

5. 留存：让用户自助使用产品

在留存环节，PLG 模式下需要做的事情与激活场景有些类似，但也要有更多的配套服务，以实现用户能自助、深入使用的目标。这里概括为 3 点：易用、自助、互助。以往面向企业用户的产品只看功能，不讲体验，但时代不同了，大家渴望使用更简单、易用的产品，如 Zoom 之于 WebEx，除了易用，还要有配套的自助服务模块，比如引导提示、智能客服机器人、帮助中心、产品手册、教学课程等。更进一步就是建立用户社区与粉丝社群，比如 Figma 让用户和粉丝彼此交流、学习，这样不仅能降低内部服务成本，还能让用户们形成一个巨大的网络，其忠诚度将更高。做到极致，就是不需要在线客服、培训师、技术支持。

另外，对于 To B SaaS 来说，还有一个重要的基础是高稳定性、高安全性，否则，产品再简单、易用也枉然，越是大型企业，其产品的安全性、稳定性越重要。

6. 转化：设计完整的商业转化路径

很多主要面向个人用户或小微团队的 SaaS 公司采用 Freemium 方式，即先用免费产品获取大量用户再做商业转化。如果是好的工具类 SaaS 产品，总会有人愿意付费，实际上网民的付费意识也在不断增强，我个人付费购买的工具类 SaaS 产品就有十几个。不过，个人用户或小微团队能贡献的利润非常有限，SaaS 公司需要不断地向上发展，才能获取更大规模的客户。这样 PLG 模式的产品就会覆盖不同规模的客户，既有免费用户也有付费用户，既有企业客户也有个人用户。其商业转化路径通常是从免费到付费、从个人到企业、从基础到高级。企业级软件的线索转化通常是先有 MQL（Marketing Qualified Leads，市场验证线索）再有 SQL（Sales Qualified Leads，销售验证线索），而 PLG 模式的 SaaS 则是在注册用户中培育出 PQL（Product Qualified Leads，产品验证线索）再到 SQL 和商机转化。很多面向个人用户做得不错的产品，其商业转化不够好，其中一个重要的原因就是没有设计完整的商业转化路径。只有定义、筛选、跟进并转化好 PQL，才可能实现产品驱动增长。

4.5 关于 PLG 的误解或常见问题

（1）Freemium 方式下免费培养用户有什么意义？

从客户金字塔结构来考虑，底层是大量免费用户，顶端是大型企业客户。我们可以通过免费用户往上输送付费用户或线索，比如在百度上投放广告获得一个线索要几百元甚至几千元，但通过免费用户拿到线索的成本会低很多。培养免费用户，不过是一种获客手段。其他手段是把钱花在广告上来提升影响力，而培养免费用户是让一大群人免费使用产品来提升口碑，最终获得更多付费用户与企业客户。

（2）采用 PLG 是不是就不需要销售了？

前面已经讲过 SLG 和 PLG 的差异，随着产品的增长，便会发现大客户少了。面对大客户，就需要销售。比如 Zoom 等公司都是有销售团队的，而且规模不小。所以采用 PLG 不代表不需要销售，甚至 PLG 和 SLG 可以同时作为公司战略，但各有侧重。既要做好产品，又要做好销售，这样才能发展得更快。

（3）PLG 模式下要不要进行付费推广？

好产品有口碑，才会有自发的传播，才会有更多免费流量，但同样需要更多人知道。口碑加推广，才能带来更快的增长。但付费推广带来的流量比例相对更低，自然流量应当占大部分。

（4）对于产品来说，只要用户数大就足够了吗？

光有用户还不行，还要有有转化潜力的目标用户。对于 SaaS 公司来说，需要的终端用户是目标企业员工或行业从业者，而不是广泛意义上的用户。比如网盘产品，如果只强调存照片、存电影，就会吸引大量普通用户，普通用户对容量的需求大、付费意愿低，他们难以转化为企业客户。但如果是面向".max"".dwg"等文件的存储、分享，显然这是工作场景，就能吸引更多的专业人士，他们也有机会转化为企业客户。

基于用户分层可以有两个金字塔结构：一个由下而上是"员工—团队—部门—公司—集团"；另一个从下到上是"免费—付费—持续付费—更高付费"。

（5）PLG 始终占主导地位吗？

一个公司的战略很难一直不变，根据产品特性及所处阶段要采取不同的市场战略。PLG 也如此，SaaS 公司可能一开始采用一种模式，到一定阶段就引入另一种模式，也可能一开始是销售导向的，然后再引入产品导向。不同的情况都会存在，在过程中其重要性与影响力也会变化。通常采用 PLG 的公司在早期更侧重 PLG，后期侧重 SLG，比如 Atlassian、Zoom、酷家乐。

（6）如何区分并衡量 PLG 与 SLG？

区分并衡量 PLG 与 SLG 的简单方法：①看不同来源的线索占比；②看一次

性收入与经常性收入的占比；③看是否配置基于产品增长或营销的团队；④看产品开发需求来源的构成，来自销售团队、产品团队和用户侧分别有多少。

4.6　PLG 的发展方向

近几年，中国 SaaS 行业快速发展起来，不过仍然困难重重，大家都在积极寻找好的增长模型与手段。要实现持续增长，还是要回归到用户与客户上来，这就有了新概念：CLG。以客户为中心，根据目标市场做调整，不管是 PLG 还是 MLG 或 SLG，哪种模式更利于当下的业务增长，就采用哪种模式。当然，PLG 更加关注用户，也更值得 SaaS 从业者学习和实践。

第 5 章
SaaS 产品增长阶段论

我这些年的工作主要是在产品运营和营销增长方面，一直在思考如何推动产品的持续增长。酷家乐从零开始，不断发展并变得成熟，其发展过程中的重点一直在变化，而我也从以前关注"怎么做"转变为现在关注"做什么"。SaaS 产品的增长过程也可以划分出阶段来，在不同阶段应有所侧重并采取不同的策略，我始终相信做什么比怎么做更加重要。

5.1 增长阶段与产品生命周期

人的一生会经历不同的阶段，比如婴儿期、幼儿期、儿童期、成年期、中年期、老年期等，不论如何划分，人由生至死都要经历多个阶段。人如此，产品在市场上也有一个类似的过程。于是，1966 年哈佛大学教授雷蒙德·弗农提出了产品生命周期理论（Product Life Cycle，PLC），他将一般产品从进入市场到被淘汰的过程划分为引入期（也叫介绍期或导入期）、成长期、成熟期、衰退期，如图 5-1 所示。

产品生命周期理论的提出早于互联网的出现，后来人们套用这一理论来描述互联网产品和软件的生命周期。但基于互联网产品的可持续迭代和演化，产品生命周期理论的引入方式更加灵活，理论寿命也可以很长，所以在定义、目标、策略上都会有所不同，我们将 SaaS 产品增长过程分为验证期、增长期和成熟期 3 个阶段，如图 5-2 所示。当同时有新产品时，老产品的成熟期可能与新产品的验证期重叠。

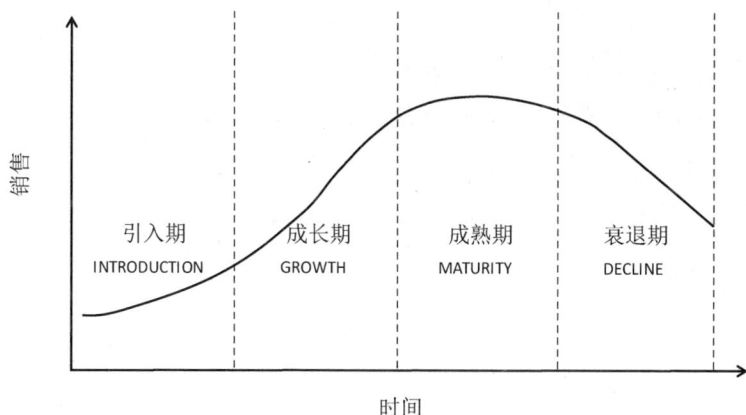

图 5-1　产品生命周期

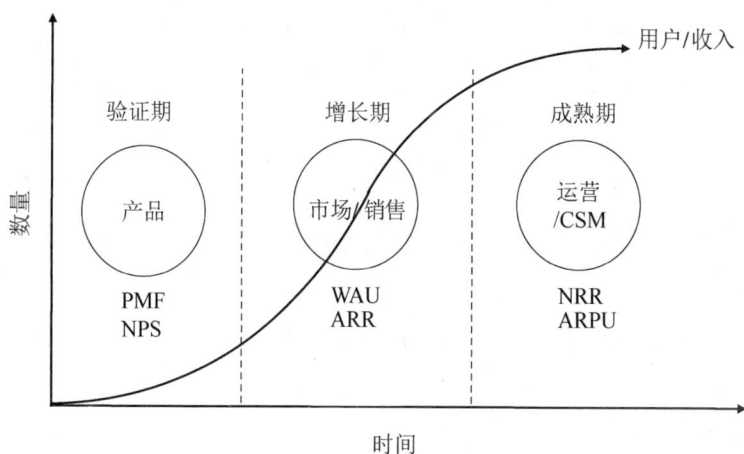

图 5-2　SaaS 产品增长过程的 3 个阶段

简单来说，验证期相当于引入期，不过目标是验证产品而非上市销售，验证内容包括产品是否有价值、模式是否可行、增长潜力如何。增长期相当于成长期，实际上应该是快速增长期，此时的增长不局限在销售收入方面，还包括用户、产品、组织等方面。成熟期同时包含新的验证期，好比家族血脉的延续，成熟即应孕育下一代，不能守着最早成功的产品啃老本，而是不断地开枝散叶。

5.2 验证期概览

一个人长大需要闯很多难关，从胚胎开始便闯难关了，然而婴幼儿时期的发展又关系个人今后的命运，正所谓"三岁看大，七岁看老"。SaaS 产品的发展也如此，早期的发展很关键，产品能不能研发出来是个问题，能否上线并得到验证仍是个问题。许多产品在不为人知时便夭折，多数创业公司也难以继续发展下去，产品验证委实艰难。

验证期的主要目标是达到 PMF（Product Market Fit，产品市场匹配）。硅谷创业者马克·安德森曾说："创业公司唯一重要的事情就是 PMF。"达到 PMF，就有了生机；否则，希望渺茫。然而达到 PMF 也是一个持续的过程，先匹配一批用户，就能先增长一次。相应的挑战有 3 个：一是环境不成熟，上游、下游支持不够，比如如果没有 4G 通信技术，视频直播类 App 就很难发展起来；二是需求不确定，越是创新的产品，潜在客户的需求越是不确定；三是资源不充足，不论是创业公司还是中大型企业的新业务部门，其资源相对来说都是不够的，尤其是缺钱，可能还没有开始爆发就无法继续发展下去了。因此，验证速度和避免无谓损耗很重要。

从目标来看，在验证期起关键作用的是产品研发团队，研发出来的产品究竟能不能实现 PMF 至关重要。在验证期衡量产品表现的关键指标主要有失望率、留存率和 NPS（Net Promoter Score，净推荐值）。失望率是硅谷"增长黑客之父"肖恩·埃利斯提出的，通过询问用户"如果不能再使用该产品，你是什么感受"来判断失望率，如果有 40%用户回答"非常失望"，就说明达到了匹配。留存率是各类产品都会采用的指标，只是不同类型的产品的留存率基准值不同，而且目标群体的留存率越高，说明产品表现越好。NPS 也是 SaaS 行业中的常见指标，主要用来衡量用户忠诚度，分值越高代表用户越可能推荐该产品，也说明产品的口碑好，这是产品快速增长的基础。

验证期的核心策略比较简单，先是从 MVP（Minimum Viable Product，最小化可行产品）开始快速迭代，专注核心价值，只需一招必杀技便能将产品拿去验证。验证过程中要以效果为优先，早期用户与客户在精不在多，可以用更简单的办法去服务客户，尽可能先达成小范围的验证。如果没有匹配的群体，就广撒网，从中筛选出匹配的用户；如果有匹配的小群体，就顺藤摸瓜扩展到更大的群体。

5.3　增长期概览

产品增长期好像人的青春期一样，成长的同时烦恼也多，尤其是在快速增长时很容易出现产品不稳定与团队内部矛盾等情况，各种冲突会给企业带来不小的困扰。增长期的主要目标是快速覆盖市场，达到领先地位。美国 SaaS 行业的投资人 Neeraj Agrawal 提出了一个理论——T2D3（Triple、Triple、Double、Double、Double），如表 5-1 所示，即优秀的 SaaS 公司在达到 PMF 后，前两年营收要实现每年 3 倍增长，后 3 年要实现每年两倍增长，这样 5 年下来将是原来年营收的72 倍。当然这仅是个参考，市场环境不同，产品不同，公司战略也会有差异，但肯定要在某方面快速增长，可能是收入，也可能是客户数或用户数。

表 5-1　T2D3 增长幅度示例

	第一年	第二年	第三年	第四年	第五年	第六年
ARR/万元	100	300	900	1800	3600	7200
年增长倍数	—	3 倍	3 倍	2 倍	2 倍	2 倍

增长期的主要挑战是以低成本获取大量用户。SaaS 产品的利润滞后，会出现增速越快亏损越多的情况，所以成本足够低，公司的营收才能相对安全地持续增长，这使得对渠道的选择与使用更加严格。很多 SaaS 公司会在此阶段组建专门的增长团队，即使没有增长团队，也会有规模不小的市场与销售团队。增长期的关键指标主要是新增用户数、MAU（Monthly Active Users，月活跃用户数）、市

场占有率或 ARR（Annual Recurring Revenue，年度经常性收入）。在不同的战略下，产品选择的具体指标会有差异，比如 Freemium 模式和 Free Trial 模式下的新增主要是新注册用户数，但其他模式下的新增主要是新增的线索量或新签约客户量。考虑到市场成熟度与竞争程度的差异，有的 SaaS 公司不以营收为主，而是快速占领市场，有的则仍然以营收为主。

要实现快速增长，与市场相关的核心思路主要有 3 个：一是速度优先，尽可能快地覆盖渠道、渗透市场，适当放宽对收入和利润的限制；二是全渠道营销，不论是线上还是线下，先覆盖再优化 ROI（Return on Investment，投资回报率）；三是数据驱动，所有动作都需要有数据结果，有指标衡量，这样才能降低成本、保障收益。

5.4 成熟期概览

成年人健壮有力，身体、心理等各方面已经较为稳定，其主要角色是生产者，很可能上有老下有小，经济压力大。对于 SaaS 产品的成熟期，其主要目标是稳定的收入增长。硅谷的 SaaS 圈有一个"40%法则"，即正常的 SaaS 公司每年收入的增长率与利润率之和达到 40%，当然国内环境不同，这一法则仅作为参考。在提高收入和利润的同时，还要挖掘新的增长点，通常是孵化新产品。在 SaaS 产品增长的成熟期，"现金牛"需要喂养未来新星。

这一阶段的主要挑战是外部竞争与内部人效提升。通常随着产品发展越来越成熟，会迎来各方的竞争，既要与实力同样强劲的对手争夺高利润区市场，又要提防后来者进入。外忧伴随内患，高速增长所掩盖的内部问题会逐渐暴露出来，降低成本、提高人效就成了重要课题。在成熟期，SaaS 公司对各个团队都有高要求，不过考虑到 SaaS 产品依赖续费的特点，老客户对增长目标实现的影响会更大，因而业务重点便需要客户运营团队去实现了。

成熟期的关键指标主要有续约率、NRR（Net Revenue Retention Rate，净收入留存率）和 LTV（Life Time Value，客户生命周期价值）。对于 PLG 产品，还要重点考虑用户活跃深度和商业转化效率，因其庞大的用户数中可能还有很多没有付费的用户，所以在成熟期需要对产品进行商业转化。

此阶段的核心策略可概括为精细化运营、运营系统化、标准化流程。尤其是基于数据对客户进行分类型、分行业、分规模、分阶段的运营变得非常重要，不精细不足以获得高留存率、高转化率。系统和流程可以保障运营动作能够被复制，能够以低成本实现规模化。

5.5　小结

SaaS 产品增长需要分阶段进行，各阶段侧重的目标、团队能力、策略有所不同，运营过程中应先明确所处阶段并着力于对应的重点事务，如表 5-2 所示。有些事情做早了纯属浪费资源，做晚了又没有效果，所以，要在正确的时候做正确的事。

表 5-2　SaaS 产品增长阶段的不同方面

增长阶段	阶段目标	关键指标	重点工作	侧重能力
验证期	产品市场匹配	失望率，留存率，NPS	开发 MVP，获取种子用户，进入市场，确定增长模式	产品、技术
增长期	用户增长	新增用户数，WAU/MAU，ARR	拓展渠道，提高产品影响力，优化转化链路	市场、销售
成熟期	收入增长	续约率，NRR，LTV	精细化运营，提升服务效率，提高用户留存率	运营、服务

第二篇
验证期：打造市场需要的产品

　　本篇围绕 SaaS 产品增长的第一个阶段"验证期"展开，分别讲述如何更快地达到 PMF、如何打造 MVP，涉及产品设计、用户运营、市场推广与团队建设。

第6章

如何更快地达到 PMF

在 SaaS 产品验证期最重要的事情之一便是实现 PMF。PMF 最早是在 2009 年由网景创始人、a16z 联合创始人马克·安德森提出来的，他在其博客文章 *The only thing that matters* 中提出"创业公司唯一重要的事情就是 PMF"。也就是说，每个产品都要达到 PMF，不然无法持续增长，更可能会被淘汰。怎么定义 PMF 呢？根据安德森的想法，达到 PMF 意味着在一个好的市场中有一个产品正好能满足市场，如图 6-1 所示，或者说 PMF 是创造一大群人有需求并且愿意为之付费的东西。定义很容易理解，但落实到具体操作层面就有些模糊了，多少人才足够呢？怎样算有需求？如何判断用户是否愿意付费呢？

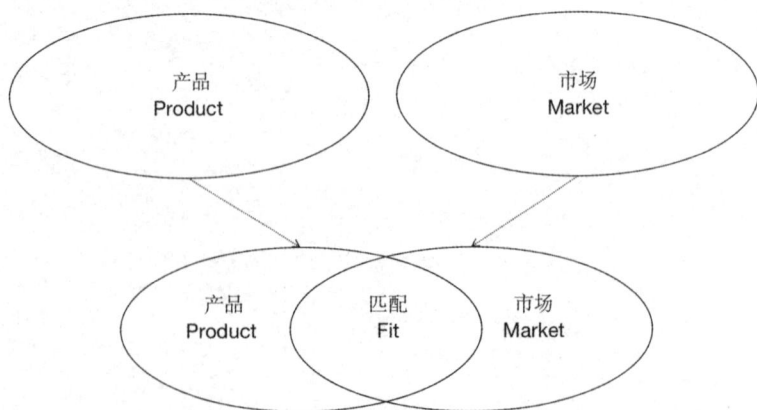

图 6-1　PMF 过程示意

6.1　如何衡量 PMF

管理大师德鲁克曾说："无法衡量便无法增长。"衡量 PMF 可以从感性和理性两个角度去看，先从感性角度来衡量 PMF。

（1）在达到 PMF 之前，客户是很难谈下来的，也没有多少转介绍的客户，收入增长的速度很慢。而达到 PMF 后，客户变得更容易谈成并且老客户会推荐新客户，整体用户积累、收入增长的速度都会变得更快。

（2）在没有达到 PMF 时，客户是被动接受推销的，需要更多的引导，也很难发现产品的价值。在达到 PMF 时，客户会主动注册、使用产品并付费，蜂拥而至的客户使公司不得不增加服务器和员工，即使产品出现问题，客户也会继续使用。

从理性角度看，衡量 PMF 需要借助以下 4 个数据指标。

（1）NPS。这是一个灵活通用且易操作的指标，既可以面向企业客户，也可以面向终端用户，而且适用于产品增长的各个阶段，尤其是在产品早期未达到 PMF 时。NPS 的计算与数据采集也较简单，直接面向用户做调研——询问用户向他人推荐产品的意愿程度，选项分值区间为 0～10 分，最终计算 9 分、10 分的占比，达到 PMF 的参考值是 60 分。

（2）失望率。硅谷"增长黑客之父"肖恩·埃利斯提出了一个用于衡量 PMF 的指标，首先询问用户"如果不能再使用本产品，你是什么感受"，然后统计选择"非常失望"的占比。通过对比近百个创业产品的分值后，肖恩发现衡量 PMF 的标准占比是 40%。那些增长强势的公司基本都超过了 40%，而那些还在挣扎中的公司的客户失望率低于 40%。这个指标简单易懂可操作，可直接用于问卷调查，将问卷发布出去就能获得结果，当然最好在有了 100 位以上客户的时候再做，这样更有代表性。如果想充分发掘有价值的信息，可以参考一下肖恩与 GoPractice

联合提供的问卷 "PMF survey"，直接使用其工具或通过参考其工具来设计自己的工具。

（3）ARR。一般 SaaS 公司的收入可以简单分为一次性收入（比如首次开展培训的费用）和经常性收入（比如标准产品的订阅费用）。在美国 SaaS 行业，ARR 达到 100 万美元是个里程碑，达到这个里程碑，基本就算达到了 PMF。以此为参考，在国内 ARR 需要达到 100 万元。不过在实际操作时还需要考虑行业及客户属性，有可能需要达到更高的标准，也可能并不需要那么高，也可能有一定数量的续费客户即可。

（4）LTV/CAC（Customer Acquisition Cost，客户获取成本）。LTV 为客户生命周期价值，是指能收一个客户多少钱。CAC 是指获取单个客户的成本。达到 PMF 的一个基础条件就是 LTV/CAC > 1，如果不具备这个条件，就无法维持增长。比较理想的情况是 LTV/CAC > 3，意味着产品有更高潜力实现高速增长。目前，国内市场尚不成熟，早期市场教育成本较高，会存在这一比值偏低的情况，不过 CAC 会随着时间的推移而下降，LTV 则会逐渐上升，我们可以综合衡量。

当然，也有一些行业人士提出了其他指标，比如《SaaS 创业路线图》的作者吴昊曾提出达到 PMF 的条件是 "有 10 个企业客户付费使用（如果客单价低于 1 万元，应有 20 个客户付费）"。但是，国内 SaaS 行业的发展阶段和所处环境与美国的不同，自然也需要自己的标尺，等到更多公司成长起来以后，也许就能得出更多基准值。在现阶段，可以兼顾感性和理性，参考多个指标。

6.2　PMF 三步走

我们可以把 PMF 拆成 "P" "M" "F" 三部分，下面简单概括一下各自对应的重点，如图 6-2 所示。

P：创建 MVP。要实现 PMF，就得先有一个产品，这个产品应该是个什么样的产品呢？是已经非常完善且有很多功能的产品，还是能让客户愿意付费的产品，抑或能做演示即可？合适的方式应该是从 MVP 开始，MVP 最早在《精益创业》一书中被提出，意为最小化可行产品。《精益创业》的作者对 MVP 的定义是：MVP 是指新产品的一个版本，能够让团队以最小的投入从客户侧获得最大的验证式学习。

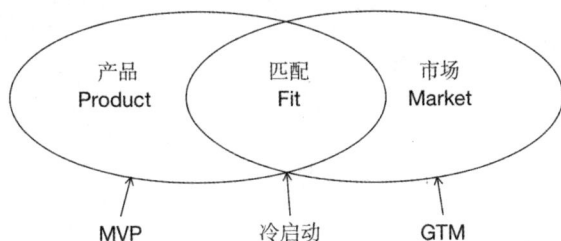

图 6-2　PMF 三部分对应的重点

M：进入市场。我们有产品，自然也有目标市场。目标市场可能存在多个细分市场，而且处于变化之中，在不同时期目标市场也会有所不同。这时候就需要制定不同的战略来进入市场，进入市场也被称为 GTM（Go To Market）。对于 SaaS 产品来说，在面向个人、小企业、中型企业、大型企业时，要分别制定不同的战略，在面对不同行业、不同场景时，也需要用不同的方式进入市场。

F：冷启动。当我们有了产品和目标市场后，就需要通过一些具体的方式去获取最早的用户与客户。早期产品既没有客户背书又没有名气，甚至产品还不完善、不稳定，这时候想吸引人来使用是非常困难的。因此，这部分也是非常关键的一个环节。

6.3　关于 PMF 的常见问题

1. 多久能达到 PMF

从期望上来说，达到 PMF 的时间越短越好，不过一般来说，时间应该在半年到两年之间，再久也就 3 年；不然，可能钱花光了，团队也解散了，所以，不要妄想产品被开发后马上就能达到 PMF。另外，PMF 的达成是指首次达成。因为达到 PMF 的过程会持续很久，目标市场可能也会有多个细分市场，所以不可能一下子就适配所有可能的潜在客户群，这需要我们不断改进产品以满足更多客户群的需求。例如酷家乐，早期匹配的客户群是房产中介、学生，后来是中小型装企设计师，再后来是全屋定制设计师、公装设计师等。

2. 如何缩短达到 PMF 的时间

第一，深入用户，最好自己是或曾经是目标用户；第二，招聘有销售经验的市场运营人员；第三，引入行业专家做员工或顾问。

3. 签下很多订单就能达到 PMF 吗

有时候我们签了很多订单，甚至签下了行业的头部客户，然后就以为已经达到了 PMF。签下很多订单很好，有标杆客户也令人振奋，但这不代表达到了 PMF。还要考虑特殊情况：①有些客户可能是通过关系而签约的，并不是因为产品签约的，这些客户可能来自朋友圈；②有时候客户买单是在赌产品的将来，而不是要满足现在的需求；③大客户往往会有定制需求，而有些定制需求未必能帮助我们打造出好的标准化产品。

4. PMF 算不算一个竞争优势

PMF 其实不是一个竞争优势，而是一张参与竞争的入场券，没有达到 PMF，连竞争的资格都没有。能更快地达到 PMF 并匹配更大的市场，才算是竞争优势。

5. 达到 PMF 后会一直保持吗

这个问题涉及产品与市场匹配的渐进过程，如图 6-3 所示。会有几种不同的情况：比如 A 产品匹配甲市场，随着产品的变化，可能不再匹配甲市场；A 产品匹配了甲市场后，还要再去匹配乙、丙、丁等细分市场；A 产品匹配了甲市场后，随着需求的变化，需要 A+B 或 A+C 来匹配下一个市场。整体来讲，产品在变化，市场在变化，必须要不断地达到 PMF 并匹配更大的市场，好比开车，产品与市场匹配之前像在走小巷子，产品与市场匹配后就能走高速了，如果开不好，就要开到地面，慢慢来。

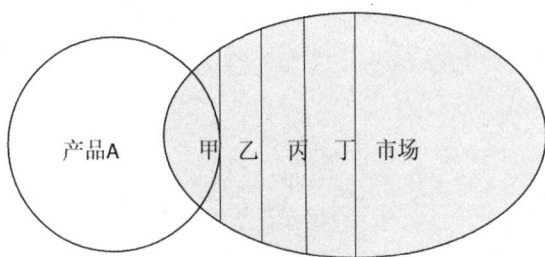

（1）产品A匹配市场甲

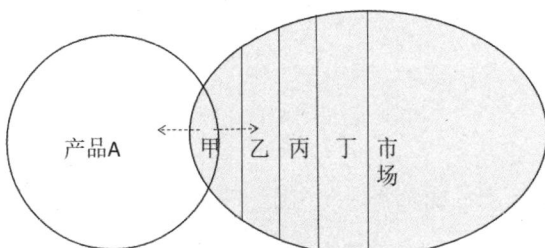

（2）产品A逐渐不能匹配市场甲

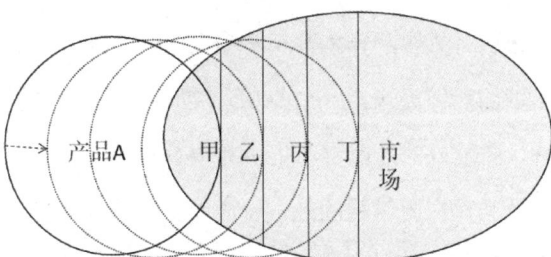

（3）产品A逐渐匹配市场甲、乙、丙、丁

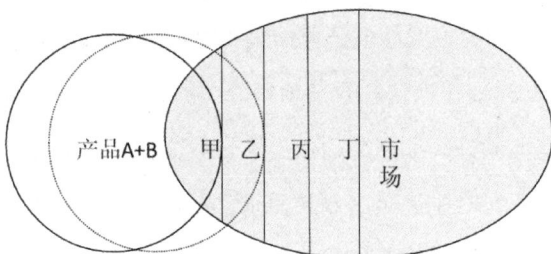

（4）产品A匹配市场甲后与产品B一起匹配市场乙

图 6-3　产品与市场匹配的渐进过程

第 7 章
SaaS 产品的 MVP 怎么做

假设你是一个新产品的负责人，在还没有用户的情况下，有一家大企业非常愿意使用你的新产品，不仅愿意花钱，还有很多建议和需求。对方列了一份需求清单，还有一份价值数百万元的合同，你会不会很兴奋？既有了收入，又有客户来帮忙完善产品，还能将大客户作为样板来宣传，一举多得。接着，团队与客户成立了项目组，加班加点做起来，几个月后，交付产品。你愕然发现，客户的需求并不止原来那些，开发好的产品并不能满足客户的业务场景，同时你也没有找到有同样需求的其他客户。更糟糕的是，资源的投入成本可能已经超过收入，现在还得继续亏本去满足客户的需求，耗费了很长时间，却依然没能开发出标准化的产品。

类似上面的场景，我相信许多公司都经历过，当然，我也经历过。一不小心，就把孵化 SaaS 产品做成了"定制开发项目"，轻则浪费资源，重则元气大伤。究其原因，还是没有明确好早期产品的作用和开发方法，过早地考虑商业化和规模化，尤其是在能力不足时去满足客户的需求。早期的产品应该尽可能简单，其核心作用是验证需求，这就要求我们采用一种更合适的方式——开发 MVP 并挑选客户。本章先讲讲 MVP 是什么及怎么做。

7.1　什么是 MVP

MVP 最早在《精益创业》一书中被提出，《精益创业》的作者对 MVP 的定义是：MVP 是指新产品的一个版本，能够让团队以最小的投入从客户侧获得最大的验证式学习。想理解这个定义得先了解"精益创业"的理念，精益创业就是不断循环"开发—测量—认知"这 3 个步骤，在产品的每一轮开发时都要去做测量，然后获得新的认知，基于新的认知确定新的开发内容，这是一种持续学习、自我修正、适应变化的战略。关于 MVP 还有其他定义，但核心总是围绕 3 个词：Minimum——最小或最简单；Viable——可行的，能实施的；Product——产品。不管怎么定义，它都是一个产品，比如"奥卡姆剃刀原则"倡导：只做必要的，尽可能简单，然后就是要可行。可行的核心是可验证，因为开发新产品充满不确定性，如果先投入大量资源将产品开发出来，市场不买单，损失就大，所以要先验证产品有没有市场、产品方向是否靠谱。一旦验证产品方向靠谱，就可以快速迭代产品，增加资源，如果验证产品不合格，就要继续调整产品方向，再做验证。

MVP 可以是一个网页，可以是只有一个功能的 App，还可以是一个微信社群。比如，在 2005 年 HubSpot 是从一个博客开始的，以集客营销为主题吸引相关从业者进入并交流，然后才提供各式工具。类似从博客开始的还有 Groupon 等团购网站。再比如，二手书交易平台多抓鱼最早就是从微信社群+Excel 表格+微信朋友圈开始的，这样也能确定目标用户群，整理卖方需求，再满足买方需求，不需要开发任何系统就做了市场验证。

总之，MVP 的特点就是速度快、成本低、风险小，可以在产品增长各阶段持续应用。在最初的产品得到验证并完善后，就不能再当成 MVP 了，但新增的功能模块仍需要验证，每个新产品也要以 MVP 的思路去开发。

7.2 To B 产品也可从 MVP 开始吗

越是大企业，越看重产品的安全性、稳定性与功能完善度，然而新产品尤其是初创团队开发的新产品的这些方面往往还不太完善。如果一家公司想面向大企业开发产品，就容易陷入两种艰难的处境：要么产品不成熟没办法让大企业成为客户，进而难以迭代产品，无法使它变成熟；要么埋头开发出看上去很强大的产品，结果客户不买账。那么，To B 产品能不能从 MVP 开始呢？答案显然是可以的，但要注意把握节奏。先区分验证需求和满足需求，因为这是两件事。我们首先要做的是验证需求，也就是说，面临问题的潜在客户可能会使用某种产品解决问题，我们可以做一个原型或简略的产品，然后拿着原型或产品去找客户验证需求，但不一定要马上开发出产品去满足需求。MVP 的定位是做验证，因而不管面向何种规模的客户，都可以采用此方法。当真正要满足需求、签单履约时，可以通过划分客户类型来逐步进行，因为各类客户的需求有明显差异。

一般来说，从个人用户开始满足其需求是更容易的，如果不面向个人用户提供服务，那就从小企业开始，逐步上升到中型企业、大企业、巨型企业，Salesforce、Zoom、Atlassian 等都是如此。酷家乐最初的核心能力是"快速做出渲染图"，逐步为企业提供员工管理、数字资产管理、API（Application Programming Interface，应用程序接口）等能力，客户群也从中小型企业逐步扩展到行业头部企业。图 7-1 所示为不同规模的客户对产品功能需求的变化（仅罗列部分常见模块）。

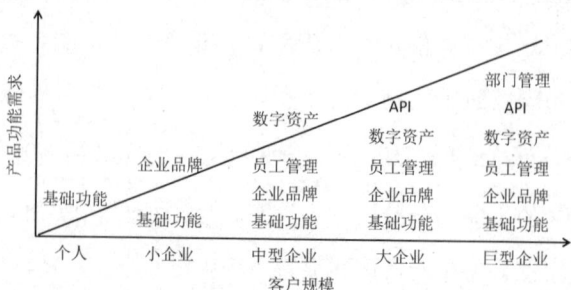

图 7-1　不同规模的客户对产品功能需求的变化

7.3 开发 MVP 的 3 个步骤

开发 MVP 的大致工作为目标用户研究，提炼产品价值与核心功能，开发、测试与优化产品，这 3 个方面有一定的先后顺序，因而也可理解为 3 个步骤。

1. 目标用户研究

"精益创业"理念源于丰田公司的"精益生产"，而丰田公司又特别强调"现地现物"。有个很好的例子体现了这一理念：分管 2004 年款塞纳车开发的首席工程师横谷雄司开车走遍了美国的 50 个州、加拿大的 13 个省和墨西哥的所有地区，总行程超过 53 000 英里。他一边亲身体验在当地驾驶的感觉，一边与顾客交谈，就这样获得了一手信息，并用一手信息来验证假设、改进车型，最终 2004 年款塞纳车的销量比 2003 款的提高了 60%。可能很多做互联网产品的人认为这种实地走访调研已经过时，但对于做 To B SaaS 产品仍然很有必要。张小龙做微信，把"自己变成小学生"，因为他自己就是用户，天天用，知道怎么把产品做好。钉钉创始人陈航却不能这样做产品，他必须和企业在一起，通过观察甚至亲身体验，熟悉企业的工作流程，切实感受他们的需求和痛点。

那么，具体怎么做用户研究呢？实际上就是明确谁来做、研究谁、用什么方式、在什么时候做、需要多大量。

（1）谁来做。核心人员来做，也就是产品、业务、研发、运营等负责人，对于早期公司来说，创始人自然也要做。这其中主要的人员就是产品负责人，同时建议所有团队成员都参与。

（2）研究谁。研究假定的潜在用户，以及有兴趣的客户和用户。有时候对产品感兴趣的客户未必是我们最初假定的潜在用户，同样假定的潜在用户也未必会有兴趣，因此要综合地去看，多收集一些信息。

（3）用什么方式。早期调研需要结合实地走访、面对面访谈、可用性测试、问卷调查等多种方式，既要定性分析，也要定量分析。在产品早期，更注重访谈的深度，往后则需要更多的调研对象。

（4）在什么时候做。调研需要做多次，在开发产品前的概念阶段，就需要做调研。在原型阶段、开发阶段也需要做调研，做出了 Beta 版后也要做调研，在正式上线前还要继续做调研。在上线后，仍然需要做调研。

（5）需要多大量。参考可用性专家尼尔森通过实验总结出的可用性测试样本量理论，深度访谈与可用性测试一般有 5～8 个，便可覆盖常见问题或需求，如图 7-2 所示。当问题发生的可能性为 31%时，需要 5 个样本便可发现约 80%的问题。问卷调查需要 200 份以上的问卷，上门走访客户至少要访问 3 位客户。

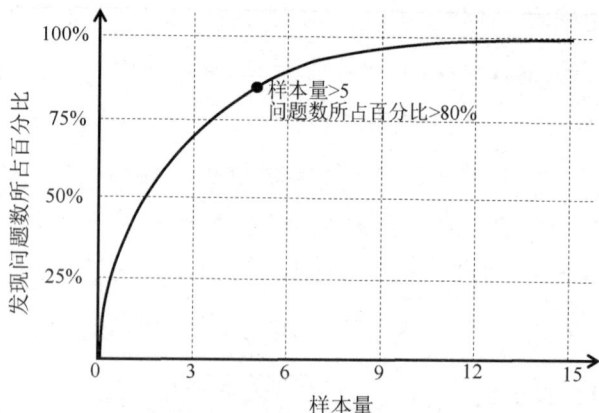

图 7-2　不同样本量与发现问题数所占百分比的变化趋势

另外，还有一些替代调研的方法可以用来验证客户是否有需求。比如，通过搜索引擎上出现的搜索词及热度来判断客户是否有需求，或者通过产品预约、预售来了解客户是否有需求。不过，通过这样的方法获得的信息比较单一，作为辅助参考还是不错的。

2. 提炼产品价值与核心功能

在研究过程中，我们要反复问自己这个产品带来了什么价值，用户如何从产品中获益，把这些重要的问题放在脑海中，不断地思考并提炼出答案，然后简单表达出来。开发 MVP 意味着为客户带来一些有价值的东西，而且是产品比较核心的价值，至于形式，可以有所不同。例如，在 Dropbox 还没上线时，其创始团队做了介绍视频并发布出去，一夜之间，注册用户就从 5000 多位增加到 70 000 多位，这说明视频把产品的价值表达清楚了。

　　产品的核心功能是什么？例如，Dropbox 的核心功能是上传并同步文件，而且速度快。酷家乐的核心功能是渲染，在早期酷家乐连画户型功能都没有，运营人员手动给用户画好户型，然后让用户体验 3D 设计与渲染效果图。有了核心功能，再判断哪些功能是必要的，并加以保留。例如，登录后才能使用，注册和登录功能就属于必要部分，但不是体现产品价值的核心功能。同时，还要厘清哪些功能是没必要的，没必要的部分坚决不要。例如，在开发注册和登录功能时，要支持邮箱、手机号、微信等注册方式，绑定信息、重置密码、设置头像、修改昵称等功能也应该有，这些是一个"正常"产品应该有的，但是，最简单的方式之一是微信登录，可以不用支持设置密码和修改资料这类功能。如果只有 App，则可以采取另一种极简的方式，用手机号码一键注册，不需要密码、验证码，直接给一个随机的头像和用户名即可，例如飞书 App 的注册界面，如图 7-3 所示。

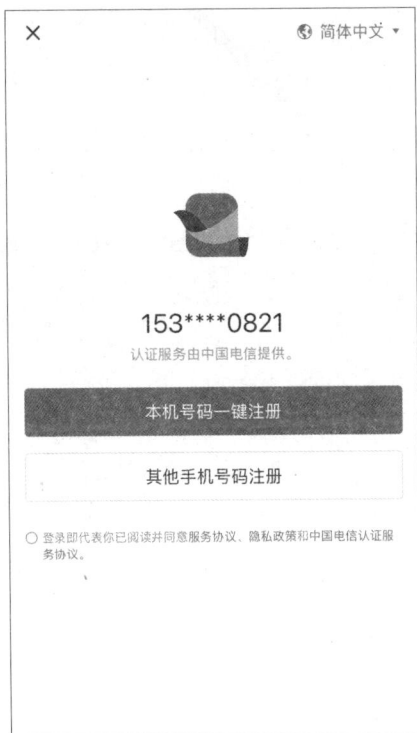

图 7-3　飞书 App 的注册界面

3. 开发、测试与优化产品

关于开发、测试与优化产品，这里给 3 点建议：第一，早期流程不关键，重要的是大家有方向、有共识，知道要做成什么样子，而且每个角色都要从专业角度考虑更合适的做法。第二，设计尽量简单，不过度设计，不提前设计；可用性优先，体验置后；功能优先，美观置后；如果需要花费较多时间做 MVP 的界面或交互设计，就说明它还不够小，不够简单。第三，对产品质量采用最低要求，重点是主流程能走下去，产品能用，客户能感受到产品的核心价值。所以，团队成员要能容忍短期的缺陷，不要一开始就追求完美。

在产品开发完成后，产品上线前后要进行用户测试，用户测试要由内而外，由少到多，由近及远。首先，进行内部测试，让团队内部员工或专家用户体验产品，内部测试通常要在产品上线前，可以收集到大量反馈。不过，需要注意的是，内部测试很容易放大产品的细节问题而忽视核心价值。其次，做可用性测试，软件领域比较早做可用性测试的是 Intuit，距今已经有 30 多年了，现在它的产品已被广泛应用。在开发出 MVP 后一定要找潜在用户做可用性测试，以便及时确定产品流程能不能走通，价值体现是否明显。最后，优化核心路径。重点是筛选出直接影响核心体验路径与价值体现的问题，然后加以优化，至于一般体验细节，则可以延缓处理。不论是 To B 还是 To C，如果客户或用户愿意体验新产品，就说明他们能接受不完善的产品。有时我们不能太在意小缺点，要关注能不能提供价值，有价值但有缺点的产品远胜过没缺点但也没有价值的产品。

7.4 如何衡量 MVP 是否达成目标

对 MVP 的衡量比较难，因为它可能不是最小化可行产品，甚至其体现的价值或可行性也未必最佳，所以，我们应该把 MVP 当作一种理念或策略，而不只是一个产品。在此阶段，我建议观测以下指标，通过其数值变化来判断 MVP 是否达成目标。

（1）注册量。如果没有额外的干扰（比如注册送红包），用户就主动注册，说明产品有吸引力。当然，除了注册量，还可以将下载量、安装率、打开率等指标作为参考。不过，这里主要展示的是用户需求或兴趣，并不能说明产品的满足程度。

（2）使用转化率。使用转化率是指完成核心动作的转化程度，例如上传文件、拍摄照片、添加好友、创建空间等。如果 100 位注册用户中没有人做我们期望的那个核心动作，没有人感受到核心价值，显然 MVP 没有达成目标。

（3）留存率。留存相对于前面的注册，更能体现产品是不是有价值。如果有人注册产品，也有人体验产品，但之后没有人再重复使用产品，那么这个产品要么是一次性产品，要么价值还不够。

（4）付费。付费可以作为比转化率和留存率更进一步的指标。企业推出的 MVP 通常是免费的，客户也鲜少愿意花钱当"小白鼠"。但考虑到 SaaS 公司的商业模式，客户愿意付费是非常关键的，即使在 MVP 阶段 SaaS 公司也应该验证能否收到钱，至于收到多少钱反而没有那么关键。客户愿意花钱，通常也不是为当前的 MVP 付费，而是为购买之后迭代出来的产品付费。

上述几个指标都没有行业参考值，但至少要大于 0，有主动注册、转化、留存、付费便达成了最基础的验证，这说明有人想用、重复用、花钱用。如果有一定数量的用户，但仍难以观测到稳定的数据变化，那么可以采用访谈或问卷的方式去了解用户的感受与态度。

总之，开发出 MVP 只是开始，其意义是我们迈出了第一步。因为我们能通过低成本的方式快速明确方向，验证未来产品的价值点，验证潜在用户的需求。突破了零，我们便可以开启增长之旅。

第 8 章

成功进入市场的 4 个关键

多数时候，企业开发的产品需要推向市场，获取客户。当我们有了 MVP 时，就要考虑 GTM 了。维基百科对 GTM 的定义是：GTM 战略是一个组织的计划，利用其内部和外部资源（如销售队伍和分销商）向客户提供它们独特的价值主张，并获得竞争优势。咨询公司 Gartner 对 GTM 的定义是：GTM 是一个详细说明组织如何与客户接触，说服客户购买其产品或服务并获得竞争优势的计划。GTM 战略包括与定价、销售和渠道、购买过程、新产品或服务推出、产品品牌重塑或产品引入新市场相关的策略。

可见，GTM 就是企业的作战计划，是企业前进的行军地图，对于产品走向成功至关重要。而 GTM 的 4 个关键分别是选择目标市场、产品定位与价值主张、产品定价、营销渠道等，下面我们逐一进行分析。

8.1 选择目标市场

什么叫目标市场？是投资机构讲的赛道，还是意见领袖们吹捧的风口，抑或创业者希望会使用产品的那类人？对于初创的 SaaS 产品来说，进入什么样的市场决定了其能否成功及成长的速度，这便是所谓的"选择比努力更重要"。那么，怎么做好选择呢？

一般来说，企业的目标用户群体不是所有人，所以企业需要对目标用户群体进行细分，细分的方式便是由大到小。目标市场可先按领域来分，比如垂直行业可以分为服装、餐饮、家居等，通用场景可以分为招聘、财务报销、项目管理等。目标市场也可以根据客户规模来分，比如小型企业、中型企业、大型企业。目标市场还可以根据角色来分，比如 HR、老板、主管，如表 8-1 所示。

表 8-1　目标市场的细分维度

垂直行业	通用场景	客户规模	角色
服装	招聘	小型企业	HR
餐饮	财务报销	中型企业	老板
家居	项目管理	大型企业	主管
……	……	……	……

在细分过程中，影响比较大、争论比较多的就是客户规模，不同的客户规模对 SaaS 的要求区别非常大。可以看看企业与个人的差异，比如，你想买爱奇艺、百度网盘或酷家乐的会员，直接在线付款就行，想买就买。如果一家企业要引入一个企业云盘，就要货比三家、做测评、发申请、签合同等，时间少则数天，多则数月。面向企业的产品的决策者与使用者常常分离，甚至在一家企业中决策者会涉及多个角色，图 8-1 所示为 B2B（Business to Business，企业对企业的电子商务模式）采购流程中常见的 7 种角色，越是复杂的产品越需要多个角色参与，相应的流程也越复杂，购买周期也越长。

再看看不同客户规模的差异。一般按客户规模将目标市场分为小型企业、中型企业、大型企业等，但在实际操作时通常将其划分为中小客户与大客户两类。随着客户规模的扩大，客户对产品功能的需求变多，质量要求变高，预算变多，决策流程也变复杂。对于 SaaS 供应商来说，客户规模越大，销售成本越高，销售周期就越长，对团队综合服务能力的要求就越高。

在早期不论是选择小型企业、中型企业切入还是选择大型企业切入，都有可能成功。毕竟，无论选择哪种规模的市场，都有先例，也都会面临不同的挑战和风险。选择小型企业、中型企业可能有口碑但不赚钱，选择大型企业可能有收入但最终会沦为外包定制。可以肯定的是，不应该一开始就面向所有人，小型企业、中型企业、大型企业的需求差异大，创业团队要同时满足很难，必须有取舍。至于具体怎么选择，还是要看自身、看环境，如表 8-2 所示。

图 8-1　B2B 采购流程中常见的 7 种角色

表 8-2　不同规模客户的需求强弱

规模/产品维度	功能完善度	服务稳定性	数据安全性	用户体验	价格
小型企业	中	中	中	中	高
中型企业	高	高	中	差	中
大型企业	高	极高	极高	差	低

　　怎么根据自身及环境来选择目标市场呢？这就涉及经营战略理论了。近百年来有很多经营战略理论，经营战略理论的两大主流学派是定位学派和能力学派。定位学派更着眼于外部环境，认为企业的定位比较关键，其观点中的关键词为波特五力模型、差异化竞争、细分市场。据此推理，选择目标市场比较直接的方式就是市场上缺什么就去做什么。能力学派更关注企业自身，认为能做什么很重要，其观点中的关键词为学习型组织、丰田生产方式、企业资源。能力学派认为创始

人团队的能力与资源更关键，如果在某行业有相应能力积累，就做该行业，如果客户资源多，就着重服务大企业。不过，在互联网时代，技术发展快，行业变化多，当下的最优选择可能很快就不是最优选择了。企业既需要定位也需要能力，更关键的是能适应变化，同时，理论界也出现了适应性战略。

企业如何适应新时代的变化？试错，做 A/B 测试，快速迭代。我们在选择目标市场时也可以这么做，先根据环境与自身优势筛选几个合适的利基市场或蓝海市场，然后分别进行测试，做对比，最终择优增加投入。

8.2　产品定位与价值主张

什么是定位

- 定位理论由美国营销专家艾·里斯与杰克·特劳特于 20 世纪 70 年代提出。里斯和特劳特认为，"定位要从一个产品开始，那产品可能是一种商品、一项服务、一个机构，甚至是一个人，也许就是你自己。但是定位不是你对产品要做的事，定位是你对预期客户要做的事。换句话说，你要在预期客户的头脑里给产品定位。"定位是指一个品牌在顾客心目中的地位，以及它如何区别于竞争对手的产品。为了定位产品或品牌，公司可能会强调其品牌的显著特征（是什么、做什么、怎么样等），或者可能会通过营销组合创造一个合适的形象（廉价或高档、功利或奢华、入门级或高端等）。

- 从以上理解中，可以看出定位的关键是"区分"，让客户感知到你的产品的不同，记住你的产品，选择你的产品。实际上客户记不住太多品牌，可能只记得每个领域的第一，最多不超过 3 个品牌。所以，好的定位就是让客户认为你的产品是该领域中最好的，或者是最快的、最便宜的、最小的、最耐用的、最适合某行业的。举个反面例子，随着企业微信的发展，涌现了一大批企业微信 SCRM 系统，但有些企业微信 SCRM 系统是没有做好定位的。放眼看去，千篇一律，企业在购买产品时只能看哪家产品便宜买哪家的，或通过人际关系购买产品。比较好的情况是大家能直观感受到甲产品用于做电话销售最好，乙产品用于餐饮行业最合适，丙产品用于做汽车后市场最深入，每个产品的定位和优势都不同，都有一定的市场。

怎样找到定位

- 在还没有用户和明确的数据之前，我们可以先假定某几个目标用户群体，然后直接去调研，了解其渴望的结果、遇到的问题，以及其他产品表现如何，这个过程能使我们发现机会。如果产品已推出并拥有了少量用户，就可以通过以下 3 点来明确定位：第一，罗列产品特点，主要是有别于竞品的方面；第二，找到粉丝用户，了解他们感受到的价值和喜欢的地方；第三，综合用户反馈和自身特点明确定位。需要注意的是，对产品的定位主要是和竞品区分开，即使两个产品的功能一样，也可以有不同的定位。

申明价值主张

- 简单来说，价值主张是指你的产品或服务能给客户带来什么价值。产品、定位、价值主张、目标市场的关系，如图 8-2 所示。

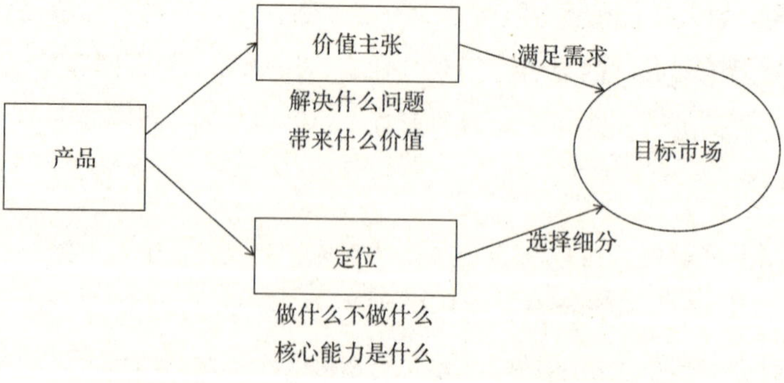

图 8-2　产品、定位、价值主张、目标市场的关系

- 我们应该主张什么价值呢？不少企业会罗列出产品的许多价值，似乎都是如何解决客户各种各样的问题，往往没有抓住重点。比较合适的方法是，

只讲独特的、不同于以往价值的地方，或者与同类产品不同的价值点，而且不要超过 3 个，否则，客户记不住。

下面看几个 SaaS 产品的价值主张，如图 8-3 所示。

- Evernote（印象笔记）：Tame your work, organize your life.（让工作更有序，让生活更简约。）

- Notion：One workspace.Every team.（所有团队的一站式工作平台。）

- Figma：Nothing great is made alone.（协作方能成就伟大。）

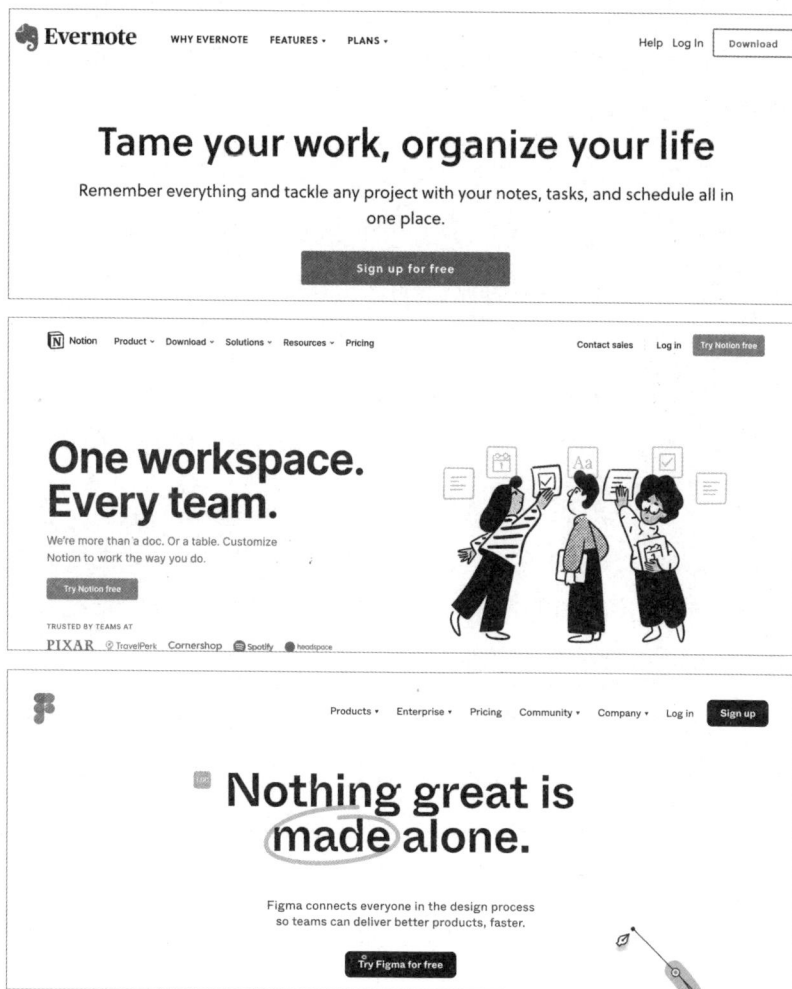

图 8-3 Evernote、Notion 和 Figma 在其网站首页展示的价值主张

产品定位和价值主张都不是单方面标榜产品有何不同或有何价值，而是让目标群体产生对应的认知，这就涉及一系列产品营销动作，需要在各项工作中加以呈现。

8.3 产品定价

如果产品能满足用户的需求，那么定价会成为影响收入增长的重要因素。通常 SaaS 公司希望最大化用户数和收入，但这两者会产生冲突，所以需要好的定价模型与策略进行平衡。

1．定价模型

定价模型是指产品怎样向客户收费，例如根据用户数、使用量、功能等收取不同的费用，收费信息通常展示在官网的价格页或产品报价单中。常见的定价模型如下。

（1）分层定价。分层定价又叫阶梯定价，是针对不同规模和需求的业务，在功能、用户数、服务等方面进行区分并制定不同的价格。例如，小鹅通是分层定价的。

（2）按功能定价。按功能定价是指要使用更好、更高级的功能就需要付更多的费用，就像许多网络游戏玩家买装备一样，想要变得更强大，就得升级，购买高级功能。例如，有赞是按功能定价的。

（3）按使用量收费。按使用量收费是指根据客户使用的功能、资源的数量或频率来收费，少用少收钱，多用多收钱。例如，短信、邮件、直播等服务都是按使用量来收费的。

（4）按用户数收费。按用户数收费的核心是限制用户数，为不同的客户提供的功能基本一样，但用户数越多，收费越高。例如，网易七鱼等客服系统是按用户数收费的。

（5）免费增值。免费增值是指向用户同时提供免费版和收费版，先用免费版获取海量用户，再将免费用户转化成付费客户。免费增值模式是互联网公司中比较流行的模式。有不少办公协同类产品采用此模式，例如 Zoom、Slack、蓝湖等。

还有一些不常见的定价模型。

（1）统一定价。它是指只有一个价格。例如，知名项目管理工具 Basecamp 的商业版就只有一个价格，即 99 美元/月。

（2）一次性付费。它是传统本地软件的主流定价模式，一次付费终身使用，通常不提供免费升级。例如，稿定设计仍然只提供终身版。

不同定价模型的优点与缺点如表 8-3 所示。

表 8-3　不同定价模型的优点与缺点

定价模型	优点	缺点
分层定价	方便覆盖不同的客户群，既给小客户提供升级路径，又能从大客户那里获得更多的收入	定价过程变得复杂，客户的理解成本变高，增加了成本
按功能定价	能覆盖各种场景和需求，升级路径清晰且客户升级、增购的动力更强	定价本身变得复杂，内部计划与执行的成本变高，同时还可能提高客户决策成本
按使用量收费	能覆盖较大范围的客户群，有清晰的升级路径	收入难以预测且客户升级的动力偏弱
按用户数收费	能随着客户规模的扩大而获得更多的收入，这算是典型的跟着客户成功而成功的一种模式	会抑制客户增加账号，当客户规模达到一定程度时这样付费会不划算，客户可能流失或选择竞品
免费增值	能获取大量用户和数据，便于营销传播	为免费用户提供服务的成本高，向上销售困难，对企业发展早期的资金实力挑战较大
统一定价	容易与客户沟通，容易销售	没有将收入最大化，难以满足付费能力弱的客户
一次性付费	赚钱快，短期收入能覆盖获客成本	无法获得持续收入

为了兼顾不同的目标市场，SaaS 公司通常会同时采用多种定价模型，而且会随着发展阶段的变化做出调整。

2．定价策略与技巧

定价策略是公司内部选择模型和具体确认价格的策略，受企业、客户、竞争对手等因素的综合影响。常见的一些策略如下。

（1）渗透定价。渗透定价策略的核心是快速扩大市场占有率，也就是打价格战。这一策略的极致是免费和补贴。不过需要注意的是，定价低了可能会让客户觉得产品的价值也低了，正所谓"便宜没好货"。我们可以先定一个价格，标榜价值，再通过其他方式做推广。

（2）成本加成定价。这是以收回成本或获取一定利润为目标的策略，比如你想要获得 20%的利润，而获取并服务单个用户的平均成本是 1000 元，那定价就是 1200 元。

（3）撇脂定价法或高价法，即先高价进入市场再逐步降价，以利润最大化为目标。这种策略适用于具备领先优势的新产品，不少电子产品企业都采用此策略，而那些率先应用新技术的 SaaS 企业也会采用这种策略。

（4）声望定价法。声望定价法是有意设置高价格以保持品牌调性或营造高品质形象的策略。这种策略适合行业领导者或高端品牌，比如苹果公司、Salesforce 等。

（5）价值基础定价法。它是根据购买者认定的价值来定价的，此策略能平衡用户增长和收入。不过，有时产品的价值较难衡量，在实际操作时它需要依赖数据并做迭代，不同客户群的利润率不同，应该让那些认为产品为其创造了更大价值的客户贡献更多利润。对某些客户可以按 10%的比例来定价，比如一套系统可以为客户每年省约 10 万元的人力成本，那就定价 1 万元。

总之，不同阶段、不同目标市场适合采取相应的策略，并非要从一而终。在有了基本策略后，还可以参考以下技巧。

（1）早期定价尽量简单，以降低销售成本，比如采取统一定价。先收集数据和反馈，然后再逐渐完善定价。如果客户量大，那么可以通过适当的价格测试来获得高收益。

（2）善用锚定效应。简单来说，通过设置参照物来影响客户对产品的认知，比如在展示计划的页面上放一个价格特别贵的方案，就会显得其他方案价格低，提供一个看上去很简单的免费版或付费版做参考，则会显得其他方案更划算。

（3）标价使用数字 9。设置以数字 9 结尾的价格是利用了"最后一位数效应"，这会让客户认为产品的价格更低一些。这一策略已经应用到各类产品的定价中，SaaS 产品自然也适用。

（4）重要的放中间。把重要的计划放在价格页面的中间位置，这会让人以为这一方案更好、更流行，方案被购买的可能性也更高一些。

（5）提供的计划或版本限制在 3 个以内。不要给客户提供过多的选择，因为客户的工作记忆容量有限，所以最多提供 3 个选项就可以了，如果选项达到 5 个以上，客户可能会选择困难。

（6）用名称简化版本差异。如果判断不同计划或版本需要看很长的功能对比列表，就很麻烦。最好的办法是用计划名将不同计划或版本的区别表达清楚，比如使用"规模""行业""角色"等词语。

小鹅通的定价页面就综合运用了上述几种技巧，如图 8-4 所示。

图 8-4　小鹅通的定价页面

3．Freemium 模式与 Free Trial 模式

采用 PLG 的 SaaS 公司在向客户提供产品时，主要采用 Freemium 模式和 Free Trial 模式，下面看一下这两种模式之间的差异及具体如何应用。

1）Freemium 模式

（1）Freemium 是 "free" 和 "premium" 两个单词的合体，被译为免费增值。Free Trial 模式最早是由 AVC 的 Fred Wilson 在 2006 年提出的，主要是用免费服务吸引用户，然后通过增值服务将部分免费用户转化为付费用户，实现变现。"免费"一词在互联网产品中很常见，比如免费搜索、免费杀毒、免费资讯等。百度提供免费的搜索，但主要收入是向企业收取的广告费。不过，采用 Freemium 模式的 SaaS 产品与其他互联网产品不同，它不是完全免费，而是提供一个基础的免费版来获取免费用户，然后再将免费用户转化成付费用户。为客户提供免费版既可以是一种获客方式，又可以让企业从中获取线索和商机。

（2）Freemium 模式的关键点是可以提供长期免费使用的版本，且没有时间限制。这种模式可能会在功能、用户数、容量等方面有限制，这对于获取大量用户来说，显然是非常有优势的，不过之后推出付费版对 SaaS 公司来说是一个很大的挑战，从免费版到付费版的转化率的行业参考值为 1%～2%，也就是说，要获取 1000 个付费用户得先有 10 万～20 万个免费用户。

2）Free Trial 模式

（1）Free Trial 模式，即用户可以在有限的时间内使用完整的收费产品。在这一期间，用户能比较深入地感受到产品的价值，进而在产品试用到期时决定是否付费订阅。

（2）面向海外市场的产品在试用时就通常要求用户绑定自己的信用卡，在到期时会自动扣款，如果用户不想继续使用，就得手动解除绑定。这大大提高了付费转化率，其中有不少用户因为忘记解除绑定而付费。根据 OpenView 的报告，产品试用到期后的付费转化率高达 10%～30%。当然，也有在试用时不绑定信用卡的用户，他们往往被要求填写公司信息及联系方式，产品试用到期时会有市场销售人员来跟进。

（3）因为国内的支付环境与国外的不同，所以采用 Free Trial 模式的 SaaS 公司比较少，国内主要有两种不同的开通方式：一是在线认证身份或公司获得试用机会；二是由销售人员或服务人员开通试用账号。这两种方式虽然麻烦，但比线下见面看演示方便得多。

3）Freemium 模式、Free Trial 模式的优点与缺点

Freemium 模式、Free Trial 模式的优点与缺点如表 8-4 所示。

表 8-4　Freemium 模式、Free Trial 模式的优点与缺点

定价模式	优点	缺点
Freemium 模式	● 免费用户数的增长速度快 ● 受众范围大 ● 便于营销 ● 数据积累快	● 收入减少 ● 运营成本高 ● 向上销售难 ● 免费用户流失多

续表

定价模式	优点	缺点
Free Trial 模式	● 付费率高 ● 运营成本低	● 用户数少 ● 注册转化率更低

在采用 Freemium 模式或 Free Trial 模式向客户提供产品时，SaaS 公司应如何选择定价模式呢？

（1）采用 Freemium 模式或 Free Trial 模式的前提是产品本身能让用户自助学习使用，而不依赖于销售支持。一般根据潜在用户数的多少和客单价的高低选择定价模式，如图 8-5 所示。

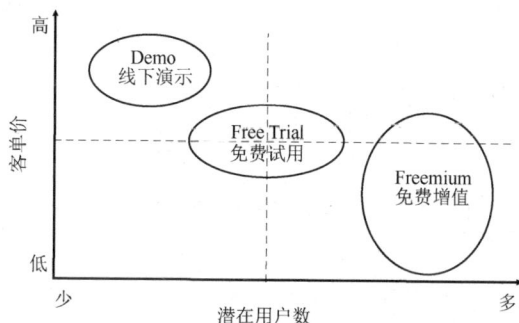

图 8-5　基于潜在用户数与客单价选择定价模式

（2）对于在增长方面采用混合模式（PLG+SLG）的产品，其定价模式通常也是混合模式，既提供免费版，又支持付费版试用。例如，SimilarWeb 提供产品直接注册即可使用的免费版，同时又提供在线试用的付费版；若客户有更高级的需求，则需要联系销售人员来获取演示，如图 8-6 所示。

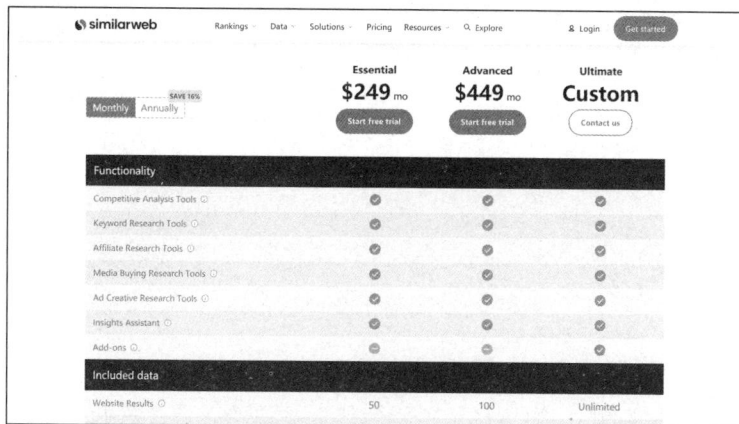

图 8-6　SimilarWeb 页面

8.4 营销渠道

营销渠道通常分为直销和分销，也可以进一步分为面销、电销、网销、代理/分销、生态伙伴、自助等。客户通过什么渠道认识并购买产品，对产品的整体影响很大，不同渠道的成本不同，可触达的客户群不同，增长效率也不同。在早期阶段，企业的创始团队或产品团队中可能没有专职的市场销售人员，这时不必局限于渠道，要不断地探索并找出更高效、更合适的渠道，以支持后续的增长。不同的营销渠道的特点如表 8-5 所示。

表 8-5 不同的营销渠道的特点

营销渠道	特点
面销	面销就是现场销售，主要面向大中客户，因其需求多、采购流程复杂、决策周期长，市场销售人员需要深入对接并服务客户
电销	通过打电话的方式销售产品，适合中小客户，销售成本较低
网销	网销就是网络销售，基于微信、QQ 等平台完成销售过程，适合中小客户，销售成本低
代理/分销	适合人际/资源依赖型的市场，传统软件售卖的主流方式就是这种模式，代理或分销更容易搞定客户
生态伙伴	适合细分场景或大型企业，由咨询公司或合作伙伴提供解决方案，产品作为方案的一部分被售卖出去
自助	适合低价产品，客户可以自助购买。这种营销渠道面向个人或小微企业，其获客成本低，服务成本低，增长速度快

产品的定位、定价、营销渠道之间会相互影响，因此，营销渠道并不能在产品被研发出来后才开始考虑，而要在研发产品时就开始考虑，基于目标市场、目标客户展开。在早期阶段，企业选择渠道时关注的是客户在哪里、哪些方式能触达用户并转化用户，然后根据自身资源去做尝试，再基于效果做优化。从长期来看，各种营销渠道都用得上，曾经 10 年没有销售团队的 Altlassian 如今也有了一个规模不小的销售团队，原本依赖直销或代理渠道的企业也开始利用线上平台获

客。同时，企业还要考虑不同的营销渠道的获客成本，如图 8-7 所示，不同的营销渠道的销售复杂度不同，其获客成本的差距也非常大。所以，在早期阶段企业要尽可能地选择获客成本低的营销渠道。

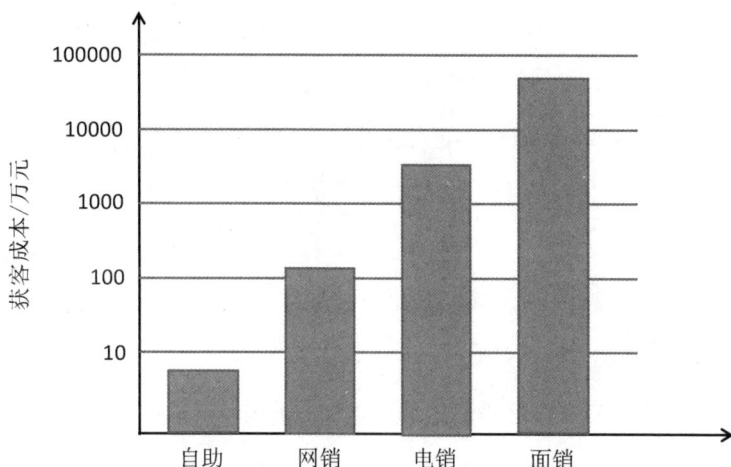

图 8-7　不同的营销渠道的获客成本

下面是基于个人经验的建议。

（1）不要轻易招聘人组建团队，应该先验证渠道的有效性与模式，最初的客户其实是创始人或产品负责人搞定的。

（2）产品的定位、定价、营销渠道要对应，不要让销售人员去现场卖产品，也别指望客户在线自助购买价值几十万元的产品。

（3）大客户需要更多的销售人员或服务人员，包括售前工程师、项目经理等。在面对小客户时，企业需要发挥线上优势，提供自助或半自助服务。

8.5　一些常见问题

1. 进入市场后，是优先获取收入，还是优先获取更多的用户

进入市场后获取收入确实很重要，但有时候不能只想着获取收入，还要进入

社区（Go To Community，GTC）。在你有了一些客户和收入后，如果你没有一群支持者，往后的收入增长仍然很困难。但如果你有一群支持者，即使现在没有收入，往后收入的获取也会比较顺利。例如，蓝湖在前几年并没有向用户收费，而是通过免费产品真正进入社区并获得了口碑，在宣布收费后，蓝湖仍然有不少支持者并获得了一定的收入。这背后的原因不难理解，对于客户比较集中的 To B 业务来说，被社区接纳、受到关键人物的认可是至关重要的。从增长角度来说，同一个社区里的人会相互影响，比如甲购买某产品后，乙会知道，如果甲认为产品好，那么乙也会购买，如果甲认为产品不好，那么乙很可能不会考虑购买了。总之，如果企业本来就有人脉资源但产品的潜在用户少，就与定制开发一样优先获取收入；如果企业自身的现金流不紧张且产品的潜在用户多，就优先获取用户。

2. 目标市场是应该选大的还是选小的？目标市场小是否影响以后的发展

在产品开发早期，最好选择单个细分市场或者利基市场，小市场更好。这样，产品和市场资源能够聚集到一处，产品开发的速度更快，也更能满足客户群的需求。在人力和预算较少时，市场推进速度会变慢，难以深入。先进入小市场，不代表以后不扩展到更大的市场，既要仰望星空，又要脚踏实地。占领一个个小市场，才是比较实际的做法。一开始就想着做大市场，过度规划，若能力跟不上，便是吞象之蛇了。

3. GTM 战略需要多久完成

单个 GTM 战略并不会持续太久，在产品达到 PMF 时就算阶段性完成，通常需要数月到两年左右的时间。不过，企业会不断推出新产品并进入新市场，所以 GTM 战略要持续做，同时一些具体的策略也要持续进行，例如对价格的优化。

4. 在早期阶段招聘市场、销售团队的作用是什么

如果公司里有实践过 GTM 战略的人，那自然最好。但如果只有市场或销售人员，那不如由创始团队实践 GTM 战略更合适。当产品得到验证、销售模型可行时，再招聘销售人员使获客增长规模化。

5. 版本权益和定价能使用多久，后续还能改吗

一般来说，客户都喜欢"加量不加价"，比较反感的是降权益且涨价。实际上 SaaS 企业经常遇到的情况是，一开始给得多了，后来想加一些限制，或者开始的时候定价偏低，利润少，需要涨价维持发展。所以从企业利益角度考虑，定价肯定会有所变动，一般一年一次，当然也有保持多年不变的情况。

第 9 章

产品冷启动，如何获得第一批用户与客户

当产品基本成型，有像样的 MVP 时，企业才会大致明确目标市场、定位和价格策略。接下来的问题是，产品冷启动，如何获得第一批用户与客户。先思考以下几个问题。

（1）早期的种子用户与目标客户一样吗？如果不一样，有什么不同？

（2）去哪里找早期用户与客户？如何筛选出来？

（3）如何服务、运营第一批用户与客户，才能真正发动增长引擎？

9.1 创新扩散与创新者

在 1928 年，杂交玉米算是美国农业上的创新，能将亩产提高 20%，于是美国的农业服务机构和种子公司向农民推广杂交玉米。研究人员瑞安和格罗斯在 1941 年对美国艾奥瓦州的两个社区进行了调查，主要调查杂交玉米是如何被推广的。通过挨家挨户进行走访，他们统计了每年种植杂交玉米的人数，发现农民们都是在 1928 年到 1941 年之间开始种植杂交玉米的。前 5 年，只有 10% 的人种植

杂交玉米，后 3 年种植杂交玉米的人数占比快速增长到 40%，接着，杂交玉米很快覆盖了所有农民。如果以累积种植人数与年份来绘制曲线，就能得到一个 S 形的扩散曲线，观察每年的种植人数，发现种植人数的分布很接近正态曲线。

在 1962 年出版的 *Diffusion of Innovations*（中文版《创新的扩散》于 2002 年出版）一书中，作者埃弗雷特·M. 罗杰斯基于大量创新扩散案例发现创新采纳者的分布接近正态曲线，并对采纳者进行了分类。他将创新采纳者分成 5 类，分别是创新者、早期使用者、早期大众、晚期大众与落后者，他们占整体使用人数的比例分别是 2.5%、13.5%、34%、34%、16%，如图 9-1 所示。

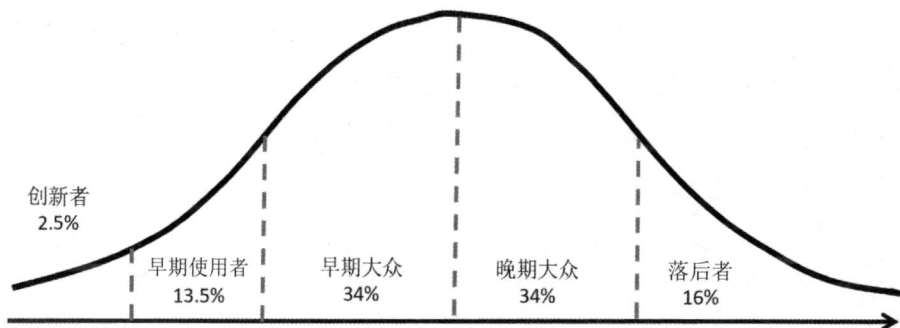

图 9-1　创新采纳者的分类及占比

（1）创新者。一些创新者也是"冒险家""技术控""超级粉丝"。他们追捧新技术、新产品，无论产品好坏，只要是新的，就会尝试使用或购买，并能忍受产品的缺陷；几乎每个大品牌都有一些"冒险家"与"技术控"，他们会参与产品测试并成为第一批使用者，或排队抢购刚发售的新产品。

（2）早期使用者。这些人通常比较有经验、远见、影响力，能看到新技术、新产品的长期价值，喜欢做别人没有做过的事，善于利用新产品获取竞争优势；前几年，刚开始使用企业微信做私域营销与销售管理的公司基本都是早期使用者。

（3）早期大众。这些人是实用主义者，虽然他们对新技术、新产品有兴趣，但会考虑得实际一点，所谓"不见兔子不撒鹰"，产品是否有效果、公司是否有实力、服务是否可靠、价格是否划算都是他们所关心的。产品能不能成为主流产品，关键在于能否让这些深思熟虑的人购买并使用产品，即"跨越鸿沟"。

（4）晚期大众。它们与早期大众一样考虑得比较实际，其学习能力和意愿较弱，更习惯原有方式、原有产品，较难改变。许多传统企业都是晚期大众，不仅瞻前顾后，还缺乏学习能力和改变意愿，属于"难啃的骨头"。

（5）落后者。每个时代、每个行业都有"老古董""守旧派"，他们怀疑一切改变现有模式的新技术，无论如何，都不愿意使用新产品。

如果只考虑目标市场和产品定位，受众就只包括以上 5 类人；如果从产品冷启动的角度看，**早期的种子用户与目标客户应从"创新者"和"早期使用者"中去找**。种子用户也是目标客户，但他们是目标客户中特殊的一类，因为他们更热衷尝鲜，更能容忍缺陷，更乐意传播。如果聚焦于这类人群，那么企业的获客成本会更低，服务成本也会更低，同时企业还能专注产品的核心能力去做迭代，整体速度也会更快一些。如果企业一开始过于关注"晚期大众"和"落后者"，就会平添困扰并产生无谓的消耗。当然，因为不同类型人群之间的差异，早期使用者与早期大众之间还有一道"鸿沟"。

9.2　如何获取早期用户与客户

1. 获取种子用户的渠道

资金少、资源少、没名气的创业团队，难以使用投广告、办大会、地推等手段，得找一些容易操作且成本低的渠道，这些渠道可以不用为创业团队带来很多用户或客户，能满足冷启动即可。常见的 4 种获取种子用户的渠道如图 9-2 所示。

（1）人脉关系。距离最近的用户是哪类人？那便是自己，也就是开发产品的人，本身是用户最好。如果在团队内部找不到目标客户，就从身边找起。在早期阶段，酷家乐面向装修业主群体，因公司的员工比较年轻，多数员工都没有装修需求，于是就从员工身边有装修需求的亲戚朋友中获取种子用户。

找亲戚朋友的好处有以下几个：一是成本低，不需要额外的营销费用；二是对产品不足之处的容忍度高，更愿意体验产品；三是亲戚朋友会给团队更多的反馈，即使流失了客户，也得到了客户的反馈。当然，关系好的老客户和老用户要同样对待。不过，找朋友或老用户也有不太好的地方，他们使用产品或为产品付费并不是因为产品如何，而是受人脉关系的影响。换句话说，有些人并不是真正的"创新者"，而是"关系户"，这反而会为团队带来困扰。

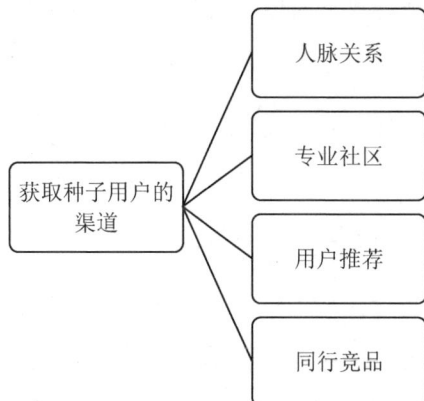

图 9-2　获取种子用户的渠道

（2）专业社区。每个领域都有对应的"社区"或"圈子"，它们可能存在于百度贴吧、豆瓣小组、QQ 群或微信社群等。不论在哪里，它们都存在；不论多小众，它们都有聚集的地方。群组不一定好找，一般可以通过"行业+论坛"这样的搜索词找到，垂直领域的专业社区就得通过"内行人"介绍，顺藤摸瓜。

（3）用户推荐。用户推荐有两种情况：一是直接让用户邀请有类似特征与需求的朋友，或者向其推荐产品，这主要借助用户的人脉关系；二是提炼用户的画像，这样才能通过广告等方式触达类似人群，相当于做相关推荐。

（4）同行竞品。适合做早期用户的还有友商的流失用户和贬损者，他们心怀不满且想寻找替代品。当然，前提是你能对他们的需求进行有针对性的开发，自信能解决他们的问题。直接在公开的平台上搜索或去相应的社区都能找到这类人群，并且他们相对容易转化。在转化过程中要有同理心，并保持对用户和友商的尊重。

2. 筛选出真正的种子用户

获取种子用户的渠道只是相对容易操作且获客成本低，并不意味着从那些渠道获得的用户都是种子用户。我们仍然要做筛选，筛选条件如下。

（1）主动想要使用产品及类似产品，而不是被人脉关系影响或受到奖励、补贴的驱动才使用产品。这个条件在一开始就要明确说明。

（2）有作为其他新产品的"种子用户"的经验，尝过鲜，最好有类似的经验。

（3）能忍受产品的不足，或对待产品存在的问题持积极提建议的态度，而不是光指责产品的不足。

（4）能主动探索产品的各项功能和用途，对产品进行较为全面的体验和了解。

（5）能使用访谈、问卷调查、观察等手段对产品进行判断，能在有相应数据基础设施的基础上，结合用户行为做分析。

并非所有注册或提交试用的用户都是目标客户，并非所有早期使用者都是种子用户。当筛选出真正的种子用户后，我们应该把关注点放在他们的身上，了解其需求，倾听其反馈，观察其行为。**在早期，我们最应该关注的是用户为什么用、为什么留存，而不应纠结某些用户的流失及为什么不愿意使用，支持者才是最重要的。**

9.3 如何做好服务与运营

有了种子用户，还不算成功，若产品不能满足种子用户的需求或期待，他们仍会流失。接下来就是如何做好服务与运营。我们要对用户和客户进行分层，即早期核心用户、早期标杆客户、普通用户和客户 3 类。普通用户和客户的运营不是重点，因此我们主要讲前两类。

1. 早期核心用户

针对早期核心用户的运营有 5 个步骤，如图 9-3 所示。

1）定义核心用户

想想一粒种子能带来什么，它生根发芽、开花结果，然后循环往复。我们要从种子用户中挑选出能发芽、长大、帮平台带来更多用户的核心用户。他们不仅活跃，愿意为产品付费，还愿意帮助企业把产品做得更好，让产品被更多人使用。他们是产品的忠实粉丝，也是我们的朋友。

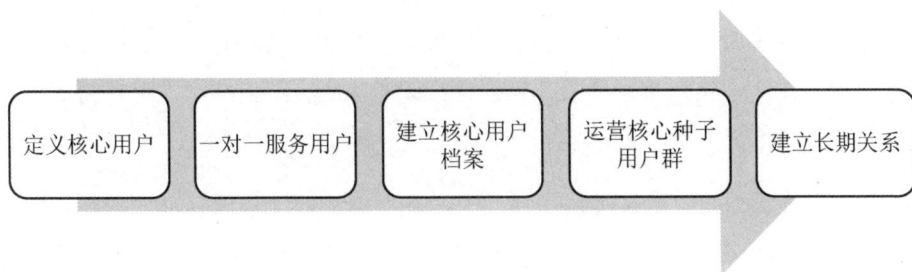

图 9-3　运营早期核心用户的 5 个步骤

2）一对一服务用户

筛选核心用户的第一步是找到活跃用户和深度用户，其中有些用户已付费，有些用户没付费。我们可以先通过邮件、微信等方式建立联系，然后进行一对一的交流，进一步判断活跃用户和深度用户是否合适。很多用户只想使用产品，所以我们不能指望每位活跃用户、深度用户都成为核心用户。重要的是支持者。

人们喜欢与人交流而不是与机器人聊天，因此与核心用户建立联系要有自己的方式。我们可以与核心用户交朋友、"拉家常"，不要只是机械地调研，要能与他们聊到一起，了解行业的"隐语"，对他们的工作感兴趣，积极响应他们的问题，并隔三岔五地主动与他们交流，频次可以逐渐降低，但要始终有交流。

还需要记住，SaaS 是服务，要为核心用户提供贴心的 VIP（Very Important Person，重要人物）服务。保持一颗服务的心，关系才更容易建立起来。

3）建立核心用户档案

核心用户愿意回答问题，积极给产品提建议。因此，我们可以通过交流获取更多与核心用户有关的信息，进而沉淀出详细的用户画像。在早期阶段，我们可以使用表格一类的工具对核心用户档案做记录，如果量多则可以使用简易的 CRM 工具，但需要有人负责持续更新核心用户的信息与状态。

4）运营核心种子用户群

人是社会动物，总希望归属于某个群体。核心种子用户需要找到那些与自己相似的人，他们有相似的职业、相似的喜好，或者喜欢同一个产品。所以，我们可以把核心种子用户聚到一起，然后通过规则和话题让他们认识并自由交流。即便先前他们彼此不认识也没关系，因为认识同一个人，所以这个人可以扮演中介的角色，让更多的人彼此建立联系。

如果中介是 KOL 或有类似属性的人，那么用户群比较好建立。只要提供一个场地让核心种子用户相互交流，就会快速建立一个群体。在科技圈这种情况并不罕见，比如罗永浩有一大批粉丝，他们自成一个群体。

我们想维护好核心种子用户，就得让用户与某位员工建立联系，同时让用户至少与另一位用户建立联系。这样就能形成一个网络，并且是密度比较大的网络。我们在把分散的雪粒变成雪球后，就可以让雪球越滚越大。

注意：这里讲到的用户群不是微信社群或 QQ 群等，而是一个有共同喜好的群体，群体中的成员之间彼此联结，而非彼此孤立。这个群体可以存在于 WhatsApp、Facebook 或者论坛上，甚至邮件组中。

5）建立长期关系

与核心种子用户建立长期关系也是一种挑战。一般来说，对于付费的用户，更多的是讲感情、理想、情怀，同时满足他们的虚荣感或给他们一些特权，比如新功能内测、勋章等。对于没有付费或对价格敏感的用户，可以通过感情加利益的方式，比如给他们优惠券、折扣、免费福利等，与他们建立长期关系。还可以与用户发展成合作伙伴，比如产品分销员、培训讲师、内容生产者等，合作的利益关系能更持久，比如酷家乐就有一批从核心种子用户发展起来的合作培训师。不过，聚散终有时，若核心种子用户不愿意建立长期关系，也不要勉强挽留，只要核心种子用户数增长即可。

2．早期标杆客户

早期标杆客户通常是行业的领导者与创新者，具有榜样效应，能影响其他人。他们可能是同行关注的对象，自带光环，也可能是所在领域的优秀企业，还可能是新秀，或是善于创新的公司。标杆客户不一定就是上市公司或"500 强"企业，可以是地区性的标杆客户（比如杭州装修公司的标杆客户与长沙的就不同），也可以是细分领域的标杆客户（比如家装公司的标杆客户在全屋定制行业的影响力就很小），还可以是不同层级的标杆客户（比如在设计师中有影响力的标杆客户在工厂企业主中就没有多少影响力）。不需要有很多标杆客户，一般细分领域里有 3 家即可，在更大的行业里最多也只需 10 家。

对于标杆客户，我们要与他们建立合作共创的关系，一起做有风险又有潜力的新鲜事，不能只是单纯的甲方与乙方的关系。钉钉创始人陈航认为团队与客户是以"共创"的形式开发产品的，这样客户的参与感强，开发出的产品更符合实际需求。推荐以项目制来维持与标杆客户的关系并产出结果。项目要有专人负责相关事宜，尽管此时还没有专职的客户成功团队。不一定需要很多人参与，但双方要有清晰、统一的认知，有明确的协作机制，能在预期时间内实现目标。最好由创始人或产品负责人出马，直接参与客户对接或产品开发，以保障优先级。

需要注意的是，在**早期找标杆客户的目标不是收钱办事，而是开发出可规模化的产品**。要想不被客户牵着走，就要区分特定客户需求、特定群体需求和通用需求。在客户接受需求时，我们可以定一个比例范围，比如 30% 以内。不能因为客户的影响力大，就一味地顺从，避免做成定制开发。甚至有可能在开发完产品之后，客户认为产品没有满足需求或又有了新需求，这会使团队元气大伤，务必警惕。

9.4 借用户之力发动增长引擎

在早期，我们最应该关注的是用户为什么用、为什么留存，而不应该纠结某些用户的流失及为什么不愿意使用，支持者才是最重要的。唯有用户能带来新用户，唯有用户能促进增长。那么，如何挖掘种子用户的价值？怎样发挥标杆客户的影响力呢？怎样让核心用户带动增长呢？大致可以从 4 个方面实现，如图 9-4 所示。

```
                        ┌──────────────┐
                        │   种子用户价值   │
                        └──────────────┘
        ┌───────────────┬──────┴───────┬───────────────┐
  ┌──────────┐   ┌──────────┐   ┌──────────┐   ┌──────────┐
  │ 加速产品优化 │   │  沉淀数据  │   │  直接宣传  │   │    背书    │
  └──────────┘   └──────────┘   └──────────┘   └──────────┘
```

图 9-4　种子用户的价值

1．加速产品优化

（1）在 PMF 阶段，最怕的就是产品开发的方向错了，没有发现用户的痛点。我们要不断获取用户的反馈，而种子用户中核心用户的反馈尤其重要。我们会收到各种各样的反馈，很多产品负责人分不清楚哪些反馈重要，哪些反馈不重要，也不明确哪些应该优先做，哪些可以缓一缓再做。其实在早期阶段，应该对用户或客户的反馈进行过滤，没有过深入体验的反馈都可以忽略。**真正需要了解的是那些在产品上付出较多金钱或时间的人的反馈，他们的需求更强烈，对产品的期待也更高。**如果用户花钱、花时间使用产品，并且持续在用，就说明他们确实感受到了产品的价值，我们需要将价值进一步强化，让用户有更多的收获，同时让更多用户都能感受到产品的价值。如果没有用户持续使用产品，或者没有用户感受到产品的价值，我们就要向那些原本怀有期待的用户询问原因，然后不断地改进产品，直到用户感受到产品的价值。

（2）说起加速产品优化，大家可能容易想到小米的米粉论坛。在这个论坛上，"米粉们"可以参与调研、产品开发、测试、传播、营销、公关等多个环节，早期 MIUI 的重度用户们每周都会更新系统，再向产品研发团队提交反馈，接着下一周就有基于反馈而更新的系统做出来。这样的循环过程使用户的参与感非常强，用户也愿意继续体验产品并提交反馈，而团队也能有针对性地改进。

2．沉淀数据

（1）一类数据沉淀是 AI+SaaS，意味着对 SaaS 又多了一层需求——希望拥有人工智能，能帮助人们更高效地工作。拥有人工智能需要数据，数据从哪里来呢？其中一种获取数据的途径就是用户贡献，用户不断积累的行为数据可以让算法更智能。

（2）另一类数据沉淀是 UGC（User Generated Content，用户生成内容）。它在 C 端产品中很常见，比如知乎在早期发展阶段并不开放，而是一直让种子用户创作优质内容，待用户数量较多时知乎才逐步开放。当然，UGC 对于具有网络效应的 SaaS 也适用，一部分用户产出的内容可以帮助另一部分用户更好地使用产品，比如酷家乐的设计样板间、WPS 的稻壳模板。

3. 直接宣传

（1）让用户帮忙宣传，还要考虑两个关键因素：一是成本与动力；二是效果。如果让用户帮忙宣传比较麻烦且成本高，那么他们很难马上去做，甚至不做。用户只有在动力足够强时，才可能克服困难去宣传产品。那什么时候用户的动力会足够强呢？当用户对产品表达满意或认可的时候，是最有可能执行宣传动作的。比如在你开口夸奖小朋友很友好、爱助人为乐之后，让他帮你做一件事情，这时他很可能会帮你。在心理学中，这就是一致性原则。我们可以在用户填写问卷、打高分时让用户帮忙宣传产品。在日常交流时，如果用户对产品表达满意，我们就可以顺势引导。

（2）如何降低成本呢？先准备好素材，用户只需"点一点"即可完成。当用户在微信群里发红包让大家帮忙转发内容时，我们应该为用户提供配图与文案，并示例发送效果。这样，用户的参与度就会高很多，如果还让用户想文案，很可能就没有文案了。另外，给用户的文案需要基于场景准备几个不同的，发到 IM（Instant Messenger，即时通信）群里的、社交媒体或论坛上的应各有差异。比如这样的文案："发现了一个非常棒的产品，我居然可以×分钟内就做出照片般的设计效果，有兴趣的朋友可以体验一下。""后悔没有早遇到××，××可以节省我许多时间，而且还是免费的。""这也许是世界上最好用的免费××。"然后为用户提供几张配图，或只提供参考图让用户采用自己的图片。这种方法在一键分享时常用。当然，也需要对内容做一些测试，找出更合适的，毕竟产品不同，文化习惯不同。

（3）考虑效果。考虑到很多用户在宣传时未必关心效果，只是做宣传这个动作，所以，有必要在素材上多做优化和测试，比如图片是用高清的还是普清的，带不带水印，是用视频还是用动图。所配文案也要有明确的动作来引导用户阅读或注册，能附上链接的就付上链接，还要能追踪，使用短链追踪或 UTM 参数[①]。用户发了一条内容在社交媒体上，怎样让效果进一步放大呢？那就是去点赞、助力，用官方账号或其他账号评论、互动，或直接转发内容。这样可以进一步放大效果，如果用户的粉丝多，就可以花钱投放广告，提高热度。

（4）努力让每位早期用户成为粉丝用户，让每位粉丝用户成为推广员，这就是群众路线。

4. 背书

用户证言能影响新用户做决策，而在 To B 领域，客户背书更为重要。客户背书的应用场景如图 9-5 所示。

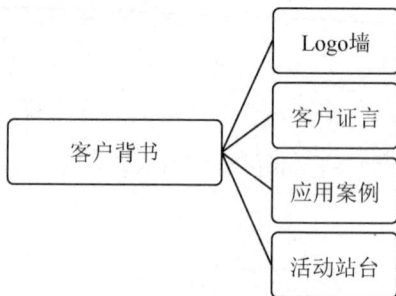

图 9-5　客户背书的应用场景

（1）Logo 墙。它主要展示客户企业的 Logo。多数 To B SaaS 官网首页下方都会有一块区域展示合作客户的 Logo，有的还会区分行业，进行分类展示。选取的 Logo 一般都是在行业排名靠前或知名度较高的品牌的 Logo。这样，潜在客户在浏览时会受到影响，潜在客户看到知名企业都在用，就会认为产品还不错。

（2）客户证言。在宣传材料中可以引用客户证言。一些 SaaS 公司的官网或宣传演示文稿中也会放一些客户证言，通常会展示头像、名称、推荐语等。这些证言会让潜在客户感受到更真实的信息，让客户感受到使用产品的场景是什么样的，以及产品的价值有多大，这种来自同类人的"话语"更能打动人。

---

① UTM（Urchin Tracking Module）参数为 Google 分析的前身 Urchin 引入的 5 种用于市场营销的 URL 参数。通过向网址添加 Urchin 广告系列参数，分析网站可以区分当前用户从哪种广告进入此网站等。

（3）应用案例。不论是选型前还是采购后，大家都非常关注实践案例，因此好案例是打开市场的必备工具。早期使用者未必需要案例，但那些具有实用主义的早期大众必须看到实际的成功案例才会有所行动，因此 SaaS 公司必须将核心用户或标杆客户转化成一个个的案例，并加以展示、传递。

（4）活动站台。虽然早期的 SaaS 公司未必能举办大型会议，但是它们会参加一些展会或举办小活动。比如举办线下活动，可以邀请老用户和老客户参与，让他们现身说法，这种面对面的推荐或交流最能影响他人。Salesforce 在举办大会时就充分利用这种方法，让老客户与潜在客户聚在一起，在交流过程中产生销售线索。

9.5　关于冷启动的一些建议

（1）**物以类聚，人以群分，核心用户应该是一个群体**。早期用户要有共同点，最好彼此能聊得来，这样就容易形成统一战线。如果核心用户之间能建立连接，就会形成一个群体，他们对彼此更认同，对产品也会有更好的认同感。如果核心用户们分裂成多个群体，那么对产品来说是不利的。

（2）**排除那些传递负能量的人**。有些种子用户虽然在使用产品，但是经常抱怨产品的不足。他们也许希望产品变好，但他们的实际行为确实是在一味地传递负能量，这会影响其他用户，所以不如排除这样的人。

（3）**警惕被情感和关系影响判断**。如果一位粉丝用户到处宣传你的产品，好不好呢？他向你提需求，你满足不了，怎么办呢？他经常向你提需求，让你不好意思拒绝，怎么办呢？如果需求确实靠谱，那么能满足还好，如果产品的功能只是满足了某位用户的特殊需求，那么产品的价值便是有限的。再忠实的用户，其意见也只是参考。再标杆的客户，其需求也需要经过验证。

（4）**验证优先**。即使你手上有一堆客户资源，或者有非常便宜的流量渠道，也不要急着在冷启动阶段用上，要先验证产品的价值。等风筝飞起来了再放线，风筝自然能越飞越高。

（5）**抓大放小，少看 ROI**。就像一两岁的小孩子刚开始学吃饭一样，经常用手抓饭，总把食物扔到地上，常常惹大人生气，这就是必须经历的学习过程。以大人的标准要求婴儿是比较过分的，同样，以成熟业务严格的 ROI 和人效去考查新产品也是比较过分的。

（6）**欲速则不达，要留出时间做积累**。每位客户甚至每位活跃的用户都值得悉心培育，我们可以想办法加速，但不能指望一下子有爆发性的增长。要能忍受在数月甚至一年的时间里只有少量客户和用户，只要产品一直在增长，就不必焦虑。

第 10 章
用好 NPS，提升用户忠诚度

如果只用一个问题来了解公司或产品在用户眼中的样子，那应该问什么呢？每个产品的负责人都知道用户的满意度、忠诚度比较重要，那么，如何高效识别出产品的支持者与反对者呢？答案就是 NPS。NPS 这一指标由贝恩咨询公司合伙人弗雷德·赖克哈尔德在 2003 年提出，之后迅速被美国的企业认可并采用，费雷德·赖克哈尔德还专门写了 *Ultimate Question* 一书来推广这一指标。很多国外的 SaaS 公司将 NPS 当作核心指标，甚至当作北极星指标，可见业界对它非常重视。NPS 在国内的应用尚不深入，不过其热度却呈现逐渐上升的趋势。

相对于其他指标，NPS 有如下 3 个优点。

（1）可提供定性和定量的反馈，既能知道产品的表现如何，还能挖掘背后的原因以指导改进。

（2）问题简单，比起篇幅长的问卷用户更愿意回答简单问题，可以获得更多的反馈。

（3）计算简单，容易理解，能在更大的范围内形成共识，从而推动它的应用。

10.1 如何计算 NPS

NPS 得分来自一个简单的问题，我们可以询问用户有多大意愿推荐某品牌、产品或服务给朋友，让用户在 0～10 分之间选一个数，0 分是完全不愿意，10 分是非常愿意。基于打分情况将用户分成 3 组。

（1）0～6 分表示用户是贬损者，即对产品或服务不满意的人。这部分用户有可能分享负面评论，也有可能私下抱怨产品，还有可能在社交媒体上发表意见。

（2）7～8 分表示用户是被动满意者，对产品或服务持中立态度。这部分用户基本满意或不讨厌产品，但也没有多大意愿向他人推荐产品。他们既有可能流失而选择竞品，也有可能向他人推荐产品。

（3）9～10 分表示用户是推荐者，对产品有热情并积极拥护。这些用户对产品很满意，并且对品牌很忠诚。这样的用户自然越多越好，其实粉丝用户、超级用户都来自这些人。

NPS 计算公式如图 10-1 所示，最初计算 NPS 采用的是百分比，即用推荐者的占比减去贬损者的占比，获得的百分数范围为-100%～100%。但后来在实际应用时常使用数值，即分值范围为-100～100。一般来说，分值小于 0 显然是不好的，而分值在 50 分以上则为优秀。比如让 200 位用户打分，其中有 40 位贬损者，80 位被动满意者，80 位推荐者，那百分比就是（80-40）/ 200×100% = 20%，也可取值为 20 分。

NPS如何计算？

直接询问用户：你有多大意愿向朋友推荐本产品？

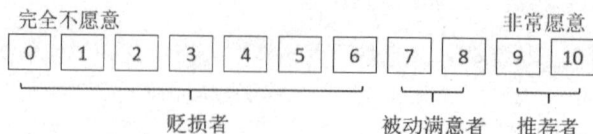

净推荐值（NPS）=（推荐者数 − 贬损者数）/ 总样本数

图 10-1　NPS 计算公式

10.2 NPS 怎么采集

1．设计问卷与投放规则

想做好数据采集工作，我们必须注意问卷的内容、形式与投放规则。关于 NPS 问卷内容，除了打分的问题，一般还会补充提问为什么有这种感觉及有什么建议。比如"是哪里遇到了问题""是界面不友好还是功能不足"，这样就能基于反馈去做有针对性的改进。一般 SaaS 公司采用线上问卷，常见的形式有两种：一是弹窗式，比如在网页或 App 中使用产品时弹出一个弹窗，引导用户回答；二是给用户问卷地址，让用户在单独的页面中填写反馈。弹窗式采集数据的效率比在单独的页面中采集数据的效率高，所以业界一般都采用弹窗式。图 10-2 所示为酷家乐云设计工具内的反馈调查弹窗。

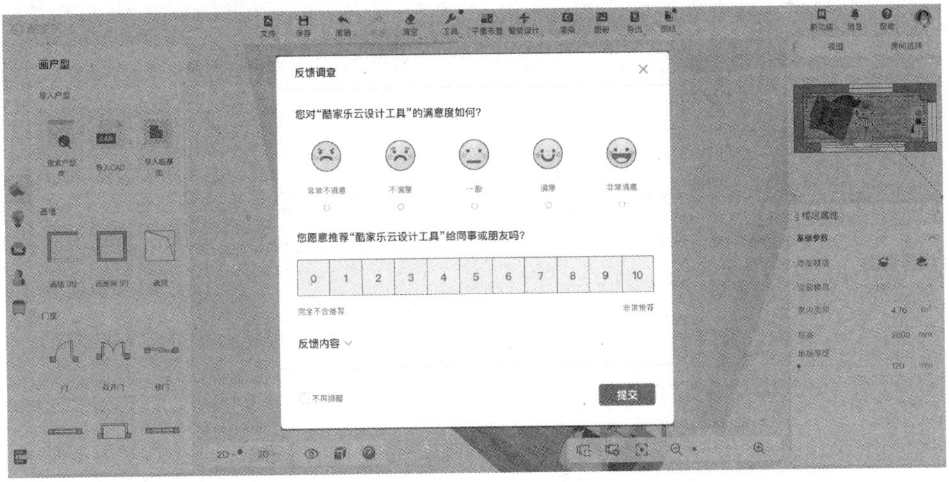

图 10-2 酷家乐云设计工具内的反馈调查弹窗

做好问卷后，在投放时还需要设计一些规则，比如在什么地方展示、间隔多久展示一次等。既要降低问卷对用户的干扰，又要获得更多的反馈，可以在用户停留页面 1 分钟或访问了 5 个以上页面时再弹出。很多公司为了提高问卷填写率，会发放奖励，这种做法是不正确的，因为奖励不仅影响问卷的填写率，还影响了用户的态度，会使结果更加偏离实际。

2．使用第三方调研工具

NPS 在国外应用得比较广泛，因此有专门对 NPS 进行调研的工具，例如 Customer.guru、Retently、UserLeap、AskNicely 等，同时许多 CRM 工具或营销类工具也提供 NPS 调研服务，例如 HubSpot。国内许多问卷类产品都有 NPS 题型，可以单独发布问卷，但不专门针对某个场景。我曾深度参与酷家乐 NPS 数据收集流程的建设，当时因没有合适的第三方调研工具而选择自己研究，后来还结合满意度调查与内部反馈系统进行研究。目前，国内已有专门做 NPS 调研的工具，如 NPSMeter。

3．持续采集，定期对比

既然 NPS 是指用户的满意度或忠诚度，那就会动态变化。用户在刚接触新产品时很容易兴奋和满意，当遇到问题时用户的情绪会跌入谷底，但随着深入使用产品，用户又可能变得忠诚。当然，有些用户可能没有过兴奋的感觉，就流失了，也有一些用户会在谷底流失。从整体来看，NPS 也会随着用户所处的阶段发生变化。另外，一些偶发事件也会影响用户的感受，比如刚经历宕机的用户的 NPS 评分肯定会很低。因此，NPS 调研要持续做，观察趋势，并定期对比。

4．结合用户信息

当用户类型较多、体量较大时，需要结合用户信息来采集 NPS 数据。比如专门面向企业管理者或一线员工，区分新用户和老用户，或者区分不同地区和不同版本。结合用户信息采集 NPS 数据的基础要求是知道每条反馈是哪个账号填写的，进阶要求是能有一批用户标签，可以分群进行投放与数据分析。

10.3 NPS 如何应用

1．找参考，设目标

应用 NPS，应该先了解一些参考值，图 10-3 所示为 Retently 提供的 2021 年

B2B 行业的 NPS 参考值。

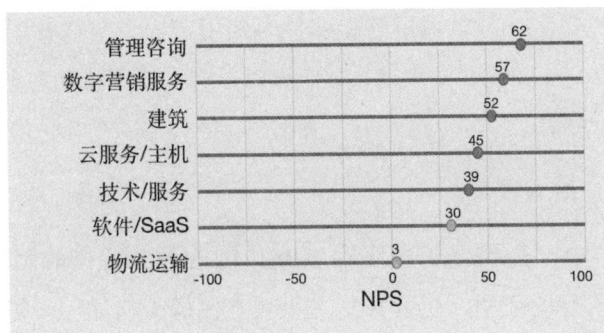

图 10-3　Retently 提供的 2021 年 B2B 行业的 NPS 参考值

对于 SaaS 行业来说，美国不同机构提供的参考值有差异。综合一些机构提供的数据，当前美国的 SaaS 公司的 NPS 平均值大概为 30，而能超过 50 的就是优秀的了。根据 NPSMeter 提供的行业数据，国内体验较好的 SaaS 公司 2021 年 NPS 平均值为 42.9。在设立目标时，能找到直接竞品的数据最好，找不到则参考其他类似产品的数据。设立的目标是公司和团队都知晓并认可的，否则，在实际推行过程中难以落地。当然，不要把 NPS 当作 KPI，错误的激励将带来错误的数据，比如设置奖励或侧重向高留存的用户投放，可能会使得 NPS 虚高。

2. 建立反馈闭环

Salesforce 创始人马克·贝尼奥夫在《云攻略》一书中提到反馈闭环（见图 10-4），即积极收集用户反馈并应用于产品迭代，同时向用户反馈信息，对于 NPS 调研更应如此。知道 NPS 分值多少只是第一步，关键在于改进、优化产品，要让不满意的用户满意，让满意的用户忠诚，让忠诚的用户向他人推荐产品。

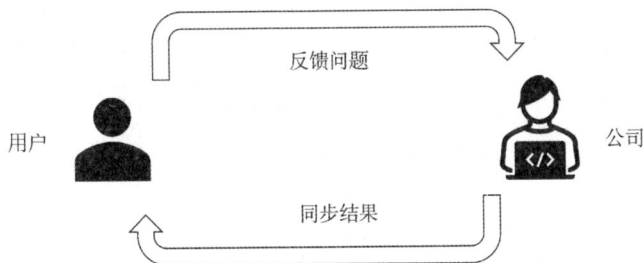

图 10-4　反馈闭环

所以，每一条用户反馈都要确保内部相关人员知晓，并采取行动。然后让用户感受到产品的变化，可以用短信和邮件通知用户，也可以在用户回访时提示告知。当用户感到被关注、被重视、被照顾时，怎么能不感动呢？这样一来，就会有许多粉丝用户了。

3. 分场景应用 NPS

在实际工作中，需要分场景应用 NPS，因为每类场景的侧重点不同，如表 10-1 所示。对于验证期，使用 NPS 主要看产品验证得如何。如果 NPS 低于 0 分，产品就不适合大规模推广；当分值较高时，就应重点挖掘忠诚用户，基于同样的特点去获取新用户，或者通过老用户拉来新用户。

表 10-1　NPS 应用场景的特点

应用场景	老客户/用户关系	新用户体验	产品验证	产品改版	竞品比较
目标	提高忠诚度，提高续约率和续费率	促进激活、提高留存率	验证产品价值	优化产品，找出好版本	设立目标，参考学习
面向人群	老客户/用户	新用户	新产品的用户	产品目标用户	用户和竞品用户
行动策略	挽留贬损者，基于反馈提升产品体验	分析用户关键行为与 NPS 的关系，优化对应环节	挖掘忠诚用户，获取更多满意用户，基于忠诚用户做迭代	做 A/B 测试，分别观察 NPS，基于数据选择合适的版本	在产品研发上要学习竞品用户提及的优点，在推广时，要借用竞品贬损者提及的不足

4. 基于 NPS 优化产品

根据内外部产品数据设立一个目标，持续采集 NPS 数据并收集用户的反馈信息，做有针对性的优化并观察对得分的影响。在早期产品理论上要做到每一个大的改动都应提升 NPS。如果有不同行业或类型的用户，则分开计算，比如甲行业用户的 NPS 高，而乙行业用户的 NPS 低，就要在保持甲行业用户的 NPS 不降低的情况下对乙行业用户的 NPS 进行提升。

在指导优化上，通常 NPS 问卷中的第二个问题更重要，即用户补充描述。我们可以对文本提取热词分析，看看哪些方面带来了忠诚、哪些方面导致了贬损，这样可以帮助产品经理或负责人关注重点方面。具体到单个反馈，最好是能与工单系统或需求管理系统打通，用户的反馈也就能转化成工单或需求，然后内部人员一一进行处理。对于那些反馈多的方面，其需求优先级就高，能更快解决；对于那些只有一两个人提到的方面，可以先观察；如果有关键客户做了强烈负面反馈，就要重视起来并加急处理。

如此，产品研发团队可以获得更多的客户与用户的直接反馈，指导产品设计和资源排期。同样，开发出来的产品体现到 NPS 变化上，也能用于衡量工作成果。

5．深入运营反馈者

首先，NPS 问卷的每条记录都要关联用户 ID（Identity Document，身份标识号），这样才能进行追踪。然后，基于用户打分，给用户打上标签，进一步分析不同用户的行为表现，比如流失率如何、付费转化率如何。再针对不同类型的用户采取相应的运营动作，观察其数据变化，持续迭代运营策略。图 10-5 所示为 NPS 评分处理逻辑。

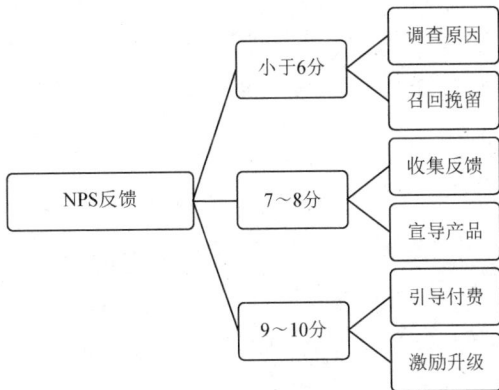

图 10-5　NPS 评分处理逻辑

针对贬损者，要及时提醒内部运营人员查看详细反馈，如果没有具体原因，就主动去了解。基于原因采取行动，比如发一个教程、安排一场培训、发放某些奖励或者只是道歉。如果面向 C 端用户，用户数量比较大，可以设置自动化的运营动作，在获得反馈时第一时间触发消息。

针对推荐者，同样可以进一步分析其特征，如果是付费用户或有升级潜力的用户，就引导其花钱；如果付费时机还不到，就引导用户参加邀请新用户的活动，至少发条微博或朋友圈。根据心理学上的一致性原则，前面的调研给了用户暗示，用户比较愿意向他人推荐产品，因此，用户会有很大概率采取行动，只要推一把即可。在产品发展的早期，我们最应该关注推荐者，以使产品获得更快增长，往后增速慢了就要关注贬损者。

对于被动满意者，则很简单，一方面收集更多的反馈，了解产品的不足，有针对性地做改进，另一方面展示产品更多的优点和其他用户的好评，让用户发现原本不太了解的地方，尽可能地改善被动满意者对产品的认识。

6. NPS 的不足

（1）NPS 是定量指标，因此需要一定的数据量才能有代表性。在早期用户少、样本量小时，NPS 仍然不能作为参考。同样，如果 NPS 问卷的收集方式不合适，填写比例小或有明显倾斜，也是问题。

（2）幸存者偏差。所有的问卷调研都存在一个问题，即填写问卷这一行为本身就是筛选，筛选出了有意愿填写的人，而填写问卷的人与不填写问卷的人存在明显差异。具体到 NPS 调研中，那些对产品不满意的用户很可能早已流失，连问卷都没看到，或者看了也懒得填写，而填写问卷的人则是那些对产品相对满意的用户，所以他们的 NPS 分值偏高。

（3）NPS 代表用户的意愿而非实际行动。纵然 NPS 分值高，也不代表真的会有多少推荐行为。首先，NPS 不一定代表用户的真实意愿，有的用户可能只是出于友善，即使分值为 10 分也不会跟任何人提及；其次，用户在填写问卷时可能确实有意愿，但其意愿会发生变化；最后，即使用户真的有推荐意愿，也得在身边朋友恰好有需求并有合适的时机时进行推荐，要么在兴奋之时发条朋友圈或微博夸赞产品一次。若期待用户经常向他人推荐或公开宣传产品，显然是奢望。

10.4 相关指标

1. 客户满意度

客户满意度（Customer Satisfaction，CSAT）随处可见，比如在用户拨打银行、中国移动等的客服热线时，客服人员都会询问用户对服务是否满意，并要求用户为服务打分。CSAT 调查一般给出 5 个选项（有时是 3 个选项或 10 个选项）：非常满意、满意、一般、不满意、非常不满意，如图 10-6 所示。计算满意的用户所占比例，得出 CSAT，数值越高代表用户的满意度越高。比如 60 个人打分，10 个人非常满意，20 个人满意，那得分便是（10+20）/60×100%=50%。

您对此项功能/服务是否感到满意？

☐ 非常满意（5分）

☐ 满意（4分）

☐ 一般（3分）

☐ 不满意（2分）

☐ 非常不满意（1分）

图 10-6　CSAT 调查给出的 5 个选项

与 NPS 相比，CSAT 更适合颗粒度小的场景，比如针对某次服务、某个页面、某个功能，其应用场景更多、使用频次更高一些。用 NPS 看整体，用 CSAT 看局部，结合使用。不过，需要注意的是，CSAT 更针对当下的调查，难以预测用户行为。同时，CSAT 受采集方式的影响很大，比较适合在内部做比较，即同样的询问方式，面向同样的人群，可以对比哪个页面、功能或服务表现得更好。

2. 客户费力度

客户费力度（Customer Effort Score，CES）这个概念由咨询公司 Corporate Executive Board 在 2010 年 7 月发表于《哈佛商业评论》的一篇文章中提出。研究者发现相比于让客户在服务中满意，更重要的是简单、快速地解决问题。解决问题时花费的努力是客户更加在意的。如果客户能不费力地解决问题，那么对于企业降低成本、提高客户体验更有利。据说，在反馈不费力的客户中有 94% 的客户表示会续费，有 88% 的客户表示会增加花费。

CES 调查的问题比较简单，可使用文字或分值，如图 10-7 所示。

CES 调查是基于一个问题来收集答案的，最初是向客户询问"使用本产品解决问题是否容易"，选项为"非常容易""容易""一般""难""非常难"，也可用 1～5 分或 1～10 分来代表这个费力程度。CES 调查演变版本是向客户询问产品或公司是否轻松地解决了某问题，选项则从"非常不同意"到"非常同意"。另外，CES 2.0 版本设置了 7 个选项、3 个区间，选项分别为"极容易""很容易""容易""中等""有点难""很难""极难"。

询问方式一：使用本产品解决问题是否容易?

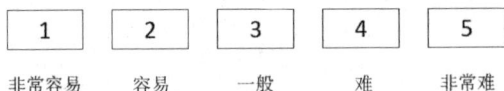

1	2	3	4	5
非常容易	容易	一般	难	非常难

询问方式二：你感觉使用过程流畅吗?

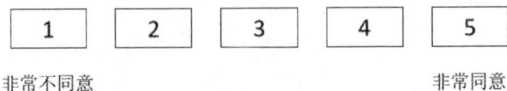

1	2	3	4	5
非常不同意				非常同意

图 10-7　CES 调查的问题

同样，CES 调查有不同的计算方式。第一种计算方式是直接将总分除以人数，这种计算方式适合用数字打分的问题；第二种计算方式是用选择"容易"的人数比例减去选择"难"的人数比例，获得一个净费力度分值，这种计算方式适合用文字或符号提问的问题；第三种计算方式是直接计算有积极反馈的人数占比，这对于有 5 个或 7 个选项的询问方式都适用。这 3 种计算方式都可以使用，公司内部统一即可。

CES 调查可以预测用户的忠诚度，能跟续费之类挂钩。一般来说，分数低于 70% 说明需要改进，而达到 90% 以上才算优秀，也预示着产品会有更好的续费和留存。相对而言，CES 调查面向的场景的颗粒度中等，没有 NPS 调研那么综合，更容易受当时客户体验的影响。因此，CES 需要跟 NPS 结合使用。

10.5　小结

    SaaS 公司不论处在什么阶段，都可以将 NPS 作为核心指标，尤其是在公司发展早期，NPS 是非常重要的，它可以判断产品是否让用户满意，是否为用户创造了价值，是否具备自增长的潜力。如果 NPS 过低，那么产品与服务还需打磨，而想要加快增长速度，就需要有更高的 NPS 支撑。同时，NPS 不只是数字，它既能说明当下产品的表现，又有一定的预测性，还可以帮助产品优化、指导运营策略，是比较综合的指标。除了 NPS，还可以结合 CSAT 与 CES 更细致、更深入地了解用户体验，并有针对性地做出改进。

第 11 章
早期团队的样子

也许你才开始创业，也许你正负责一个新产品，也许你刚加入一个早期团队，你内心激动又忐忑，对未来抱有期待，但当下却充满挑战。创业者九败一胜，产品获得成功属于少数情况，失败才是常态。怎么做才能提高产品验证成功率呢？除了要做对事，还得有一个好的团队。那么，早期团队应该是什么样的呢？

2014 年 10 月 18 日，星期六，正是秋高气爽的时候。早上 6 点多，我躺在床上，听窗外鸟儿们叽叽喳喳地聊着天。这么好的天气，是应该出去爬山还是在家休息呢？也许应该约别人一起爬山。于是，我拿起手机，打开微信一看，竟然收到群核科技董事长黄晓煌的消息，他给我发消息说论坛被广告占满了。我赶紧起床，打开电脑，发现居然有几十条广告占满了论坛的整个版面，然后一一删除它们，没想到不只是有广告，还连带着其他网站服务出现问题，于是我去公司办公室处理问题。就这么折腾了两三个小时，然后我回家休息，一下午就过去了，爬山计划也搁置了。第二天，我原本计划赶早班车去大明山，结果发现论坛里又是一大堆广告，而且比之前还多。晓煌一边手动处理，一边打电话叫研发部门的同事帮忙处理。几个同事便一大早在公司 QQ 群里讨论解决方案，当天就临时上线了一个审核系统。

产品验证难，SaaS 产品的验证周期往往更长，对团队的要求也不低。酷家乐的早期团队经历了较长时间的摸索，也吃了不少亏，终究还是摸着石头过了河。在这个过程中，团队有什么特点呢？虽然每家公司各有不同，但总有一些共性，主要有以下 3 个特点。

11.1　以身作则、身先士卒的领导者

一家公司的价值观源于创始人的价值观，一个团队的文化源于领导者以身作则的精神。如果倡导以用户为中心实现客户成功的价值观，那么创始人应该贴近用户，而不是将倾听、反馈和解决用户问题完全交给其他人。

Salesforce 的创始人马克·贝尼奥夫曾在《云攻略》一书中提到："自己的邮箱是公开给所有人的"，因此，每位客户都可以直接写邮件将问题反馈给他，他会回复所有邮件，并跟进问题的解决过程。他不只是首席执行官，更是首席客服。与之类似的还有群核科技董事长黄晓煌，他一直是酷家乐站内论坛里的活跃用户，在早期他几乎会查看每个产品反馈的帖子并直接回复用户，还常常在大半夜或周末将反馈的内容截图并发到群里，催着大家去解决问题。

在古代打仗时，将领常需骑马冲锋，鼓舞士气。不同的公司的侧重点不同，如果公司希望所有团队成员都能往某个方向上努力，创始人就得亲自下场带头干，比如 HubSpot 的创始人自己写书、写文章做营销，小鹅通的创始人鲍春健在线直播做运营。

11.2　目标统一、角色模糊的团队

越是成熟和庞大的团队，分工越细，每个人都会有一个头衔，都会对应某个 JM（Job Model，岗位模型）。每个人都会有自己的一亩三分地，结果便是各扫门前雪，容易出现的情况是似乎大家都做得不错，产品设计美观、技术架构稳定、运营活动出彩，但最终没有多少活跃用户，客户也不买单。在早期，团队总会处于缺人的状态，明确的分工和岗位职责并不重要，关键是如何实现目标。因此，角色模糊成了常态，更贴切的说法是每个人都是特种兵，可以扮演不同的角色。

怎样让团队成员具有扮演多种角色的能力，并参与到不同的工作中呢？

（1）模糊具体职位和职能。比如在对工作进行规划和分工的时候，应将各项事情列出来，然后根据具体情况将各项事情分配给最合适的人，而不是根据职能对各项事情进行划分。在需要做客户调研时，根据每个人的不同经历，有人认为这件事情应该由产品经理做，有人认为这件事情应该由产品运营人员做，也有人认为这件事情应该由专业的用户研究员做；但客户调研这种事情在早期应该是所有成员都参与的，不论什么岗位的员工，都应该与客户直接接触，了解客户的需求，在这一过程中可由某个有经验的人负责组织与协调。

（2）多组织轮岗和短期体验项目。比如设定一个"客户月"或"用户日"，所有员工都要拜访客户、做研究；再比如做一场活动，所有员工都可以提供产品方案，方案被采纳，产品就能得到开发并上线；还可以安排每位研发工程师去做一段时间的客服工作，或者让产品经理跟着销售人员"跑客户"。美国的 SaaS 公司 Zapier 在早期就没有组建专门的客户成功团队，而是让公司的每位员工都承担客户成功的角色，工程师每周要有不少于 4 小时的客户成功服务。

（3）加强不同角色之间的交流。一些大中型公司在孵化新产品时经常会异地协作，但效果并不好，应该让同一个项目或产品的相关人员坐在一起进行交流，而不是将他们分散在不同楼层或不同城市。还要定期组织不同部门的成员分享工作流程，运营人员可以了解技术如何实现，研发人员可以了解销售人员如何推销。如果是创业团队，就可以让大家在中午时一起吃饭，经常组织体育娱乐活动，这样能很好地加强不同角色之间的交流。酷家乐在早期就没有为员工提供午餐，而是所有人一起出去吃饭，主要是为了加强彼此的交流。

11.3 每个人都做自己喜欢的事

创业公司或新产品孵化团队往往缺少人手，需要充分发挥每位团队成员的战斗力，那么，如何激发他们的潜能呢？关键是团队成员有内在动机想做某件事，而非单纯受外在奖励驱动才去做某件事。硅谷创业教父、《黑客与画家》的作者保罗·格雷厄姆常鼓励人们"做你喜欢的事情",因为只有喜欢这件事情,才能做得更好。

怎样判断一个人对某件事情的喜爱或意愿度呢?对于创始人,就看如果没有或有极少收入,创始人是否仍然去做某件事情;对于团队成员,就看当他的工资低于其他岗位员工的工资时是否仍坚持做某件事情,或在工作时间以外主动做某些事情。这里并非让团队成员忽略收入,而是借收入评估他们的兴趣。一般来说,年轻的创业者选择自己擅长或喜欢的方向开始创业,自身意愿比较强。不过,现在社会上流行将上班族称为"打工人",这其中暗含着"打工赚钱""当一天和尚撞一天钟"的意思,工作只是"干活",除了钱似乎没有什么别的回报了。一份工作除了提供收入,还应该为员工提供一些其他方面的收获,而这些往往更难得到。自我决定论(Self Determination Theory,SDT)提出人有 3 个基本心理需求,如图 11-1 所示。如果一份工作在为员工提供收入的同时还为员工提供胜任感、归属感和自主感,那么员工便能从中获得更好的发展与进步。

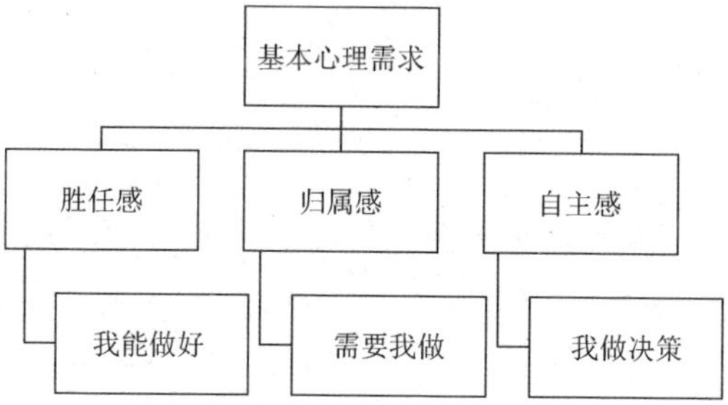

图 11-1 人的 3 个基本心理需求

也许有人会问,是"做自己喜欢的事情",还是"喜欢自己做的事情"。其实两者都会有,也都应该有。如果一开始就明确自己的兴趣爱好,就能直接匹配上合适的工作。如果对某个工作不排斥而选择试一试,那么经过一段时间才能判断自己是否有兴趣或感到满足,始终没有兴趣也不必勉强。不论一个人多么有经验或某项能力多么强,对一项工作没有兴趣,便发挥不出真正的能量,对个人和团队来说都会造成损耗。当然,不可能每件事情都让人感兴趣,关键是在相对较长的周期中,整体带来的满足感能否抵消那些琐碎的平淡或痛苦。

　　SaaS 产品验证周期越长，其增速会越缓慢，与社交、娱乐等互联网产品相比，SaaS 产品对团队成员的影响更少些，这对团队成员的兴趣意愿有了更高的要求。在早期组建团队时，创始人或产品负责人在招人时应非常谨慎，不能因对方的技术能力强便选择，或因其人脉资源丰富就邀请，应先了解对方的动机，考查其喜好，如果对方没有持续的兴趣驱动，就坐不久冷板凳，也很难发挥自己真正的潜力。回想我在 2013 年加入群核科技时，酷家乐刚刚诞生，所有工作都充满着挑战，我每天都处于兴奋之中。大约在一年的时间里，我经常是最早到办公室且离开最晚的人，周末也常常待在公司，甚至春节假期的一半时间是在公司办公室中度过的。因为工作能让我感到充实，获得成就感。

第三篇

增长期：低成本实现规模化获客

本篇围绕 SaaS 产品增长的第二个阶段"增长期"展开，重点关注快速增长阶段的营销获客，如何设计增长路径，如何挖掘渠道，如何利用口碑营销、集客营销、活动营销等方式去获取相应的客户群体。通过本篇内容，希望大家不仅能对各类增长手段有整体的了解，还能将其中的技巧应用到实际的工作当中，使业务实现快速增长。

第 12 章

网络世界的增长快车道

Facebook 是目前全球最大的社交网站之一，其月活跃用户数近 30 亿。然而在 2004 年 Facebook 创立之初，它不过是一个面向哈佛大学学生的校园社交网站。当时，社交网站并不少，为什么 Facebook 能逆袭呢？为什么一个面向哈佛大学学生的产品能传播到其他学校、其他国家甚至各年龄段的人群中呢？使 Facebook 获得成功的原因非常多，而"社交网络"或许是关键原因之一。基于社交网络的 Facebook 能获得如此成功，那么借助网络力量的 SaaS 产品也将实现快速增长。

12.1　社交网络

社交网络是网络的一种表现形式，想了解社交网络不如先了解一下网络。一张网络图是包含一组元素及其关系的集合，元素被称为节点，关系被称为边，如图 12-1 所示。

网络图里的节点可以是人、公司、动物、网站、地铁站等，图 12-2 所示为上海地铁南京西路站及周边地铁站的网络示意图，在这个小型网络中，人们可以通过一个节点（地铁站）到达另一个节点。

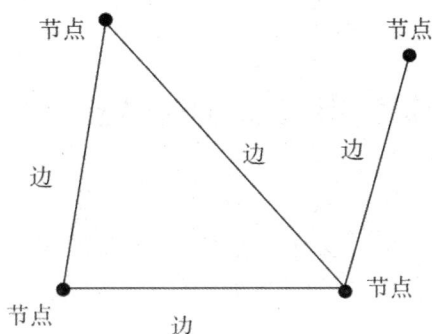

图 12-1　简易的网络图

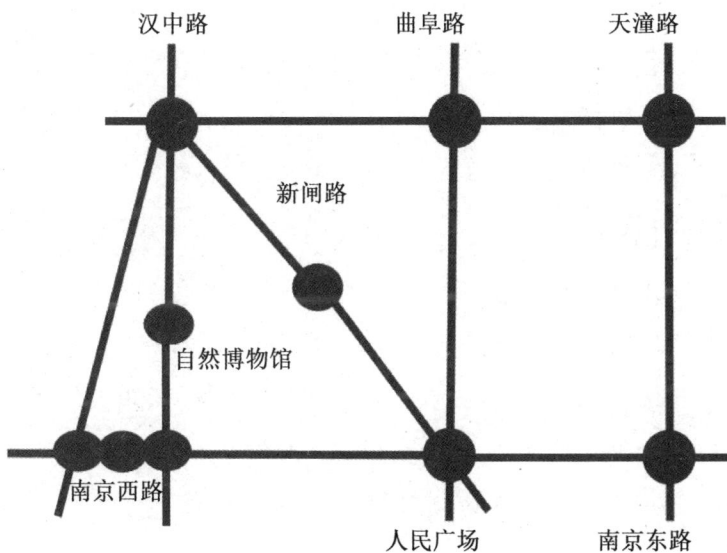

图 12-2　上海地铁南京西路站及周边地铁站的网络示意图

由人作为节点、社交关系作为边组成的网络就是社交网络，我们可以通过一层层关系找到另外的人，按照"六度分隔理论"，只要通过 6 个人，我们就可以找到世界另一角落的某个人。其他一切也可以借助社交网络来传播，比如一首流行歌曲、一张搞笑的图，以及病毒、文化、习惯等，都可以借助社交网络自发传播，进而扩散到更大的范围。Facebook 就是这样传播的。

12.2 Facebook 病毒式增长的秘密

在 Facebook 出现之前，市面上已经有一些社交平台，如 MySpace、Friendster、SixDegrees 等。SixDegrees 于 1997 年创立，曾在美国各大平台上做了不少宣传，却始终没有火起来。而 Facebook 创立之初只是面向哈佛大学的学生，更准确地说，是面向扎克伯格的同学。Facebook 的前身 FaceMash 于 2003 年上线，最初 4 小时内就吸引了大约 450 位用户，他们大约占了哈佛大学本科生人数的 6%。Facebook 上线后，一个月内就有超过一半的哈佛大学本科生注册 Facebook，接着 Facebook 走出哈佛大学发展到其他学校，一所大学接着一所大学，在覆盖完大学后，又开始覆盖高中学校，在覆盖完学生后，又发展到社会人群中。

对比来看，Facebook 和 SixDegrees 的策略有什么差异呢？SixDegrees 一开始就面向全美国的所有人群，而 Facebook 是从一个点开始逐渐扩散的，这更符合真实社交网络的传播，也是病毒式增长的秘密。社会新闻早已不再通过广播或电视机在同一时间让所有人知晓，而是通过大家的朋友圈、群组进行传播。每天都有很多热点消息在朋友圈传播，每隔一阵就会有个 App 突然流行，这些现象与 Facebook 的传播类似，我们可以从网络科学中找到原理。

从网络视角看，病毒式增长是怎么产生的呢？首先，目标用户要在同一个网络中，并且具备网络效应；其次，目标用户的人数要达到临界点。同一个网络较好理解，不多解释。简单来说，网络效应就是加入网络的人越多，网络价值越大，即选择某个产品的人越多，该产品的价值就越大。比如微信、新浪微博等社交产品普遍具有网络效应，而涉及协同的 SaaS 产品如 Slack、Zoom、腾讯会议也同样如此。当使用某产品的人数达到一定规模后，产品扩散的速度就会加快，从线性增长转化为指数式增长或病毒式增长，这个转折点就叫临界质量，如图 12-3 所示，达到了就爆发，到不了就死亡。

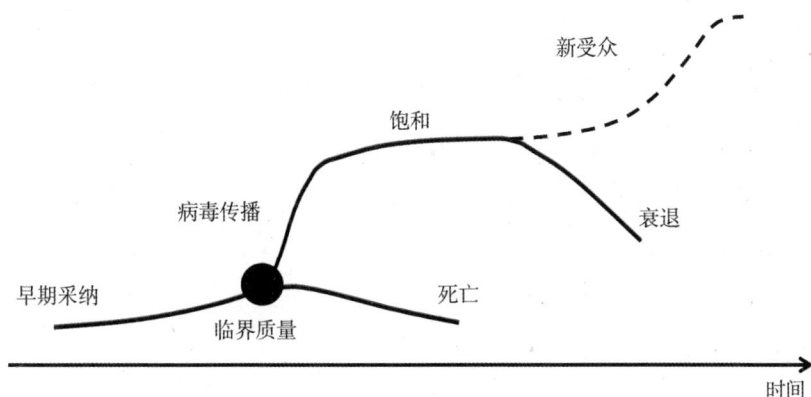

图 12-3 临界质量

如何达到临界质量呢？有两种情况：一是有合适的网络密度；二是平衡参与收益和参与成本。

网络密度是一个网络中边数与理论边数的比值。比如甲、乙、丙 3 个人，甲分别和乙、丙有连接，而乙和丙之间没有连接，那网络密度就是 2/3。信息想要在网络中传播，网络密度太大或太小都不行。举个简单的例子，你会向普通朋友推荐 Linux 操作系统和 Windows 操作系统吗？很可能不会。因为用 Linux 系统的人太少，所以不太可能推荐它；而且大部分人都用 Windows 系统，你也不会多此一举了。如此一来，相对小众的 MacOS 反而得到了更多人的推荐。信息想要在网络中传播，网络密度太大或太小都不行。社交网络分析专家 Maksim Tsvetovat 等人通过实验发现，**当网络密度接近 7% 时，信息将从一条一条的线性增长转化为病毒式扩散**。比如你在一个 100 人的班级中，当有 7 位同学都在转发某个视频时，剩下的同学会很快参与进来，产生从众效应，所以，一个产品想要在一个网络或群体中变得流行，得先俘获大概 7% 的人的心。显然，在哈佛大学学生这样的小群体里达到这个比例比在全美国人这样的大群体中达到这个比例要容易得多。先覆盖小群体，使其达到饱和后，更容易覆盖中等群体的 7%，如此不断地扩散，最终实现对大群体的覆盖。

至于平衡参与收益和参与成本，比较容易理解。不管是转发一条微博、下载 App 还是购买软件，都需要一定的成本，如果预期收益不够大，人们很难采取行动。因此，要挑选那些能从中获得较大收益的用户，即前面提过的创新者，或直接给予"补贴"，与早些年钉钉的做法类似，通过免费与补贴推动企业使用钉钉。当参与收益高于参与成本时，人们自然也愿意参与。具备网络效应的产品会随着使用者变多而给用户带来更大的收益，当参与成本不变时，参与收益会逐渐超过参与成本，如图 12-4 所示。随着时间的推移，当学生们发现许多同学在使用 Facebook 时，便有更强的动力去使用 Facebook。即便没有网络效应，随着产品的迭代优化，使用产品的参与收益会不断提高，同时参与成本会下降，如图 12-5 所示。通常 To C 类产品更容易借助网络效应达到临界质量，而 To B 类产品的周期比较长，主要依赖产品本身的改进。

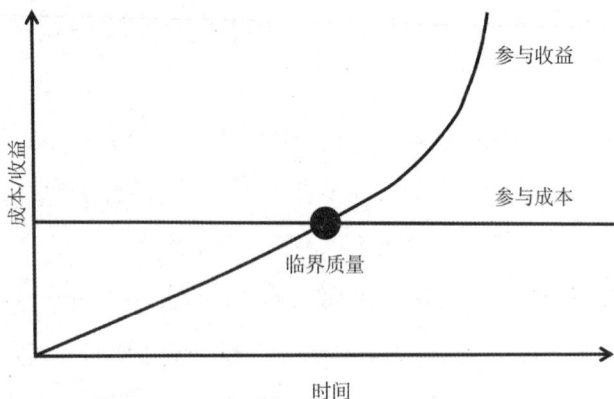

图 12-4　参与收益因网络效应而增加

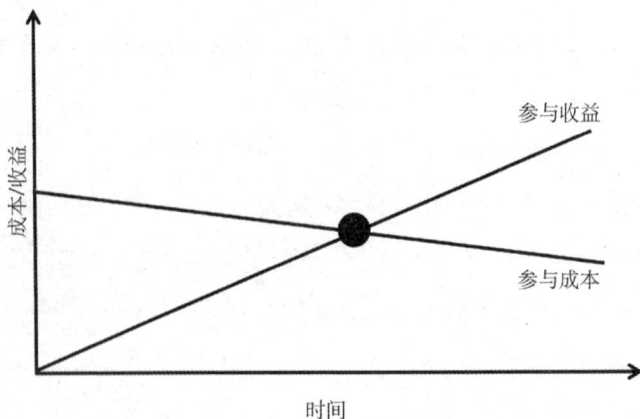

图 12-5　参与收益和参与成本的变化趋势

当然，产品在网络的传播过程中还会受到许多其他因素的影响，比如内容质量、吸引力、口碑、匹配度等的影响。并不是产品具备某个条件就一定能完美地实现病毒式增长，还要了解网络的运作机制，这样才能更好地利用它来加速产品增长。

12.3　网络科学应用于产品增长

认知科学家阳志平曾提出 21 世纪有五大元学科，其中之一便是网络科学。在数字时代，我们处于无数网络当中，同时也在开辟更多的新网络，不断地创造节点，建立连接。在网络世界中，基于传统媒体的营销增长理论已成为过去式，只有理解并利用网络科学，产品才能进入增长的快车道。网络科学原理在产品增长场景中的应用如图 12-6 所示。

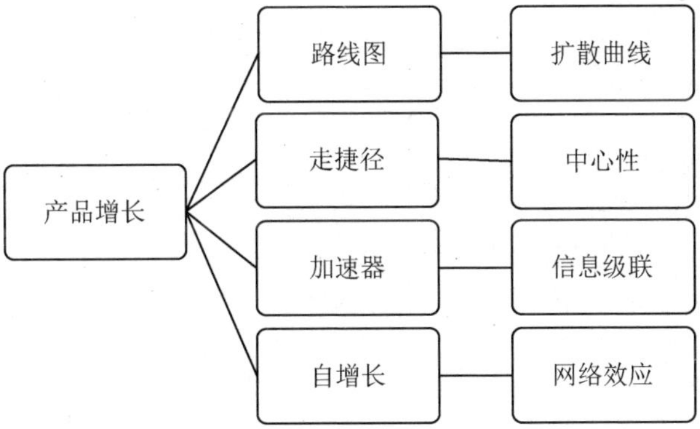

图 12-6　网络科学原理在产品增长场景中的应用

1. 路线图

有 10 个盒子，每个盒子可以装 10 张卡片，甲、乙双方各有 100 张卡片，也就是说，市场容量一样大，甲、乙都有占满盒子的能力。游戏规则是甲、乙轮流向盒子里放卡片，每轮可以放 10 张卡片。甲、乙双方采取不同的策略：甲每轮向 10 个盒子中各放 1 张卡片，就像面向全国打广告、卖货一样；乙按盒子的摆放顺序挨个放，在一个盒子中放 6 张卡片后转向下一个盒子。经过四轮的格局变化后，投放情况呈现图 12-7 所示的状态，其中上方格子为乙的投放情况。

在这个游戏中，盒子代表各个相对独立的市场，可以把 10 个盒子想象成 10 座城市。双方在整个大市场中的进展一致，一样的占有率和拓展节奏。考虑到马太效应，当一个产品占有更多的市场份额时其影响力更大，而当一个产品占有的市场份额超过 50%时，领先者的优势将会被快速放大并形成赢者通吃的局面。从图 12-7 中可以看出，当游戏进行到第三轮时，乙的优势就已显现，而当游戏进行到第四轮时乙在 6 个盒子中具有绝对优势，也就相当于在整体中占有了 60%，胜局已定。实际上在刚刚的游戏规则里，乙甚至不需要先在某个盒子里放 6 张卡片，放 5 张卡片就可实现领先，也就是在第三轮时便能确立格局。

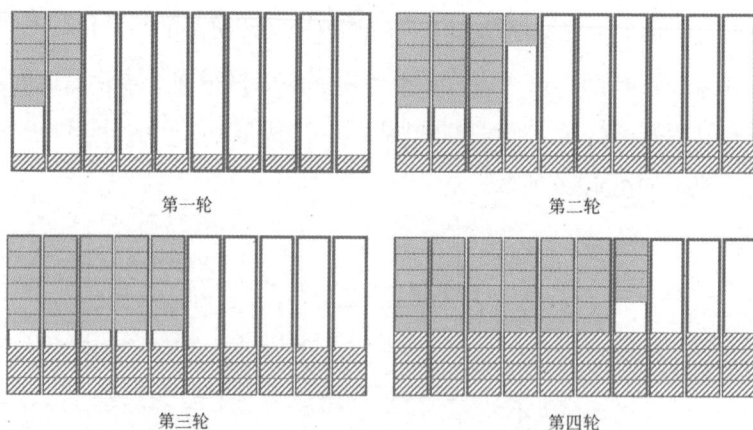

第一轮

第二轮

第三轮

第四轮

图 12-7　甲、乙四轮投放卡片的情况

图 12-7 中的场景在打车、团购、共享单车等领域都出现过。下面我们看一下共享单车领域的情况。

学校是一个小网络，景区也是一个小网络，地铁站及周边小区形成一个个中型网络，各个城市则是一个个大网络，全国则是一个更大的网络。假如一所学校对自行车的需求量是 1000 辆，你要比竞争对手有更多的车才可能处于领先地位，如果你直接把学校的需求量满足了，也就没竞争对手什么事了。所以，当你有 1000 辆自行车的时候，是先去占领一所学校，还是在每所学校中放 100 辆自行车呢？显然，选择后面这种情况在遇到强大对手时，就会溃败。对一所学校如此，放大到城市也如此，如果不能在一座城市中处于领先地位，就不如不做。2016 年，哈啰单车先进军的城市就是宁波市，避开了 ofo 小黄车和摩拜单车（现为美团单车）等激战的一线城市。从中小城市切入避开了竞争，每座城市的拓展成本更低、速度更快，这一扩张战略是哈啰单车后续逆袭的关键。

上述例子与 Facebook 的增长路径是类似的，只不过将线上社交网络群体换成了线下市场。不管是线上还是线下，不管是什么类型的产品，其扩散都可以按照从小到大、逐个占领的路线进行，如图 12-8 所示。很多 SaaS 产品都是从一个个市场和人群逐渐扩展的。比如酷家乐最早的用户群体是业主和学生，然后扩展到装修公司的设计师，再后来是硬装、全屋定制厂商的设计师，现在又扩展到建筑设计师。再比如小鹅通早期是做知识付费的，先搞定科技圈、商业圈中拥有大批粉丝的微博用户，然后是其他"知识网红"，再然后是培训机构与企业客户。

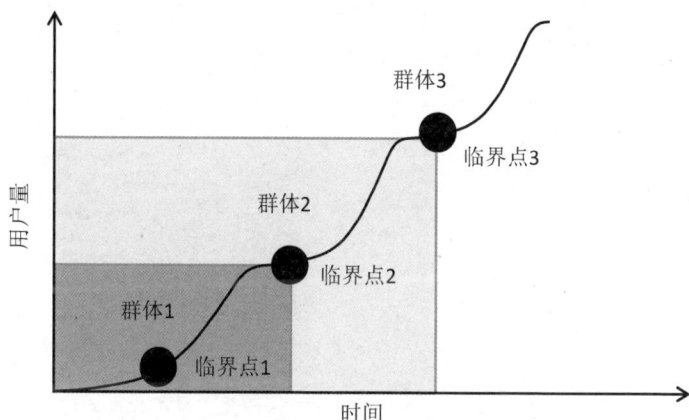

图 12-8　群体扩展路线

我们选择的路线，决定了我们能否到达山顶，以及需要多长时间。虽然没有现成且普适的路线图，但是我们可以根据市场结构设计路线。以下是我们在设计路线时要遵循的 6 个基本原则。

（1）切分市场和用户群，按行业、地理、角色等维度划分。

（2）优先做已实现 PMF 的利基市场。在没有实现 PMF 前不要投入过多，尤其要警惕超前的产品研发与付费投放。

（3）向小市场发力，快速达到 7% 左右的占有率，达到快速增长的临界点。

（4）达到第一或饱和状态便可减少投入，将资源投入新市场或更大的群体。

（5）顺着已有网络延伸，也就是顺着已有群体与新群体建立交集或从属关系。

（6）所有市场都必须有连接，孤立的市场或少量客户很难守住。

2. 走捷径

图 12-9 所示为一个简单的网络图，请你思考并回答两个问题：①从 A 到 E，哪条路径最短？②在此网络中，从 A 开始覆盖一半的节点，哪条路径最短？

显然，从 A 到 E 不经过其他节点，直接过去是最短的，所谓两点之间直线最短。而要覆盖 5 个节点，最短的路径是从 A 出发，直接连接其他节点。那再换一个起点，如果从 J 出发呢？因为 J 和 E 没有直接连接，这时候到达 E 最近的路径就是先到 A，再到 E；而要触达 5 个节点，同样先经过 A 是最方便的。

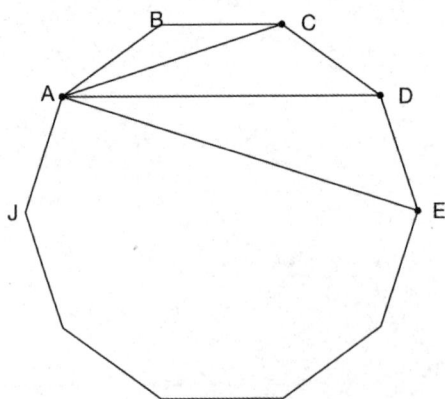

图 12-9　网络图

因为与 A 连接的节点多，即使是 A 旁边的节点，优先触达它再转至其他节点也是很好的选择。这时候，与 A 连接就是一条捷径。放到营销增长场景中，A 就是一个优质渠道。市场中存在很多这样的重要节点，有些节点与很多人连接，有些节点连接到另一个网络。大家很容易想到的是拥有大批粉丝的微博用户，通常他们的粉丝数量越多就越有影响力。实际上他们的影响力不一定大，有影响力的人未必粉丝多。

基于社会网络分析视角，我们可以从以下 4 个指标中找出高影响力的节点。

（1）程度中心性。一个节点的连接数越多，其程度中心性就越高，比如名人、网红、KOL 等。如图 12-10 所示，居于网络中间的中心节点 A 的程度中心性最高。

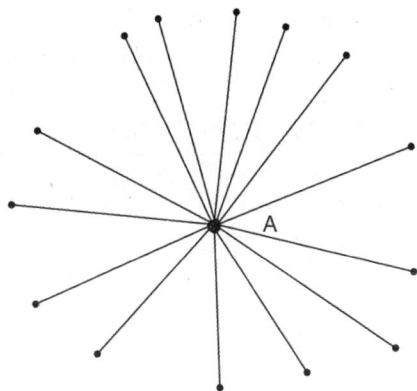

图 12-10　中心节点

（2）亲近中心性。一个节点与许多节点的距离近、连接强，其中心度就高，好像传播者或社交达人一样，比如各个社群里的活跃用户、社群管理员、KOC（Key Opinion Consumer，关键意见消费者）等。

（3）居间中心性。一个节点作为不同网络的唯一通道，好像跨境者一样，比如身为企业家和学者的梁建章，身为北京大学教授和节目嘉宾的魏坤琳。图 12-11 所示为连接两个网络的中间节点 C，节点 C 的居间中心性高。

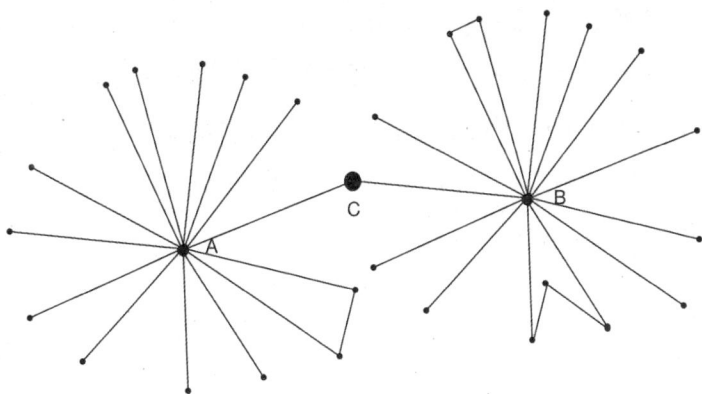

图 12-11　居间中心性高的 C 点

（4）特征向量中心性。有一类特殊的节点，它们与其他节点的连接不多，但影响力够强，比如电影《教父》里的柯里昂就是如此，实际上许多明星、网红背后都站着这样的人。

当我们在设计增长渠道体系的时候，可以根据不同的中心性强度去筛选捷径，不要只盯着流量平台。表 12-1 所示为不同网络中心性高的代表群体。

表 12-1　不同网络中心性高的代表群体

程度中心性高	• 大流量平台如微信、抖音 • 各领域网红 KOL
亲近中心性高	• 各种垂直社区、论坛 • 社群管理员、活动组织者
居间中心性高	• 第三方中介平台、咨询公司 • 代理商、经纪人
特征向量中心性高	• 各级主管单位、投资机构 • 导师、投资人

3. 加速器

不论是实现 PMF 还是网络密度达到 7%，或者产品占有市场份额超过 50%，在这个瞬息万变的竞争社会里，显然都是越快达到越好。找到捷径是第一步，接下来我们还需要加速器。网络中的加速器之一便是信息级联。

信息级联是指前一个人的选择会影响下一个人的选择，进而使许多人以连续的方式做出相同决定。比如中午同事们出去吃饭，楼下有甲、乙两个新店开业，走在前面的同事看了看，选择了甲店，然后第二个人很可能也去甲店，后面的第三个人、第四个人毫不犹豫地进了甲店，如图 12-12 所示。这种情况在线下场景中很常见，比如有的店铺在开业时雇人排队来营造气氛，便是利用了信息级联。放到线上网络环境下，销量更高、评价更多、评分更高的店铺会吸引更多的人。有研究表明，当一个产品不够流行或销量较少时，用户的评价会明显影响产品后续的销量。好评会让产品变得畅销，而差评则可能使产品的销售增速放缓甚至停止，这就是为什么很多企业都强调口碑的原因，因为它既可以提高产品的销量又可以降低产品的销量。

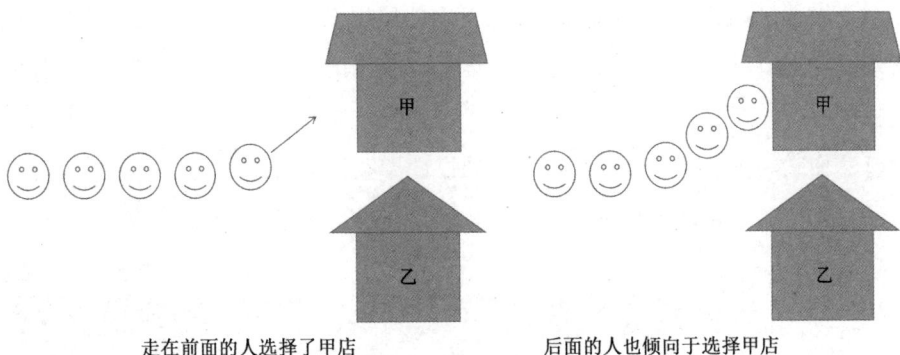

走在前面的人选择了甲店　　　　　　　后面的人也倾向于选择甲店

图 12-12　信息级联场景示例

4．自增长

存在网络效应的产品总是能更好地传播，产生自增长。如果一个人通过 Zoom 或腾讯会议发起在线视频会议，那么被邀请人也会使用这个软件，这就很自然地发生了传播并带来了增长。比如你使用 Calendly 管理日程，当需要与客户约时间时，可直接向客户分享一个链接，客户便能直接选择时间，如图 12-13 所示，对方会感受到这种方式的便捷，进而使用此产品。所有协作类产品都有这种属性，可以直接触达用户的上下游协作方。

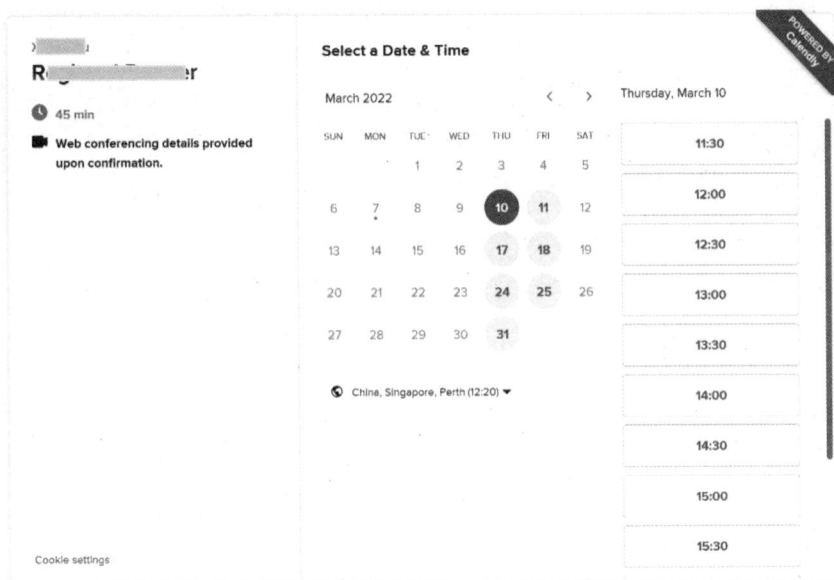

图 12-13　Calendly 预约时间界面

在设计产品的时候，我们始终要考虑如何生成网络效应，即使一开始没有网络效应，也可以在之后的阶段引入。比如酷家乐的云设计工具，如果设计师们只是独自使用，其网络效应并不强，但当他们的方案得以共享和流转时，网络效应便赫然加强。图 12-14 所示为酷家乐的设计方案模板库，每天都有成千上万个设计师基于他人的作品继续创作，设计门槛降低了，效率就会大大提升。

图 12-14　酷家乐的设计方案模板库

低成本、规模化获客始终是创业者关注的重点，但在做增长时，为什么要先了解网络科学呢？因为互联网已经无处不在，中国网民数量超 10 亿，大家通过互联网彼此连接着，线上渠道的占比越来越高，纯线下渠道越来越少。当下，我们讨论流量和获客已离不开各类互联网工具，而所有互联网工具都与社交网络有关。2021 年企业微信 SCRM 赛道异常火热，专做 SCRM 的创业公司有很多，比如微盛、尘锋、探马、卫瓴等，它们获得的融资也不少，主要是因为营销获客已经越来越依赖企业微信这一社交平台。

在更大的范围内，市场已经形成越来越多的大小网络，产品的增长需要不断地从小网络群体跃迁到大网络群体。能直接集中获取大量客户的平台已经消失，而点对点的销售推广成本也越来越高，我们要利用网络设计增长路线，寻找加速策略，走上捷径。我们要做出改变，改进原有的获客方式，同时投入资源，应用新方式。

第13章
4个步骤，批量挖掘优质渠道

如果让你找3个优质流量渠道，你最先想到哪个？百度？微信？抖音？

如果让你找到10个优质流量渠道，你还会想到哪些？

如果让你找到100个有效流量渠道，你会怎么去找？

如果让你找到1000个流量渠道，你能找到吗？

不管是"留量时代""私域时代"还是"用户时代"，都离不开流量；不管是口碑营销、集客营销、推播营销还是新媒体营销，都离不开渠道。SaaS公司找到优质流量渠道尤为困难，不论是企业决策者还是终端用户，都与普通消费者有很大差异。要推广一个交友App，直接按年龄、性别定位，然后去投放广告就行；要宣传美妆新品，直接去小红书上营销，肯定有效。但面向工作场景的产品，其对应用户群并不是那么好找。吃、喝、玩、乐等是大家日常讨论的话题，而工作却很少被公开讨论，投放广告更不容易，那么怎么找到优质的渠道来获取流量呢？

13.1　基本思路

水是生命之源，流量是增长之源。做增长的人就像牧民一样，逐水草而居，哪里有优质流量就去哪里。不管各大互联网平台如何变化，始终都有流量"洼地"存在。守着一口井打水，总有干涸的时候，我们要掌握找水的方法，要想不断发现新水源，就得去水草丰盛之地。

靠谱的方法肯定不是凭感觉得到的，而是依赖科学，先获取信息，然后提出假设，再做实验验证，最后根据效果投放资源。广告大师约翰·沃纳梅克曾说："我知道我的广告费有一半浪费了，但不知道是哪一半。"这种情况显然是不科学的，几乎没有创业公司能承受。在数字化时代，追踪精确的效果已经变得越来越容易。搜索广告可能是最易衡量效果的方式之一，展示曝光、点击、注册或下载等每一步都可以跟踪到，人们可以针对不同环节做优化，不断提升 ROI。其他营销方式多少也能被追踪到效果，同时还能做 A/B 测试。

对于渴求快速增长的产品，一两个渠道远远不够，往往需要几十个甚至几百个、上千个优质渠道。图 13-1 所示为渠道筛选流程。

图 13-1　渠道筛选流程

13.2　第一步，雷达式探索

世上湖泊无数，更有大江大河、汪洋大海，同样，渠道也是多种多样的，光线上渠道就能分出搜索引擎、社交网站、门户资讯、电商等许多类型。然而什么类型的渠道不重要，重要的是有流量的地方就有潜在用户。有水就有鱼，就看是捞还是钓，或者涸泽而渔。在寻找渠道时，我们需要使用多种不同的方法，尽可能多地采集信息。就像雷达一样面向水、陆、空进行全方位探索，这样才会挖掘出足够多的有潜力的渠道。

1．先找大流量平台

酷家乐自 2013 年上线以来，已经积累了数千万个注册用户，这些用户来自各个不同的渠道，那最早的用户来自什么地方呢？说出来你可能不信，酷家乐早期的注册用户中有很大一部分来自百度贴吧，这是为什么呢？因为当时移动互联网刚兴起，百度有着巨大流量，百度贴吧上的用户活跃度还不错，百度贴吧是大流量平台。酷家乐在早期作为一家创业公司，广告营销的预算费用是零，没有钱，又要有用户，便只能去各类社区寻找用户了，百度贴吧、豆瓣小组、天涯社区、QQ 群等都是可以探索的渠道。经过不断尝试，最终在百度贴吧取得了不错的效果，于是，重点投入人力，为早期的酷家乐贡献了一批种子用户。

企业在每个大流量平台中都能获取用户。以前，很多人认为，线上卖货就是去淘宝上开店，后来发现在微信上开店也挺好，再后来在快手、抖音上开店也可以，实际上几乎在每个大平台上都可以开店。卖货如此，做其他业务也如此，比如无处不在的游戏广告和直播类 App 广告。尽管 SaaS 产品有其特殊之处，比较难获客，但在足够大的平台中总能找到潜在用户。在抖音上拥有数十万个粉丝的 SaaS 企业有很多，比如 WPS、飞书、钉钉等。

我们第一步需要做的就是找流量多的大平台。主要方法是，通过各类排行榜与数据报告来获取信息，以下是常见的信息来源。

1）网站排名

（1）SimilarWeb 网站。它是一个互联网产品流量分析与竞品监测工具，从中可以看到各国和各类网站的排名。不过，SimilarWeb 的排名参考了更多的数据源，包括网民浏览记录，网络供应商、顶级网站、网络爬虫等提供的数据。这样多元的数据采集不但使其更有参考价值，而且也不容易被机器刷排名，它上面的排名比 Alexa 的排名更具有参考性。

（2）Statista。它是一个全球范围的市场数据研究与统计平台，从这个平台上可以看到各大平台的排名与市场占有率，包括浏览器、操作系统的数据等。

（3）Statcounter Global Stats。它是一个数据分析工具，但也提供浏览器、搜索引擎、社交媒体等在各地市场中的占有率数据和增长趋势数据。

（4）站长网。它是一个国内的站长工具，更侧重搜索流量相关的内容。

（5）PC Web 指数。它是艾瑞咨询旗下的网站排名榜单，从中可以看到各个网站的用户数，排名榜单都已分类整理。

（6）Alexa 网站。它曾是全球最常用的网站排名工具之一，有着 26 年的发展历史，不过它在 2022 年 5 月停止了服务。

2）移动 App 排名

（1）App Annie。它是一个移动应用数据分析和市场数据统计的平台。我们可以在上面查看各类应用的排名、下载量、热度等信息。

（2）SimilarWeb。它同样也能做移动应用数据分析。

（3）七麦数据（原为 ASO100）。从中能看到苹果公司、谷歌及国内各大应用的市场排名数据。

（4）蝉大师。它是一个 App 大数据分析平台，与七麦数据类似，主要分析国内各大应用的市场排名，也能分析国外主流应用市场的排名。

（5）易观千帆。它是一家数据分析与服务公司，主要提供国内移动应用的排名榜单，其中有详细分类，但需要付费。

3）数据报告源

（1）报告汇总平台。比如 199IT（中文互联网数据资讯网，从中可以找到各种常见的报告、资讯及文件）、Wind（金融数据和分析工具服务商，有大量报告）、慧博投研资讯（有大量投资研究报告可供下载）等。

（2）研究与咨询机构。比如 CNNIC（China Internet Network Information Center，中国互联网络信息中心）、QuestMobile、爱分析、艾瑞咨询、尼尔森、亿欧智库、36 氪等。

这种从平台上获取高流量的方式在国内和国外都适用，比如我们去开拓日本市场，即使我们此前对日本市场毫无了解，通过 SimilarWeb 查看网站排名便可发现排名靠前的网站中除了 Google、YouTube、Amazon、Facebook 等，还有雅虎日本、乐天市场和 LINE，它们就相当于中国的百度、淘宝、微信，也是值得重点关注的。

2. 网络关系找同类

互联网的奥妙之处在于，每个人、每个网站、每个 App 都处于这个巨大的网络中，有了一个点，就可以触达任意一个别的点。因此，只要有用户，就能找到一个渠道，进而找到更多渠道。很多垂直渠道的流量很多，但还进入不了各种排行榜，这类垂直渠道的名气也不大，只有特定人群才知道，因此，通过这类垂直渠道可以找到更精准的潜在用户。而要找到这样的渠道，需要通过网络关系来实现，以下是几种具体方法。

（1）"顺瓜摸藤"。找到现有的忠诚用户，询问他们"从哪里来""平常上哪些相关网站"。这样能快速获取一些优质渠道信息，如果多位用户提及同一个渠道，就能体现这个渠道质量非凡。如果没有用户，就通过站点友情链接去寻找渠道。

（2）搜索同类词。在使用 Google 搜索的时候我们要灵活扩展用词，变化方式大概有 3 种：上下层、同义词或近义词、修饰词。面对海外市场，还可以将搜索词翻译成各种不同的语言文字进行搜索。需要注意的是，每个大流量平台都提供搜索功能，应该去多个平台搜索一次。主流搜索平台有微信搜一搜、百度、搜狗搜索、360 搜索、Microsoft Bing、抖音搜索、Google 搜索等。

（3）相似推荐。在使用 SimilarWeb、Sitelike 等工具时，直接输入网址就能找到类似的网站了。除了使用专门的工具，还可以结合搜索找类似网站，比如搜索"类似××的网站"。

（4）分类目录。它是一种古老而常用的方式，普遍存在于各个领域。大家比较熟悉的热门分类网站应该是 hao123。虽然这类网站看起来很普通，但仍有巨大的流量，hao123 的月活跃用户数有 1 亿。当然，还有很多变种形式，比如"××大全""××榜单""××点评"，它们的本质是一回事，都是分门别类索引某类信息。

（5）应用市场。它与分类目录类似，不过往往依附于平台，可直接获客，而不是单纯地展示信息。App 有"应用市场"，PC 软件有下载网站，电子书有书城，那 SaaS 产品自然也有相应的应用市场，比如阿里云、腾讯云、企业微信等。

上述几种方法不仅可以用来找线上流量渠道，还适合用来寻找线下渠道，又可以用来寻找竞品、合作伙伴等。

3. 线上线下相对应

其实，前面主要是讲线上渠道的寻找方法，实际上，线下渠道的寻找方法也一样。因为每位真实的用户都是人，他们生活、工作在某个地方，他们也与其他人有着联系，并聚集在某个地方，而这些聚集地之间也有联系。线下的聚集方式一般有 6 种，如图 13-2 所示。

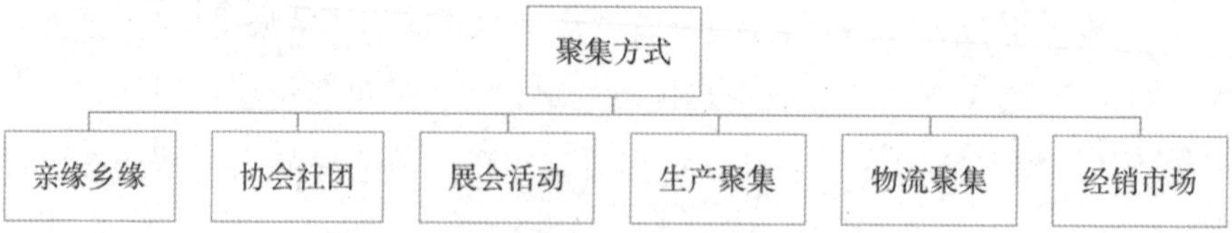

图 13-2　聚集方式

（1）亲缘乡缘。比如全国各地的"兰州拉面"的店主有许多来自青海省海东市化隆回族自治县，全国各地的图文复印从业者有许多来自湖南省娄底市新化县。

（2）协会社团。比如各类校友会、××行业协会、××商会等，这类协会社团较为稳定且有一定的地域或专业属性。

（3）展会活动。比如广交会（中国进出口商品交易会）、各种专业领域博览会等，这类展会活动属于临时聚集，往往与举办方保持着联系。

（4）生产聚集。比如广东省中山市古镇镇主要生产灯饰，其生产的灯饰占全国灯饰行业较大的市场份额。

（5）物流聚集。比如宁波市、临沂市等属于大型的商品集散中心。

（6）经销市场。比如义乌小商品批发市场、广州白马服装市场、北京新发地蔬菜批发市场等。

对于线下聚集的产地、交易中心或批发市场等，可以进行上门推广，线下聚集的效率往往比线上投放的效率更高。比如做餐饮行业的 SaaS 产品，就可以按上述方法操作，可以去各种餐饮协会、菜市场、商场找渠道。

4. 案例示范

下面让我们综合应用上述方法做一次实操演示。近年来，跨境电商的发展越来越火，服务出海的 SaaS 公司不断有融资的消息传出，在此假设，我要推广一个服务跨境电商的独立站 SaaS。

首先，把中国互联网流量排名靠前的平台找到。表 13-1 所示为 QuestMobile 提供的 2021 年上半年中国 TOP 20 App 排名，其中排名第一的微信的用户数为 9.97 亿，而第 20 名的今日头条的用户数为 3.20 亿。虽然这个排名不一定完全准确，但可以作为大致的参考，即使排名变化，排名靠前的平台也都是流量巨大的平台，同时每个平台都值得挖掘。

表 13-1　QuestMobile 提供的 2021 年上半年中国 TOP20 App 排名

名称	排名	用户数（亿）
微信	1	9.97
淘宝	2	8.29
支付宝	3	7.75
抖音	4	6.45
QQ	5	6.45
高德地图	6	6.34
爱奇艺	7	5.71
百度	8	5.70
搜狗输入法	9	5.27
拼多多	10	5.13
百度地图	11	4.82
微博	12	4.81
百度输入法	13	4.71
QQ 浏览器	14	4.46
腾讯视频	15	4.35
快手	16	4.17
WiFi 万能钥匙	17	4.08
京东	18	3.79
美团	19	3.24
今日头条	20	3.20

其次，因为我没有用户，也不知道任何别的产品，就先用百度搜索关键词"跨境电商""跨境电商独立站""跨境电商 SaaS"等，挨个查看每次搜索的第一页的结果，便会发现许多 SaaS 产品和外贸行业网站，图 13-3 所示为在百度搜索"跨境电商独立站"后出现的页面，从中可以看到雨果网等站点。

图 13-3　在百度搜索"跨境电商独立站"后出现的页面

再次，使用相似的推荐工具可以找到更多外贸领域的垂直型网站及自媒体号。对于跨境电商领域，百度上也是存在分类目录的。我试着搜索"跨境电商导航"一词，结果如图 13-4 所示，搜到了 AMZ123，进入该网站后发现里面确实有各种信息，它们对于新人来说非常有价值。当然，除了 AMZ123，还有几个导航站。

经过初步的整理，可获取的相关 SaaS 产品有领星、胜途、紫鸟、积加、万米商云、木瓜移动、易仓、店小秘等。行业网站或自媒体有雨果网、卖家之家、AMZ123、创蓝论坛、知无不言、邦阅网、顾小北、跨境眼等。经过初步的查询和整理，可以得到如图 13-5 所示的列表。

图 13-4　在百度搜索"跨境电商导航"的非广告结果页面

图 13-5　跨境电商相关网站

最后，通过线上线下相对应的方法寻找线下渠道。想一想做外贸的人来自哪里，有哪些协会，有什么行业大会，有哪些聚集地，有哪些港口等。经过一轮检索，会发现深圳、上海、北京、杭州、宁波、广州、义乌等重要城市，以及广交会、全球跨境电商节、跨境电商选品博览会、国际跨境电商贸易展等线下展会。图 13-6 所示为某跨境电商网站活动频道展示的线下活动。

图 13-6 某跨境电商网站活动频道展示的线下活动

通过以上的简单演示，可以发现我们能很快找到陌生领域的许多流量渠道。虽然有许多流量渠道，但是需要评估渠道的潜力并判断优先级，并非每个渠道都适合自己的产品。

13.3 第二步，评估潜力并排序

怎么判断和衡量渠道的流量呢？大流量平台的潜在用户分布于何处？垂直平台的流量究竟有多少？可以肯定的是，所有渠道的流量都可以计算，所有渠道的潜力都可以评估。下面我们分别从数量和质量两个方面查看。

首先，整体数量可以从之前找渠道时使用的第三方工具上查看。

（1）对网站流量的评估，可以使用第三方工具 SimilarWeb、ChinaZ 等，大致能看出流量的多少。

（2）对于 App 的使用量，主要看它在应用市场的排名和下载量，可以从 Apple 官网、蝉大师、七麦数据等上面查看。

（3）对于自媒体"大 V""网红"的流量状况，可看其粉丝数，可以综合各平台自有榜单，也可以去第三方平台查看，比如"新榜"。

（4）对于品牌的影响力，可以看它的搜索指数，比如百度指数、微信指数、Google Trends。

（5）可以从各种行业报告和数据统计类网站比如艾瑞咨询、Gartner、Statista 上查看。

对于大平台，我们还要将其版块细分来评估潜力。比如百度就有百度经验、百度知道、百度百科、百度贴吧、好看视频、百度爱采购等，每个版块对应不同类型和等级的流量。再比如微信有公众号、视频号、微信群、搜一搜、小程序等，每个版块的玩法也不同。

其次，在有了大量数据后，就可以看看质量如何，大致从以下几个方面估算。

（1）活跃用户数。我们可以通过点赞数、评论数估算其活跃用户数，比如点赞数乘以 10 或评论数乘以 100 等，不同的平台会有类似的参考值。

（2）相关内容数。可以直接在对应平台上搜索相关内容数，也可以通过 Google 去查看索引量了解热度。

（3）动态更新量。它是指一天或一小时内新增帖子数、评论数、点赞数等，数量越多说明热度越好。

（4）阅读播放量。它是指主页、文章、视频的浏览量，基本上能从中了解潜在覆盖人数。不过，阅读播放量需要取较长一段时间内的均值，不能只看爆款文章或视频的阅读播放量。

先估算与主题相关的内容数、阅读播放量等，就能推算潜在客户有多少。然后按能集中触达的用户数做倒序排列，便能发现哪些是潜力更大且需优先尝试的渠道。比如在前面的"4.案例示范"中，对比几个行业网站的流量会发现排名前五的跨境电商独立站分别是 AMZ123、雨果网、知无不言、跨境眼、卖家之家。再查看与独立站工具相关的内容量会发现：雨果网关于"独立站"的内容在 Google 上的收录量最多。图 13-7 所示为在 Google 上查看雨果网关于"独立站"的内容量，共有约 15 万条，据此可以初步将其作为重点目标。然后，再查看各网站上竞品的推广情况，一般来说，竞品持续投放广告这一渠道是值得跟进的。

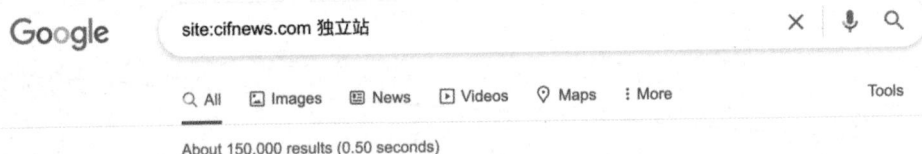

图 13-7　在 Google 上查看雨果网关于"独立站"的内容量

以上方法和示例主要针对线上渠道，对于线下渠道的统计则比较简单，一般展会举办方都会提供相关数据，协会和各类单位也有详细的统计数据，甚至有详细名单。因此，只要找到了关键角色，就会知道潜在客户有多少。另外，可以结合线上工具衡量某个线下活动或展会的影响力，还可以查看相应的搜索指数、文章阅读量、报名数等。

13.4　第三步，测试手段效果

初步确认有较多潜在用户之后，就可以选择合适的手段去做实验了。下面先看看针对线上渠道怎么做测试。

1. 选择营销手段

获客就像捕鱼一样，主要有 4 种营销手段，如表 13-2 所示。

（1）徒手，不使用别的工具，直接上门推销。

（2）刺鱼，使用鱼叉精准出击，比如电话销售、微信私聊等。

（3）钓鱼，有针对性，要"等鱼上钩"，可以群发邮件、短信、评论等。

（4）网鱼，面向的范围大，比如各类推播式展示广告。

当然，除了去河里、大海里捕鱼，还有其他的方法，就是自建渔场养鱼——集客营销。这种方法在前期投入多、收获时间长，但从长期来看反而是成本较低的方法。

表 13-2　类比"捕鱼"的营销手段

徒手	·不使用别的工具 ·直接上门推销
刺鱼	·使用鱼叉精准出击 ·电话销售、微信私聊等
钓鱼	·有针对性，等鱼上钩 ·群发邮件、短信、评论等
网鱼	·面向范围大 ·推播式展示广告等

不同的营销手段要搭配不同的载体，这其中的载体便是各种内容类型，例如文字、图片、视频、直播等。再细分，还可以延伸出图文、组图、动图、长文、小说、图书、漫画、动画、语音、图文直播、语音直播、视频直播、研讨会等。基本原则是，面向的用户数越大，周期越长，所需内容形式越多样。最初的测试可以简单些，选择成本低的常见形式来操作。

考虑到不同产品的受众差异，实际有效的手段的差异很大，以下 3 种手段是普遍适用的营销手段。

（1）发消息。多数流量平台都支持给用户发消息，有的需要加好友，也有的不需要加好友，这种营销手段比较适合做初步的交流和验证。

（2）发内容。每一个流量平台都是内容平台，可以发文章、发弹幕或者投稿，这种营销手段的操作成本比较低。

（3）投广告。大部分流量平台都承接广告业务，广告是出结果最快的营销手段之一，不过，有些广告的成本较高，可以根据其他营销手段的测试结果考虑是否投广告。

2. 测试并跟踪数据

（1）集中做同类测试，同类渠道的测试效果更容易对比，而且执行成本更低。对于社交媒体渠道、直播渠道、搜索渠道，可以分批次进行测试，然后根据测试过程做一个计划表，如表13-3所示。

表13-3　渠道测试计划表

渠道名	特点	测试方式	开始时间	结束时间	测试结果
甲	社区网站，用户活跃	发评论	×年×月×日	×年×月×日	日均带来访客x，转化x，质量中
乙	×	×	×	×	×

（2）测试要持续一定的时间周期，一般需要看体量，通常一周到一个月即可，并不需要很精确。如果一个月后还没有看到明显效果，很可能是渠道没潜力或当前难度过大，这样就没必要在这个渠道上"耗"下去。

（3）跟踪各个渠道的数据，一般通过不同的方式收集并对比数据。主要方式有3种：一是广告平台，基本上在第三方广告平台上能准确地看到流量数据；二是内部数据系统，通过UTM参数、行为埋点、深度链接、兑换码等跟踪行为数据；三是手动对比，自己制作表格，记录浏览量、点赞数、咨询量等数据。

3. 衡量比对效果

在衡量渠道的测试效果时，一般按效力和可跟踪深度，将衡量指标分成6类，如图13-8所示。

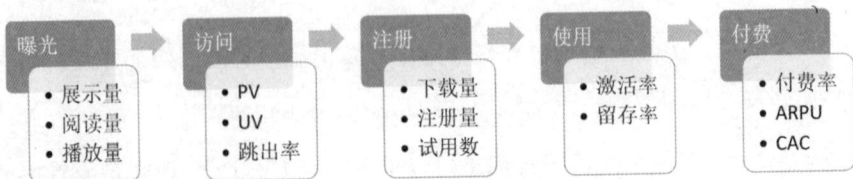

图13-8　渠道衡量指标

理论上，能跟踪越多行为，链条越长越好。常见情况是，一开始跟踪不了那么多，或者需要比较长的时间。那怎么办呢？用逻辑。假设某天你的视频在抖音上突然有 1 亿次播放，那不管有没有直接的链路，不管是 PC 产品还是 App、微信公众号，大概率都会有明显增长。只不过可能观察不出来具体数值，后续的转化也难以准确计算，但这种相关性是能看到的。比如在小红书、新浪微博、抖音上有关酷家乐的内容上了热门，一般都会使 App 下载量突然增长。衡量效果，能精细，自然要细，但早期也不必强求，只要能有实际效果就好，ROI 可以慢慢优化。

13.5　第四步，逐个规模化

其实这一步比较简单，就是把好的渠道用起来，把原本验证好的渠道规模化，产生更大且持续的收益。不过，有以下注意事项。

（1）免费、付费结合。付费渠道的获客来得快，要留意免费获客的方法，因为付费的成本很可能会逐步增加；如果一个渠道是免费使用的，那么不妨花钱加杠杆，这样可加速用户数的增长。

（2）控制并发量。在验证渠道时要有顺序，而不是同时验证所有的渠道。同样，在渠道规模化阶段也要讲究顺序，先做成本低、效果好的渠道，一个个地做透。要逐步占领一个个渠道，而不只是"占坑"。在早期增长阶段，"分兵"乃大忌。

（3）控制成本。行业里有很多实例，比如某企业的"投手"将后台数字设置错了，单用户成本上升了 100 倍；也有人说某公司用 500 万元的成本买来一些"僵尸账号"。做流量的人，有时候像饿狼一样，看到猎物就猛扑狂咬，但其实各种渠道都会有一些"流量陷阱"。比如遍布互联网各个角落的"羊毛党"，有的平台的下载量、注册量看着都不错，结果一些用户拿到奖励后马上流失了。再比如成本越来越高的竞价，开始涨得很快，慢慢地一边往平台投钱一边亏本。

（4）及时调整或停止。一般来说，要做一个渠道汇总表，罗列各个版块的单用户成本、成本趋势、总潜在量、日增量、周增量、增速趋势。根据渠道汇总表制订计划，计划什么时候开始做，达到什么条件后只维持，达到什么条件后就停止。大致根据 3 个维度来调整：一是单用户成本；二是增速；三是收益。对于成本高、收益低、增长还少的渠道，应该果断舍弃；对于成本低、收益高、增速快的渠道，则需要全力投入。

13.6 常见问题

1．钉钉和企业微信的市场是否应该入驻

俗话说，"背靠大树好乘凉"，大平台可以提供低成本的客户线索和品牌背书，有合适的"大树"可以靠，就不必拒绝。基于大平台成长起来的 SaaS 公司也越来越多了，比如光云科技已经上市，酷学院、奥哲、售后宝等都获得多轮融资。目前，在反垄断的大环境下各平台会越来越开放，不用再纠结如何做选择，只需评估通过平台获客的收益与开发成本即可。

2．各种新兴风口渠道是不是都要去做

短视频兴起、直播兴起、私域兴起，一股股热潮，一个个新产品，一个个新平台。其实平台的变化不重要，关键看核心的和潜在的用户有没有跟着迁移，如果有，就跟上去。用前面讲过的方法去测试、评估，并对新平台、新产品保持关注，也许一个渠道在前一年还不合适做，过一年时机就成熟了。同样是短视频平台，在抖音上有几十万名粉丝的 SaaS 公司很多，但在快手上其粉丝基本只有几千名。平台之间的差异仍然是不小的，不只是用户数的差异，更多的是平台定位、调性、用户属性的差异。一个平台适合一类产品，同时产品要适配平台的基调，采用相应的策略。

3．To B 和 To C 的流量渠道差异有哪些

To B 和 To C 获取流量的底层逻辑其实是一致的，依照前面讲述的流程，不断地挖掘渠道并做测试。实际上，To B 和 To C 的流量渠道差异体现在渠道规模、指标、反馈周期等方面，其对比如表 13-4 所示，了解它们的特点，可以更好地制订计划、优化效果。

表 13-4　To B 与 To C 的流量渠道差异

SaaS 类型	渠道规模	流量大小	关键指标	反馈周期	侧重点
To B	小	小	客户线索	较长	人、关系、信任
To C	大	大	注册用户	短	产品、数据、信息

第14章

口碑营销，免费获取海量用户

2017 年 7 月，我考虑买一个机械键盘，大约两周的时间里我在知乎、什么值得买、京东等网站上断断续续地浏览了各种关于"轴"的科普知识、键盘的品牌和一些热门产品的测评，越看越纠结，不知道买哪个好。只得去微信群里求助，有两个人向我推荐 FILCO 键盘，我便找一位朋友现场体验了一下这种键盘，感觉还不错，随后下单。那个键盘已使用了 5 年。

这就是一个口碑推荐影响决策的典型场景。其实，口碑是对商品售卖影响极为重要的因素，只不过在物资匮乏的年代，卖家话语权大，使得口碑影响力变弱，而当供大于求后，口碑成为重要因素。在互联网的影响下，口碑变得更加重要，从前一个产品通过口口相传让上百万人知道的时间得以年计，现在网红博主的一条消息能让上千万人在几分钟内知晓。好口碑能让产品快速增长，而差评则让产品寸步难行。正因为口碑影响力如此之大，才产生了基于口碑的营销策略。

14.1 什么是口碑营销

口碑营销（Word of Mouth Marketing，WOMM）是一种常见的但容易被忽视的营销策略。有些产品的口碑好，并因口口相传获得用户，使得一些人专注打磨产品、提升 NPS，而对营销的关注较少。另外，有很多人注重营销，大力拓展渠道，优化数据，很少注意做好产品的口碑。这两类人把产品的口碑和营销看成不相干的两件事，而口碑营销，正是需要两者结合，通过放大正面口碑的影响力并借助用户的口碑加速获客。

提起口碑营销，可能很多人会想到小米公司。在雷军所讲的"互联网思维"中，便有关键词"口碑"，小米公司强调产品要做到极致，如此才能有口碑，有口碑才能获得更多的顾客。小米的成功，确实离不开口碑。其实在 SaaS 领域，口碑营销同样能发挥作用，比如 Notion 最近两年火起来就是因为大量用户的自发推荐，而 Zoom 也是佼佼者。其实，酷家乐也一直依赖用户的口碑来传播，多数注册酷家乐的新设计师用户都来自他人的推荐，图 14-1 所示为用户自发在小红书、抖音、新浪微博上推荐酷家乐的内容。

图 14-1　用户在各个平台上推荐酷家乐的内容

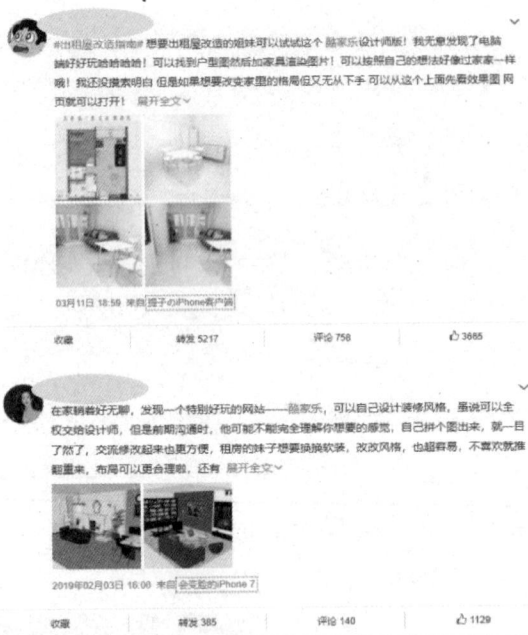

新浪微博

图 14-1 用户在各个平台上推荐酷家乐的内容（续）

口碑营销对于 SaaS 的影响力可以通过一些数据看出来。

（1）根据 2012 年的一篇基于社交媒体平台做的研究，可以发现 91% 的 B2B 买家在做购买决策时会受到口碑推荐的影响，61% 的 IT 采购者表示同事推荐对购买决策的影响最大。

（2）根据 Base One 在 2012 年的一份研究，可以发现 56% 的 B2B 购买者会将线下口碑作为信息参考。

（3）Implisit 曾于 2014 年对其在美国的 500 家 B2B 客户做调研，发现客户与员工口碑推荐是贡献线索最多的渠道之一。

（4）根据 Software Advice 2014 年的一份报告显示，75% 的买家在做出购买商业软件的决策前会参考线上的客户评价。

（5）在 2018 年 G2 Crowd（一个针对企业用户的软件评测平台）和 Heinz Marketing 的一次调研中，90% 的 B2B 买家有可能在阅读完真实评论后做出决定。

虽然以上这些研究主要针对美国市场，但基于人与人之间的口碑传播及影响力，中国市场可能并不弱，反而可能会更强。处于创业早期的公司因为资金实力有限，反而更加需要借助口碑去开拓市场。口碑营销尤其适合 PLG 模式下的产品，口碑营销策略能充分发挥产品的优势去低成本获客。

14.2　口碑营销怎么做

要做好口碑营销并不难，口碑营销的 3 个步骤如图 14-2 所示。

图 14-2　口碑营销的 3 个步骤

（1）找出推荐者，即有意愿向他人推荐产品的用户。有的用户是忠诚支持者，而 NPS 得分高的用户是潜在传播者，他们可能会主动向他人推荐某类产品，通常，在早期从种子用户中挑选出的核心用户也是忠诚支持者。有的用户是被动推荐者或中立派，他们在被别人问及是否会推荐产品时会给予正面的肯定的回复，但不会主动向他人推荐产品。一般来说，持续主动付费的用户或客户的忠诚度相对较高，有可能参与到口碑营销中。

（2）设置触发器，在合适的时机引导用户行动。让用户产生行动的关键是有足够的动机、较容易的动作，以及合适的触发器或提示。尤其是被动推荐者特别需要触发机制，比如弹窗提示、真诚文案引导、发放红包福利。有了触发机制的刺激，用户采取行动的概率就会大大提升。即使对于忠诚支持者，也应该增加刺激，以便让推荐行为发生得更多、更持久。

（3）渠道放大，扩散影响力。口碑，口碑，需要立碑。比如一位知名人士在某家馄饨店吃了一碗馄饨后，觉得馄饨很不错，可能在回家后与家人说这家店不错，也可能发条微博让更多的人知道。显然，后面的做法更能让店铺曝光并获客，这样的一条微博就好比一块"碑"。当然，这个"碑"可以由客户立，也可以由企业立。有了口碑之后，还得敲锣打鼓，昭告天下。

1. 找推荐者，KOL 和 KOC 优先

从技术上来说，找出有推荐意愿的人群不难，通过消费记录、行为数据与问卷调查能发现这类人。难的是每个人的影响力不同，有可能你找了 1000 位用户分享，其中 999 人带来的效果不如其中一人带来的效果。当我们思考如何让产品在网络中快速扩散影响时，要先找影响力大的枢纽节点，尤其是当资源有限时更要区别对待。在社会化媒体主导的时代，枢纽节点便是粉丝多的 KOL 或在小范围内影响大的 KOC，让他们成为产品的忠诚用户，为产品站台，公开主动地向别人推荐产品。

怎么找到 KOL 和 KOC 呢？其实很简单，沿用之前找渠道和种子用户的方式即可，比如可以通过排行榜、搜索引擎、社群、网络关系等找到。任何一个行业都有垂直媒体或自媒体、行业协会、咨询公司，从这些渠道中找到对应的作者、秘书长、讲师等，这些人便是有影响力的人。最好的情况是让这些不同的 KOL成为忠诚用户，比较好的情况是 KOL 和 KOC 身边人有目标用户。即使这两种情况都不满足，只要 KOL 的粉丝群体中有目标用户也是可以的，但影响力的效果肯定会打折扣。因为单纯的广告合作难以持久，且广告的影响力也不会充分发挥，所以当 KOL 对产品更加了解时，其推荐会更有说服力，同时还可能会持续推荐，甚至会免费推荐。

如何让 KOL 成为忠诚用户呢？"名"和"利"。名就是资源置换，相互推荐；利就是让对方省钱或赚钱，省钱比如免费赠送产品，赚钱比如代理分销。这两种做法在很多行业里算是常规操作，比如数码产品公司会给测评博主送新品；出版社会给书评人送新书，且不管人家写不写推荐文章。如果在早期获取的种子用户中有KOL，就会更方便一些，因为早期使用者本身就有意愿体验新产品或向他人推荐新产品，由他们影响其他 KOL 也是不错的方式。Clubhouse 便是因为埃隆·马斯克的推荐而获得了一大批名人用户，名人带动名人，影响力放大得更快。常见的具有 To C 属性的 SaaS 都可以通过此类方法让 KOL 成为忠诚用户。酷家乐的官网有

一个频道叫"大师案例"，是靠引入设计领域的 KOL 的作品打造而成的，KOL 对吸引平台合作者、吸引中高端设计师有不小的帮助。

想让 KOL 成为忠诚用户，还可以通过让忠诚用户成为 KOC 甚至 KOL 来实现，这可以使原本影响力小的忠诚用户渐渐拥有更大的影响力，对平台也更有利。

在酷家乐的用户中，就有一批在抖音、快手、视频号等平台上有着数万名甚至数十万名粉丝的用户。他们不仅自己从中获益，还作为标杆用户为酷家乐扩大影响力。图 14-3 所示为部分酷家乐用户在抖音平台上的账号。

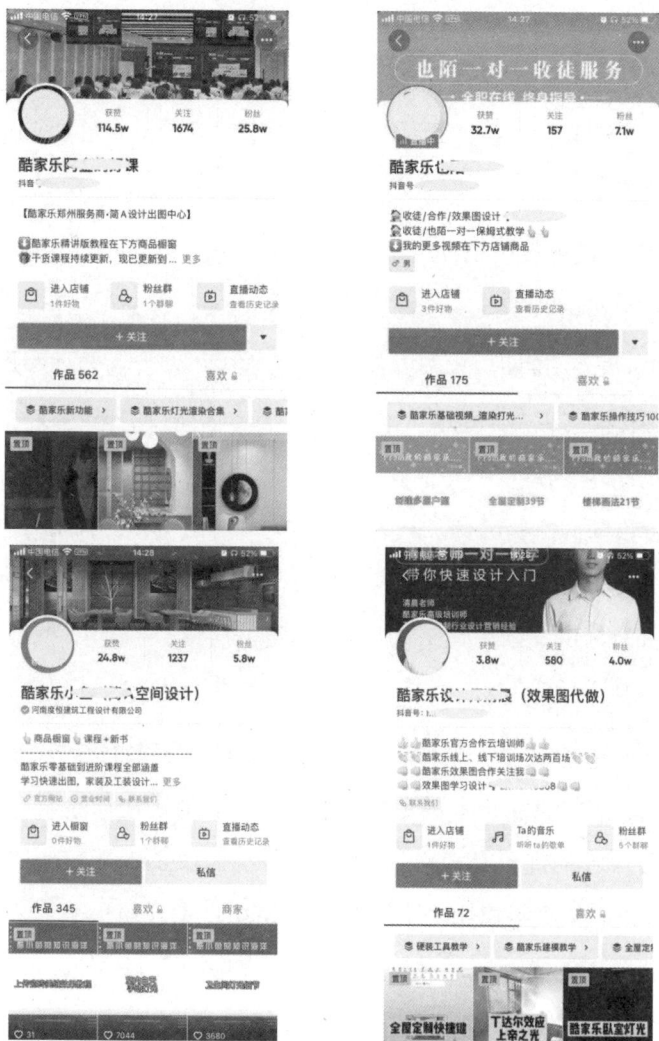

图 14-3　部分酷家乐用户在抖音平台上的账号

如何让忠诚用户成为 KOL 呢？其实并不难，只需要做好以下 3 件事情。

（1）筛选出有营销潜力的忠诚用户。不论什么产品，当忠诚用户多了以后，总能找到一些愿意抛头露面或有自我营销能力的人，要先找到他们。

（2）先将有营销潜力的忠诚用户培养成站内的用户明星。越是活跃的用户，就给予越多的支持，比如采访这些用户并将其故事做成案例进行推广，邀请他们给其他用户讲课、做分享，授予他们荣誉勋章等，这样他们在内部的影响力会越来越大。

（3）支持忠诚用户在外部平台曝光。当他们在内部平台上积累了一部分粉丝后，在外部平台上也能获得更多的机会，这时候内部平台要为忠诚用户提供工具和资源扶持，这样他们才会脱颖而出。过程中要注意建立良好的合作机制，以维持长期的互利关系。

2．建立系统的触发机制

如果只是等待用户主动做分享，向他人推荐产品，那就很像是"看天吃饭"了。我们要制造机会，推动用户采取行动。在心理学中有许多与行为相关的理论，从行为主义源头的经典"条件反射论"开始，如果 A、B 两件事情经常一起发生，那么大脑对 A 事件的反应会传递到 B 事件上。比如狗看到食物会流口水，如果每次在给狗食物的同时摇铃铛，一段时间后，只要摇铃铛，狗就会流口水，即使没有给狗食物。如果一个人不害怕老鼠，但是害怕铁锤敲打的声音，当每次老鼠出现时伴随着敲打声，之后这个人只看到老鼠也会产生恐惧。在这里，行为的核心便是"刺激—反应"。

当然，以上是原始的行为主义理论，并不能解释更多的行为，所以，后来科学家们又提出了各种理论，有的不为大众所知，有的则在互联网行业里很流行，其中一个比较流行的理论是福格行为模型（Fogg Behavior Model，FBM），如图 14-4 所示。这一模型可以用一个简单的公式表达：B=MAP，即行动（Behavior）的产生需要动机（Motivation）、能力（Ability）、提示（Prompt）3 个要素同时满足。动机越强、动作越简单，越可能发生行动，同时还需要恰到时机的提示或触发器。

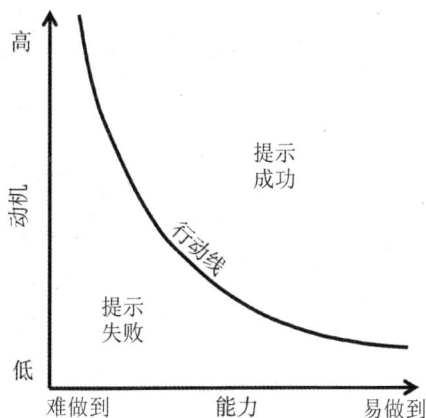

图 14-4　福格行为模型

福格行为模型仍然不够普适，主要是它对环境、情境或个体差异的考虑不足。目前，没有真正简单又普适、还能应用到产业界的行为理论，因为人类行为太复杂了，涉及因素太多。好在我们不需要研究透原理才能行动，直接拿理论来验证，有效果就继续用，效果好就经常使用。在多年的实践中，我发现，口碑推荐的一个关键点便是触发机制。如果希望用户向他人推荐产品，必须给予用户适当的刺激，可以是很好的产品体验，可以是金钱奖励，还可以是一句鼓励或感谢的话。下面介绍几种常见的推荐机制与触发场景。

1）转介绍活动

转介绍活动比较常见，可以在线上举办，也可以在线下进行，操作比较简单，不过只适合部分产品。有的产品虽然不错，但行业里的客户彼此是竞争关系的，大家都不愿意让竞争对手知道自己用了什么产品，甚至希望产品默默无闻。有些产品本身的适应场景非常少，虽然客户愿意向他人推荐，但没有目标对象可以推荐。

转介绍活动一般都是针对老用户，当老用户使用产品达到一定程度后，会发现产品有价值，但由于需求弱或产品价格高，可能还不打算付费，这时候举办转介绍活动，用户就比较愿意参加。当然，如果客户体验非常好，参与意愿度就比较高。根据奖励机制的不同，常见的转介绍活动如表 14-1 所示。

表 14-1 常见的转介绍活动

赠送内容	产品举例	奖励规则
送积分	酷家乐个人版	分阶段获得不同奖励，也可以用积分兑换会员
	幕布	每邀请一位好友注册，用户就可以获得 3 积分，兑换会员 15 天
	印象笔记	用户邀请朋友来注册后能获得印象分，印象分可以用来兑换高级账户
送会员	墨刀	邀请好友注册并验证后可以获得 15 天个人版会员，最高可以获得 90 天会员
	Trello	邀请朋友注册后可以获得一个月 Premium 高级会员，最高可获得 12 个月的会员
送容量	Dropbox	用户邀请朋友注册后可以获得更大的容量
	ProcessOn	邀请好友后送文件数，也相当于扩充容量
奖现金/实物	Moka	推荐 HR 使用 Moka，就可以获得线索和回款时的现金奖励
	酷家乐企业版	推荐人购买企业版，可以获得现金等价的京东卡奖励

一般面向个人用户的产品都会有转介绍活动，图 14-5 和图 14-6 分别为墨刀邀好友活动、酷家乐邀好友活动。

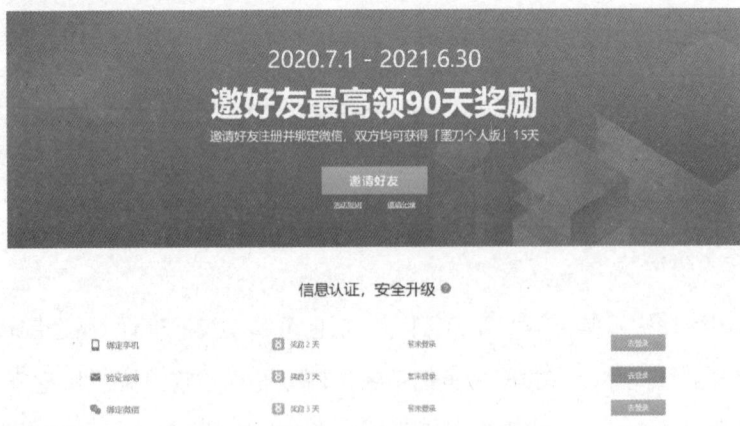

图 14-5 墨刀邀好友活动

2）线上分享转发

在更多的时候，我们并不需要上线活动或制定明确的奖励规则，只要让客户宣传一下产品，就能起到不错的效果。这种方式对于 To B SaaS 企业非常合适，因为企业客户直接参与转介绍活动比较难，但转发、点赞则容易得多。为了充分让广大用户在社交媒体或人际圈子中分享产品，我们要设计一些合适的场景去触发分享行为。

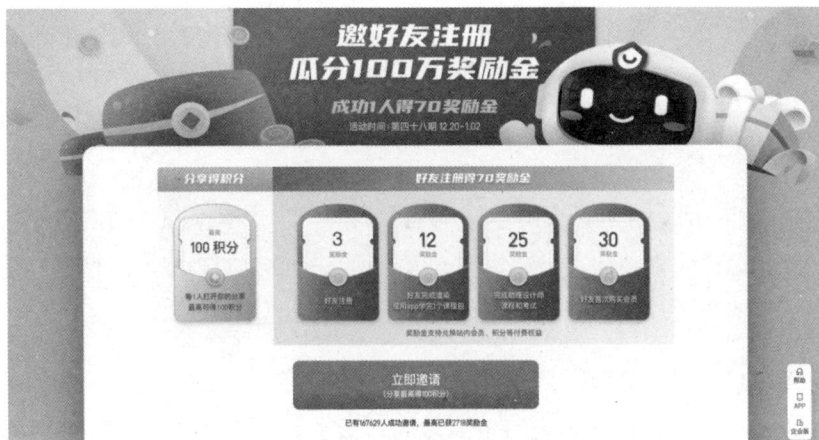

图 14-6　酷家乐邀好友活动

（1）企业客户关注里程碑，客户的满意度及推荐意愿会随着时间而变化，如图 14-7 所示。

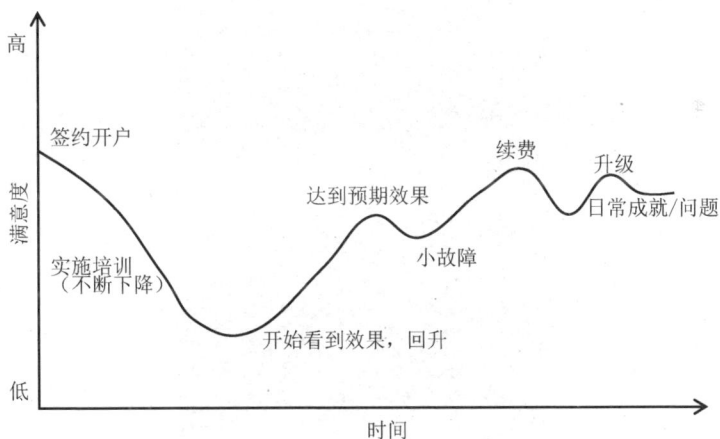

图 14-7　客户推荐意愿变化曲线

- 起点，客户在"首次使用""签约""订阅""项目启动"等时间点是比较兴奋的，觉得产品不错，发一条朋友圈分享一下产品并不困难。

- 里程碑，对于企业 KP（Key Person，关键人物）来说，里程碑就是项目结束或应用达到一定效果时客户强烈感受到了产品的价值，此时客户的积极性会非常高。

- 续约/续费，一般客户愿意继续花钱说明认可产品的价值，在续约这个节点可以引导客户向朋友介绍产品，例如发微信名片或建立用户群等。

（2）终端用户看关键行为，可以结合整体的用户激励体系去设计场景，这里列举几个具体的场景作为参考。

- 在 NPS 问卷调查结束后，让满意度高的用户采取推荐行动，例如发朋友圈、邀请同事使用、写评价等。出于保持一致性的心理，此时用户会有很高概率推荐产品。

- 当用户产出作品或取得成果时，可以鼓励其分享出去。比如一些健身 App 总是不厌其烦地在用户每次完成动作后就夸奖、鼓励用户，然后为用户生成一张卡片引导用户分享。图 14-8 所示为用户使用 Keep 完成一个动作后 Keep 的分享提示。

图 14-8　Keep 上的分享提示

- 如果用户发现自己在同事或朋友中获得较好的排名或反馈时，就会有炫耀的动机；或者收到一些积极的反馈，例如官方的感谢，也会有分享出去的动机。

- 一些特殊的与数字有关的场景，例如注册满一年、创建 100 个文件、累计使用 1000 小时等，这些都是让用户分享产品的不错的时机。每年年底，各大平台的年度报告总会在朋友圈刷屏，这种场景对 SaaS 产品的口碑营销同样适用。

在各种场景中做实际引导时，我们需要尽可能地降低分享动作的成本，同时结合使用一些心理学技巧。什么心理学技巧呢？不如先了解一下用户为什么要分享。《纽约时报》曾发表过一份关于分享心理研究的报告——*The Psychology of How and Why We Share on Social Media*，这份报告将分享动机分成 5 类，如图 14-9 所示。

图 14-9　5 类分享动机

因此，我们展示的引导文案要让用户感受到这不只是宣传产品，还可以向朋友分享真正有价值的信息，同时提升自己的形象。用户分享出去并让其他人看到的文案也要符合其分享动机，例如想让用户认为自己分享的内容对他人有用，就可以写成"赠送你某某产品一个月会员资格"而非单纯"帮我砍一刀"。

3）现场活动分享

To B SaaS 企业一般都会举办线下活动，例如行业大会、展会、沙龙等。在这些活动中，只要让老客户与潜在客户接触，老客户自然而然地就会推荐产品。Salesforce 在举办活动时，会让潜在客户、记者和客户一起交流，这样产品的支持者就会向外界传递真实的使用感受，其效果可想而知。另外，在线下活动现场也可以做一些小活动，比如签名墙签名留影、打卡分享、发朋友圈领资料等，通过这种线上线下结合的方法比较容易发生分享行为，并带来集中的传播。

3. 充分放大口碑影响力

当企业有了一批支持者参与分享时，接下来便是将口碑的影响力充分放大。如何放大呢？不仅要立碑，还要敲锣打鼓。常见的具体操作有以下 7 种。

（1）邀请用户公开市场点评。不论是 App Store 还是阿里云应用市场等，评价都非常重要。平时我们的快递包裹里一般会有好评返现的奖券，可以获得一元至几元的红包，这种方法不仅对电商卖家有效，还对 SaaS 产品有用。可别以为用户不会去看，根据企业级软件点评选型平台 G2 Crowd 的一项调研发现，61%的用户在做购买决策时会查看 11～50 条评价信息。因此，如果用户愿意给出好评，那么将评论发布在公开的应用市场上取得的效果更好、更持久。图 14-10 所示为 iOS 应用内常见的评分提示。

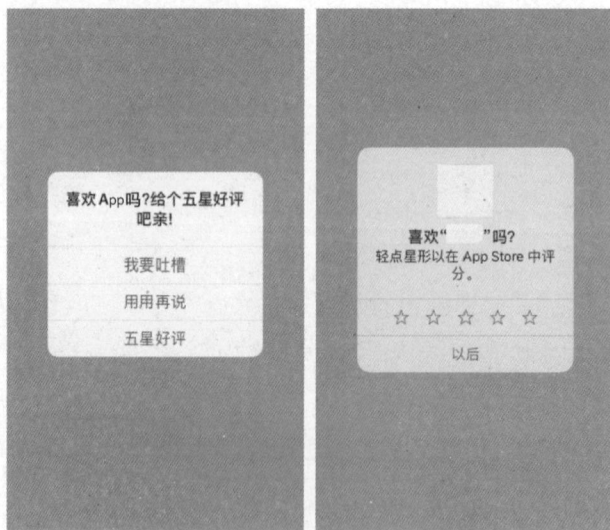

图 14-10　iOS 应用内常见的评分提示

（2）引导用户公开推荐。与前面讲到的分享不同，这里讲的公开推荐是在公开渠道推荐，而不是只推荐给身边的朋友。引导用户在社交媒体上转发、分享产品信息，这样的动作就是给产品投票并让更多的人知道产品值得选择。当然现在这样的动作变得更加简单，例如，给抖音或微信里的视频点赞。一般在海外市场就是在用户的博客上发一篇文章。

（3）激励用户在社区中交流。这里的社区包括相关论坛、百度知道、贴吧、知乎、QQ 群、Reddit、Facebook Groups 等，这些渠道的特点是公开、用户互动。因此，品牌方在社区里发言的效力反而不如用户，产品的支持者发表评价或解答问题都能提升产品形象，并且能影响到更多的人。当然，很多公司让员工去各类社区发内容回帖，这是必需的，但更重要的是发动群众力量，群众力量带来的效果更大、更持久。

（4）邀请客户公开分享经验。让用户分享成功的故事，可以是在线下活动中，也可以是在线上社区里，或者通过直播。每家 SaaS 公司在行业大会上都会请一些客户站台做分享，实际上这种分享可以做得更轻一些。例如，小鹅通就有一档"老鲍对话标杆客户"的栏目，定期以直播对话的形式找客户做分享，如图 14-11 所示。

图 14-11　"老鲍对话标杆客户"栏目

（5）与客户或用户一起制作案例、故事、课程等内容，并在官网及各类外部渠道分发。一般在网站的首页和推广落地页刊载用户的故事，也有做单独页面的。页面的形式可以是图文的形式，如果有视频那更好。酷家乐的企业版官网上有专门的客户案例页，有一系列"商家有话说"的真人视频。

（6）引用客户证言或用户评价。在所有对外传播的内容中，都应该提及用户对产品的评价。例如，当我们向他人推荐一本书或一部电影时，经常会说它在豆瓣上的评分是多少。对于 SaaS 产品，是不是也可以说其客户评分是多少呢？目前，国外 SaaS 产品常会引用 G2 Crowd、Capterra 等平台的数据，而国内还没有比较权威的第三方点评平台。好在我们可以引用知名公司或人物的评语，将其放在官网上。国外的 SaaS 公司经常用真人视频，而国内的 SaaS 公司经常使用图片和文字。图 14-12 所示为 Zoom 官网和腾讯会议官网上展示的客户证言示例。

图 14-12　Zoom 官网和腾讯会议官网上的客户证言示例

（7）利用企业资源推广用户。常见的情况有当抖音上有用户推荐或提及产品时，可以给对应内容投 "DOU+" 广告放大曝光度。另外，当客户做活动会展示产品时，可以利用自有渠道给客户做推广，也算是相互推广、互惠互利。利用这种方式常常能取得不错的效果，只是平时要做好信息监测，当机会来临时不要错过。

14.3　如何衡量口碑营销的效果

因为口碑营销常常发生在线下场景，即使在线上场景也并不在网站或 App 内部，所以数据的追踪没有那么方便。这也使很多人对口碑营销的价值产生怀疑，甚至一些营销人员都无法说服老板采纳其方案。虽然每天有成百上千个人在社交媒体上分享、讨论产品，最多也就知道有多少条内容、多少次点赞，实际的访问与注册情况无法得知，这样还怎么做科学增长呢？例如，在百度知道、知乎等平台上已经很难直接贴链接 "引流" 了，那要不要去上面回答问题呢？单看回答的曝光量靠不靠谱呢？

你或许也有这样的疑问，或者也被人问到过。实际上我多次经历过这些挑战，那我的答案是什么呢？首先，转介绍活动是很容易衡量口碑营销的效果的，只需看有多少新人注册、多少人留存、多少人付费即可。其次，在官网上展示的用户证言、客户案例也可以通过 A/B 测试做观测，通过对转化率的影响衡量其效果。比较难的是衡量各类外部分享与内容互动的效果，我们往往只能看到视频播放量、文章阅读量，甚至连点击到网站的流量都跟踪不到，对于这种场景就不必纠结精确的数据了，只要内容本身是正向推荐的，曝光量越大，互动量越多，其对潜在客户的影响就越大。也就是说，只要逻辑合理，过程质量达标，以不同量级的曝光数来衡量效果也是可以的。通常指向性强的口碑推荐内容达到一定量后，一些用户就会主动搜索产品，这时可以监测品牌词的自然搜索流量的变化，同时还可以将百度指数、微信指数等第三方数据作为参考。最后，针对线下场景还有一个后置的方法可用来衡量口碑营销的效果，就是做老用户调研，了解老用户通过什么渠道知道产品，以及因为什么而付费。

总之，口碑营销的效果衡量需要综合曝光量、搜索量、注册量等多个指标，不能一概而论。即使对短期注册量影响小，也应该持续去做。

14.4 关于口碑营销的常见问题

1. 如何看待负面评价

几乎每个产品都会有负面评价，但是，产品能成功不在于没有批评者，而在于有多少支持者。只要产品的好评人数远多于差评人数，就不用太过担心。我们要接受有很多差评的现实，然后努力解决用户的问题。若出现影响恶劣的负面评价，一定要及时处理，而且要公开帮用户解决问题，改变用户的态度并让其修改评价。如有必要，应让领导出面沟通。

2. 推荐活动发什么奖励好

一般来说，发奖励的激励作用大，但如何发奖励是个问题。门槛高了，没有人参与；门槛低，奖励大，又会出现很多"羊毛党"；发普通东西，激励作用不够，又没有人参与。所以最好的办法是，只针对真实的客户奖励平台本身的东西，例如高级会员、使用时长、高级功能、抵扣券等。虽然参与分享推荐活动的人数变少了，但最终效果不会差。

产品好，用户没有负担，有了奖励就有动力，总会带来一些新用户、新线索。但不要奢望用户都是精准的优质用户，也不要奢望用户长期留下来，更不要指望效果又好又没有人投机取巧。"水至清则无鱼"，活动不会设计得十分完美，只要能起到持续迭代作用即可，最终还是看收益。

第 15 章

集客营销，让中小客户找上门

15.1 什么是集客营销

20 世纪 90 年代，随着网景浏览器的诞生，互联网加速发展，并随后迎来搜索引擎的快速发展，进而有了 SEO，2000 年开始有按点击付费广告，再然后 Facebook 等社交平台崛起，又有了社媒营销。在互联网发展的过程中，卖方市场转向买方市场，信息渠道也越来越多。消费者拥有了远超以往的自主权，可以自己选择看什么，主动去寻找自己需要的东西。广告已充斥在人们生活的每个角落中，直接花钱投广告提高曝光度的效果却越来越差，对于 To B 业务类公司来说，做营销越来越困难，环境的转变要求营销策略也要做出变革。

2005 年，HubSpot 的联合创始人兼 CEO 哈里根提出了集客营销这一概念，并且随着 2012 年首次集客营销大会的召开，这一理论开始快速在行业中被接受和应用。集客营销的核心是，通过为客户创建量身定制的有价值的内容和体验来吸引客户，再与客户建立他们需要的连接并解决其问题，而传统的以电视广告为代表的推播式营销往往使用客户并不需要的内容去打扰他们。推播式营销像使用工具去海里捕鱼，而集客营销则是建立自己的渔场，把鱼引过来，慢慢捞。比较这两种营销方式，推播式营销虽然见效快，但是获客成本会不断提高，且获客量的天花板较低；而集客营销虽然早期流量增长慢，但获客的边际成本会不断下降，获客量的天花板较高。当然集客营销也有些局限，对于吸引普通消费者来说不够高效，对于大企业来说影响力比较小，所以集客营销更合适中小型企业和一些专业工作者使用。

15.2 HubSpot 怎么做营销

HubSpot 是集客营销理论的坚定实践者，下面我们先了解一下它是怎么做营销的。

1. HubSpot 概况

HubSpot 是一家致力于营销自动化的 SaaS 公司，于 2005 年 4 月成立，2014 年在美国纳斯达克上市，2020 年其营收近 9 亿美元，2021 年其市值最高时达到 400 亿美元。HubSpot 最早做的是面向市场人员的博客和社区，随后推出营销自动化产品，后来又推出 CRM 产品，到现在已经发展到包括营销、销售、服务、客户成功、运营五大版块。HubSpot 主要面向中小型企业，其产品多采用 Freemium 模式。虽然在单个产品的专业度和深度方面比不上一些同类产品，但其价格亲民且一站式的综合服务特别吸引人。根据 HubSpot 在 2021 年第三季度发布的季度报告可知，截至 2021 年 9 月 30 日 HubSpot 已经有 128 144 名客户。

不论是看客户数、营收还是看市值，HubSpot 都是一家较为成功的 SaaS 公司。它成功的背后有一个重要原因，就是集客营销理论使其拥有大批免费用户，且付费企业客户的获客成本较低。

2. 优秀理论家

作为优秀的理论家，HubSpot 做了以下 3 件事情。

（1）提出并不断完善集客营销理论。创建一个新理论就相当于开辟了一个新战场，占有了制高点。当人们提到 SaaS CRM 时就会想到 Salesforce，当人们讨论 Inbound 时就会想到 HubSpot。如今 HubSpot 也对集客营销理论做了迭代，从原来的漏斗模型升级成增长飞轮模型，也不只是覆盖市场营销前端，还包括运营服务等环节。

（2）利用社区扩大集客营销理论的影响力。HubSpot 最早做的博客就是服务市场营销人员，为他们提供交流学习的平台，让从业者更好地学习各种方法，而这其中自然包括集客营销理论。之后 HubSpot 在 2012 年还举办了 Inbound 会议，之后每年都会举办，并拥有单独的官网。HubSpot 不仅从中直接转化出了客户，还建立起了合作伙伴生态，那些市场营销机构也使用集客营销理论服务其客户，同时还将 HubSpot 推广给客户。HubSpot 给合作伙伴 20%的佣金，而这庞大的伙伴生态则给 HubSpot 贡献了约 40%的营收。

（3）通过亲身实践获取客户。HubSpot 可谓是知行合一，既是理论家，又是实践者，十几年下来其沉淀无数内容，官网每月有 1000 多万的自然搜索流量，这些流量来自各种各样的搜索词，主要内容形式是博客文章。

3．模范实践者

下面主要以 HubSpot 的官网为例，分享一下它值得我们学习的地方。

（1）在官网结构上，规划出足够的内容版块。Resources 菜单下包括了多个内容模块，如图 15-1 所示。

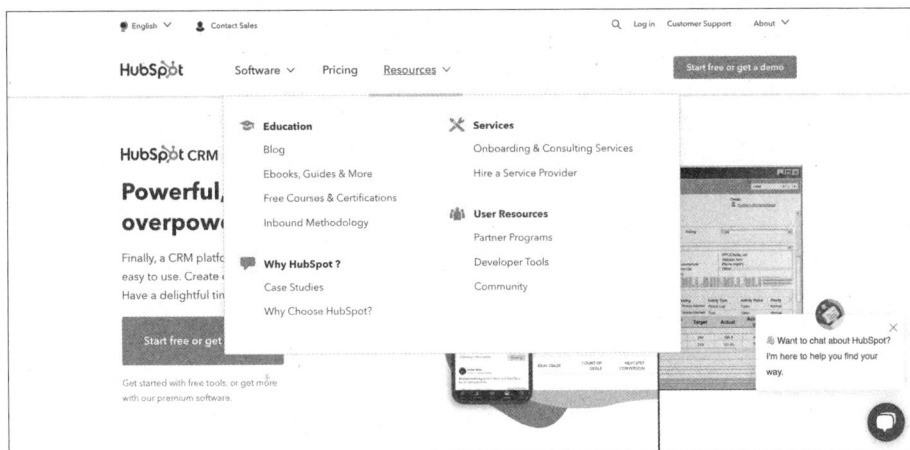

图 15-1　HubSpot 官网菜单栏

其中几个重要的内容频道是二级站点，并且贡献着不小的流量，表 15-1 所示为 HubSpot 子站点访问比例的数据统计，其中访问数据来自 Alexa。

表 15-1　HubSpot 子站点访问比例的数据统计

频道	域名	站点被访问比例
Blog（博客）	blog.hubspot.com	23.67%
Knowledge Base（产品知识库）	knowledge.hubspot.com	6.14%
Community（社区）	community.hubspot.com	2.73%
Academy（免费课程和认证）	academy.hubspot.com	2.23%

（2）相关关键词全覆盖，及时蹭热点。HubSpot 每月通过自然搜索访问官网的流量约有 1500 万，这些自然搜索中品牌词占比较小，行业词居多，热门词与长尾词都有。HubSpot 的搜索流量情况如图 15-2 所示，HubSpot 仅在美国就有 140 万个搜索词，在很多国家有几十万个搜索词。

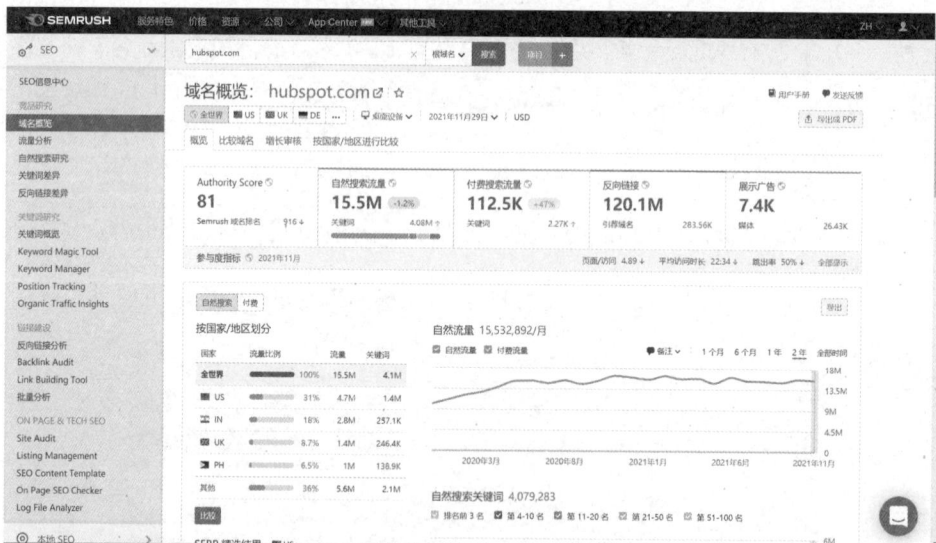

图 15-2　HubSpot 的搜索流量概览

（3）博文优质，植入软广告，链路完整。HubSpot 上面的博客文章质量较好，整体篇幅较长，图 15-3 所示为 HubSpot 博客首页，其中几篇文章的阅读时长都在 14～31 分钟之间，有 3000～8000 个字。同时，正因为篇幅长，才更容易植入软广告。HubSpot 中的每篇博客文章都会引导用户体验某个免费工具或下载白皮书，而且推广的产品与文章上下文的相关性高，链路非常顺畅。HubSpot 不仅在文章中植入软广告，还在页面右侧悬浮一则与内容相关的展示广告，例如一篇题为 *How to Use Clubhouse* 的文章，每天会带来 1000 多次日搜索访问量，图 15-4 所示为以此标题作为搜索词的流量数据。这篇文章中插入了社交媒体趋势报告，在报告中自然会推广自己的产品服务，如图 15-5 所示。

图 15-3 HubSpot 博客首页

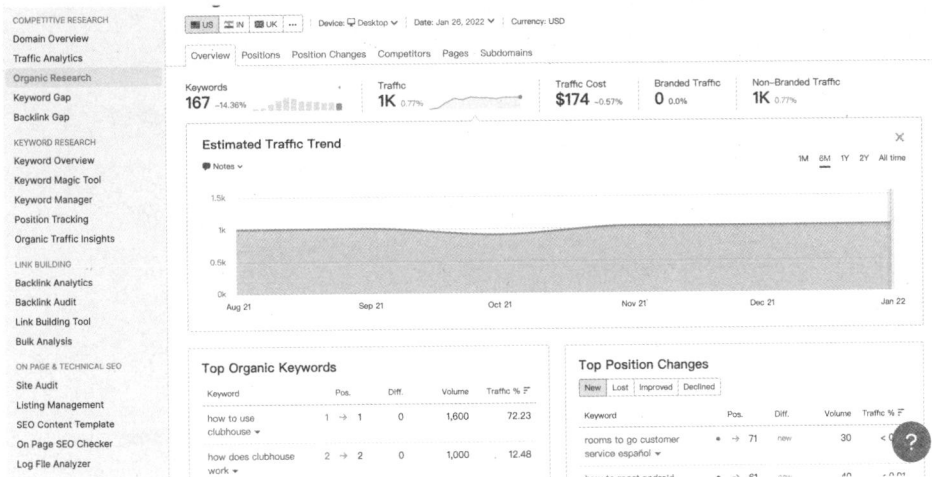

图 15-4 以此标题作为搜索词的流量数据

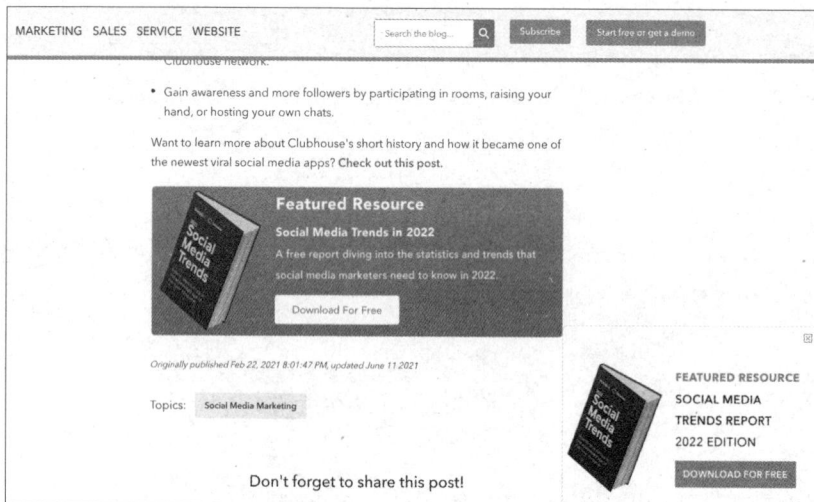

图 15-5　HubSpot 博客文章末尾的广告引导

（4）多种内容形式，多个免费工具，转化顺畅。在 HubSpot 的主打产品中，营销、CRM、服务工具都提供免费版，另外，HubSpot 还为用户提供网站监测、博客创意、用户画像等十几个小工具。HubSpot 网站中的内容除了博客文章，还有许多工作模板、白皮书、行业报告、研讨会视频、免费课程等。要想使用这些工具或下载文件，就得注册或填写表单，这样便实现了第一步转化。HubSpot 还会逐步引导客户填写信息，形成一条完整的市场线索，如图 15-6 所示。

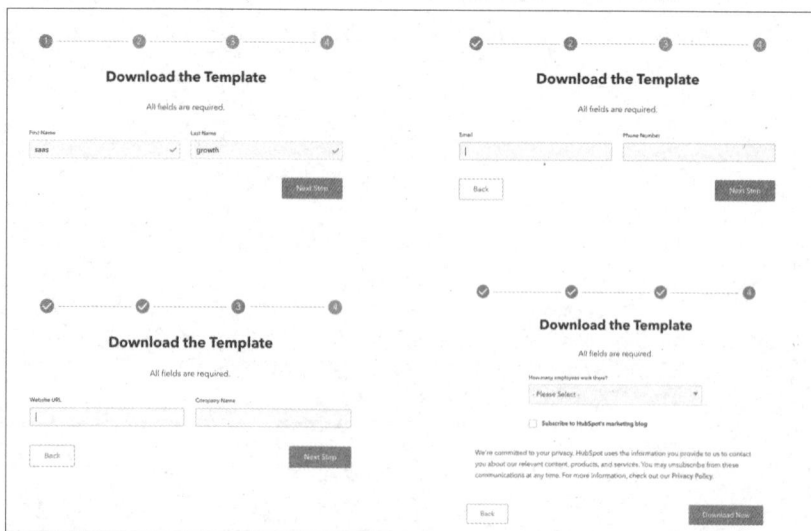

图 15-6　在 HubSpot 下载文件时的信息填写步骤

4．市场+产品+销售共同驱动

HubSpot 在营销方面确实做得非常深入，实际上其早期采用的主要是 MLG 模式。要达到这种程度很难，需要很多优质内容创作者，他们不仅要能写，还得非常专业。不过 HubSpot 倒是不缺写手，CEO 会带头写文章、写书。2010 年 HubSpot 的创始人兼 CEO 哈里根与 CTO 沙哈一起写了《网络营销 3.0：Google，社会化媒体和博客引爆的集客式营销》这本书，书中主要宣传集客营销理论。后来，HubSpot 的前销售和服务副总裁马克·罗伯格写了《销售加速公式》这本书，书中主要讲 HubSpot 怎么做销售，如何让市场与销售联合作战。

当然，HubSpot 不只是市场与销售工作做得好，还实践了 PLG 模式，通过 Freemium 模式提供产品。正因为 HubSpot 免费提供 CRM 工具等，很多被内容吸引过来的客户会先使用这些产品，之后逐渐成为付费客户，继而升级并购买新产品。HubSpot 的财报显示，HubSpot 每年的销售费用率在下降，这就是它综合市场+销售+产品共同驱动增长模式的结果。

15.3　落地集客营销的关键

将集客营销应用好，会涉及多个环节，既要关注漏斗模型（见图 15-7），通过内容将陌生人吸引到网站，逐步将其转化成客户，还要基于吸引、参与、满意的循环来推动整个"增长飞轮"（见图 15-8）。同时，集客营销还关联了多种手段，比如 SEO、社交媒体营销、内容营销等。那么，做好集客营销的关键是什么呢？

不论使用什么手段，不论在哪个环节，其实关键的还是内容和渠道。现在风头正盛的短视频营销、私域营销，其本质是在特定渠道上做某类内容的分发引流。掌握了这两个核心要素，不管再出现什么新平台，都可以应用集客营销策略。如图 15-9 所示，搭建合适的团队，引入靠谱的工具，通过内容和渠道就能将产品与用户连接，整个集客营销落地的循环便能运转起来。

图 15-7　漏斗模型

图 15-8　"增长飞轮"模型

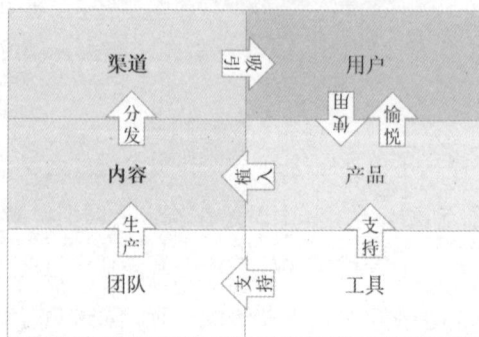

图 15-9　集客营销落地时不同模块的关系

1. 关键一：内容生产

既然内容生产是重点，那应该生产什么样的内容呢？哪种内容是好的？如何生产大量内容？怎样制作内容才能效率高且质量好？我们先从整体看，生产过程中要兼顾内容、用户、产品、渠道这 4 个要素，主要是做好内容与另外三者的匹配，大致关系如图 15-10 所示。当一条内容能满足用户需求、适合渠道特点且能传递产品价值时，才算有意义。为了批量生产这样的内容，我们提取出内容生产的 3 个核心环节。

（1）挖掘用户需要的内容。

（2）选取有潜力的主题。

（3）选用合适的类型。

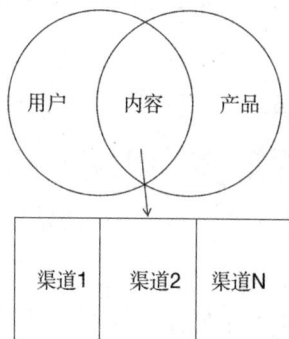

图 15-10　与用户、产品、渠道匹配的内容

1）用户需要什么内容

我们要先考虑内容与用户的匹配。用户需要什么、喜欢什么，我们就提供相应的内容。今日头条、抖音等产品崛起的一大原因是，算法始终为用户推荐感兴趣的内容，投其所好，使用户欲罢不能。我们做内容营销也应如此，若有多种角色，就应该设计多种内容。例如酷家乐面对服务的多个行业、不同岗位的角色，因为客户的老板喜欢的和员工喜欢的有所不同，装修公司老板关注的与全屋定制厂商老板关注的也不同，所以他们创建了不同的新媒体账号，分别用来制作和推送内容。

要想做好内容，得先建立用户画像，简而言之，就是用户是什么样的人，性别、年龄、学历、岗位、职级，每天做些什么，目标是什么，痛点是什么，最关注什么，有什么期待，等等。如果能采集到足够多的用户属性信息，我们就可以针对特定的人群来做内容，甚至可以针对单个用户进行精准的内容营销。下面是具体的可收集的 7 类属性信息及对应的内容特点。

（1）名字和头像。它们可以更具体地展示你的目标用户，比如一位用户是穿格子衫还是穿西装，名字是 Tony 还是小红，这都反映着人的不同风格，以及对应的内容是应该通俗故事化一些，还是应该严谨数据化一些。

（2）年龄和学历。尽可能收集目标用户的年龄、学历等信息，这类信息越丰富越能明确所要做的内容。比如面对年龄小的用户，内容中需要更多的流行元素；学历高的用户对内容的质量及其精细度有更高的期待。

（3）行业和企业规模。不同行业的数字化程度不一样，关心的话题也不同；不同规模的企业所能投入的资源不一样，对解决方案的需求也不一样。比如一些小型企业的员工通常身兼数职，因为这类企业既没有太多的资金预算，又没有很多的人力支持，更关注的是简单、易用、性价比。

（4）岗位头衔、职责与上下级关系。不同级别或岗位的人对产品的期望不一样，一线员工期望产品好用、省时间，经理则关注管理过程和业绩的提升。这也会体现在对一些话题的关注上，比如谁会关心"数字化转型"呢？是那些想要转型的企业负责人、CIO，还是一线员工，实际上一线员工并不关注这些内容。如图 15-11 所示，不同的人在选购产品时的侧重点不同。

（5）工作目标与挑战。只有了解潜在客户在工作过程中遇到的问题，才能更有针对性地为他们提供内容并帮助他们解决问题。比如面对培养人才这一挑战，我们可以更多地输出如何做内部培训、如何打造学习型组织等内容。

（6）日常工作使用什么工具。比如财务工具、CRM 工具、E-mail 工具、项目管理工具、内容管理工具、日程管理工具等有助于我们了解客户期待补充的重点内容，以及产品应该突出哪一方面。比如客户已经有了 CRM 系统，但没有 SCRM 系统，那么客户需要的是能与现有 CRM 系统打通的 SCRM 系统。

（7）信息消费习惯如何。只有了解用户获取工作信息的渠道，才能有针对性地做内容分发，同时基于平台特点做优化。显然，知乎、哔哩哔哩、快手的风格差异很明显。

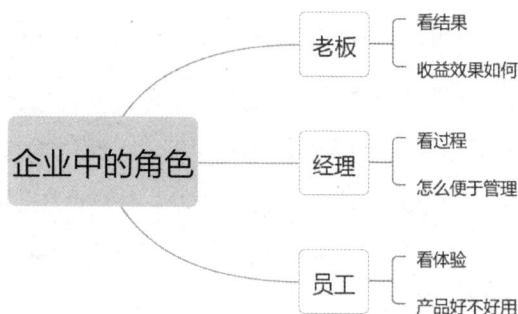

图 15-11　企业内不同角色的关注点

当然，以上分析只是一个框架思路，有时候行业或领域属性带来的差异会更大，具体先研究竞品的内容或用自己的内容做测试分析，这样能发现更多匹配目标用户画像的内容偏好。当将用户画像提炼出来，并整理出不同用户对内容主题、形式、风格的偏好时，我们就可以去构建主题池。

2）内容主题来源

不论做什么内容，选题都至关重要。很多内容从业者每天要花不少时间想主题、讨论创意，开选题会。对于集客营销，内容要更持久，而在 To B 领域，内容还要更实用。因而很多时候创意形式是其次，关键看内容本身是否有价值。我们可以通过一些方法生成大量的内容主题，达到既符合用户需求、获得流量还能实现转化的目的。以下是从组词、挖词、用户、竞品、新闻 5 种来源生成主题的方法。

（1）组词法。以使用产品名称或行业名称为主，在名称的前面或后面添加疑问词、形容词、量词，就能生成很多主题。以 "CRM" 为例，可以有如下组合主题。

- 结合形容词，比如 "最多的""好用的""性价比高的"，就会有 "用户最多的 CRM""好用的 CRM 产品推荐""性价比高的 CRM 系统盘点" 等主题。

- 结合疑问词，比如 "是什么""为什么""怎么办""怎么做""有哪些""哪个好"，可以有 "CRM 是什么""为什么要使用 CRM""销售过程难管理怎么办""怎么做好销售管理""CRM 系统有哪些""CRM 系统哪个好"等主题。

- 结合量词，比如"最好用的 10 个 CRM 系统""某 CRM 产品的 6 个优点""使用 CRM 工具的 10 个理由"等主题。

（2）挖词法。一般做 SEO 的人将挖掘长尾搜索关键词称为"挖词"，通过使用一些专业工具，从某一个关键词开始去提取大量相关的关键词。从这些关键词中可以进一步提取出各个用户关注的话题，再展开去创作内容。如图 15-12 所示，某 SEO 工具检索"CRM"得到的长尾词有 14 万个。

序号	关键词	收录量	长尾词数	竞价词	全网指数	sem价格	PC日均流量	移动日均流量	关键词特点	竞价竞争度
1	crm管理系统	74900000	7655	1905	5834	1.54	377	3156		简单
2	crm	100000000	141306	1783	2845	1.88	1886	1799		简单
3	crm客户管理系统	35500000	3396	1883	1403	0.68	321	2043		简单
4	crm是什么意思啊	2330000	128	540	1298	0.79	191	665		简单
5	crm系统	59400000	28041	2148	661	1.18	311	408		简单

图 15-12　CRM 相关搜索词示例

（3）用户反馈。做用户调研时，我们先了解用户想看什么内容，直接根据用户需求提取主题并进行创作；用户评价往往也能为提取主题带来灵感，不论是好评还是差评，只要是代表用户关心的点，都值得被挖掘。

（4）竞争对手。直接参考或学习同行的内容主题，并在其基础上进行改进和创新，这样做并不过分。毕竟，经过验证且可行的内容自然也应该被创新，注意不要盲目抄袭。

（5）新闻资讯。参考行业资讯、企业资讯、科技热点等都可以，做一些改动和整合就可以了。很多公司在做社群运营时都会使用此方法，汇总并发布一些行业资讯，既能维持社群的活跃度，又能顺带推广产品。并非所有热点都可以蹭，也不是所有新闻都需要跟，只做跟业务相关的、有利于提升产品影响力的新闻资讯。

从理论上来看，内容主题池越多越好，但实际上还得匹配前文提到的用户画像和产品价值，如果不匹配，就剔除出去。我们需要的是最终效果，不能只看阅读量、播放量这类指标，避免内容"叫好不叫座"。

3）分层选择内容类型

有了内容主题，接下来就要考虑是写一篇公众号文章、做一个短视频，还是举办一场直播活动。在内容类型的选择上，重点是适应营销漏斗，由浅入深，由抽象到具体，层层递进，引至转化。表 15-2 所示为基于流量转化漏斗三阶段所对应的内容类型及示例。

表 15-2 基于流量转化漏斗三阶段所对应的内容类型及示例

漏斗	目的	内容类型	示例
顶层（TOFU）	认知	博文、社媒动态、图片、音频、短视频等	短视频：教育培训机构如何转型
中层（MOFU）	考虑	教育文章、视频、调研、直播、电子书等	直播：某知识付费项目操盘手分享经验
底层（BOFU）	决策	客户故事、研讨会、培训、优惠活动等	活动：某产品"双十一"优惠，买二送一

下面简单介绍一下主要内容类型的特点与示例。

（1）社媒动态。社媒动态一般是指发布在社交媒体上的图片、短图文、小视频等，主要用于吸引潜在用户的注意力，让潜在用户感兴趣且想了解产品。有些企业把社媒动态当作主攻方向，集中在某一个平台营销获客，比如某公司在抖音上有 20 多万名粉丝，直接在抖音小店中成交或通过微信群成交。也有些企业将社媒动态看作常规内容分发，社媒动态只起辅助作用，毕竟用于生产的工具不像消费品那样容易完成购买旅程，还得看产品的特点及团队能力。

（2）常规文章。它是指新闻资讯、产品更新、行业常识等较常发布且容易生产的内容，常见形式是图文结合。表 15-3 所示为对有赞说、纷享销客 CRM、北森等知名 SaaS 公司微信公众号中文章的统计情况。从整体上看，原创文章数量不算少，一般每周发 3~4 篇文章，平均阅读量却不高。可见，此类文章虽然有成本较低、主题范围广、效果可追踪等优点，但是面对激烈的竞争，很难获取足够多的用户的注意力。

表 15-3　知名 SaaS 公司微信公众号中文章的统计情况

微信公众号	原创文章数	近 30 天发布文章数	近 30 天文章平均阅读量
小鹅通	340	11	2500 左右
酷家乐	344	12	1300 左右
有赞说	866	55	3000 左右
纷享销客 CRM	281	17	500 左右
Neocrm 销售易	760	17	400 左右
北森	143	13	500 左右
e 签宝	198	11	800 左右

注：统计时间为 2022 年 3 月 13 日，数据来源于微信公众号，阅读量为人工估算

（3）图表。地图、云图、思维导图、趋势图、拓扑图、网络关系图等都是常用的图表。图表的优点是直观易懂、便于传播。缺点是制作成本较高、效果难追踪。图 15-13 所示为 Chiefmartech 每年都会推出的 Martech 图谱 2020 版。

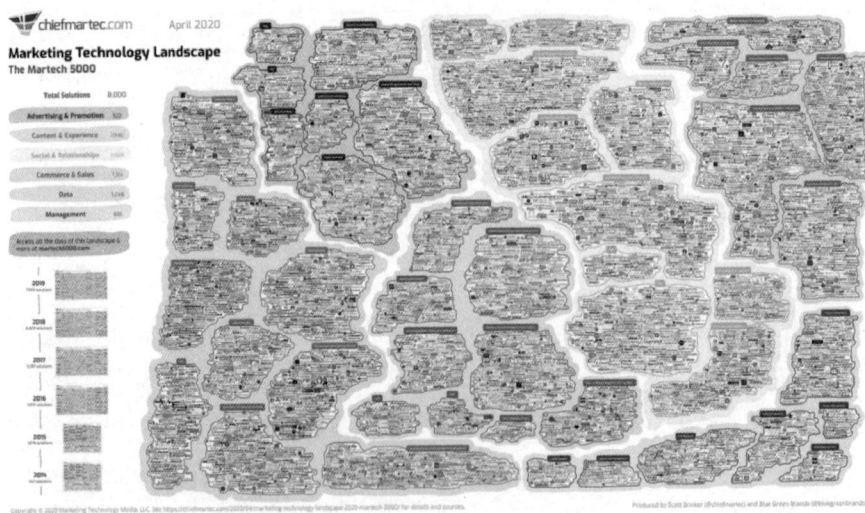

图 15-13　Chiefmartech 推出的 Martech 图谱 2020 版

（4）视频。近几年视频越来越火，短视频、长视频都有很大的需求，除了发社媒动态，其实还有更多视频可以在官网、活动、演示等场景中使用，主要是产品介绍类视频。视频的优点是内容丰富、呈现全面、符合大众消费信息的习惯。缺点是有一定的制作成本、IP 资产管理难、效果不易衡量。

（5）电子书或纸质书。国内做电子书的 SaaS 企业比较少，出书的 SaaS 企业

也不多，但在国外出书的 SaaS 企业较为常见。当然，一些国内 SaaS 企业会出书，比如致趣百川创始人何润的《获客》，GrowingIO 创始人张溪梦写的《首席增长官：如何用数据驱动增长》与翻译的《增长黑客：如何低成本实现爆发式增长》。这些书的优点是能体现专业度、说服力强，缺点是成本高、生产周期长。

（6）模板。常见的模板比如检查清单、项目管理模板、OKR（Objectives and Key Results，目标与关键结果法）模板、直播 SOP（Standard Operating Procedure，标准作业程序）、视频拍摄脚本等，其实很多企业都有这类需求。HubSpot 官网就提供非常多的这种模板或小工具。模板的优点是便于定位有特定需求的人群，缺点是内容主题范围有限、传播渠道有限。

（7）研究报告。研究报告的常见标题为"×年×行业×主题研究报告"。一般大型企业都会有自己的一些研究报告，但更多的厂商选择与专业研究机构合作发布报告，比如艾瑞咨询、36 氪、T 研究等每年都发布不少报告。报告的优点是专业度高、受众的水平高、较易传播，缺点是成本较高、周期较长。企业在各个阶段都可以使用报告，而且载体可通过视频、文章和文件来进行传播，也可以专门将报告放在行业大会上进行宣讲，效果更突出。

（8）教学课程。教学课程旨在为读者提供某方面的具有教育指导性的内容，让潜在客户从内容中获得知识，并感知到提供者的专业能力。有些教学课程以图文教程为主，但现在许多企业有专门的视频课程、考试、证书系统，比如 Salesforce 的 Trailhead、HubSpot 的 Academy。也有很多企业会在 YouTube 等平台上直接开课，或在短视频平台上发布一些技巧知识类的视频，其用途都类似。

（9）在线研讨会或直播。在线研讨会或直播在流量转化漏斗的每一层都可以应用。不过考虑到其成本，一般主要是针对转化中后期，促进线索转化。当然，随着视频号等各大平台提供了越来越方便的工具，直播成本也逐渐降低，直播成为比较主流的一种方式。

（10）产品对比。一般就是拿自家产品和同类产品进行对比，包括产品功能、公司实力、标杆客户等方面，用于表明自身优势。国外的 SaaS 企业常以文章的形式将产品发布在官网上，还会写一些对比测评类的文章将其发布在第三方平台上；国内的 SaaS 企业常见的做法是将产品对比情况做成表格，只在客户意向比较明确时单独展示出来。

（11）案例故事。案例故事主要是指业界成功案例、客户案例、运营经验等，一般是以文章的形式来呈现的，也常见于研究报告、电子书中。案例故事需要专人去收集和制作，一般用在考虑和决策阶段，能让潜在客户对产品更加有信心。

4）内容创作技巧参考

在创作具体内容时，内容从业者会受到渠道、受众、品牌等多方面的影响，需要结合自身情况去做调整。市面上已有很多的专门书籍和文章介绍这方面，此处只提几点建议供大家参考。

（1）内容定位要明确，主要是哪个阶段、解决什么问题、达到什么目的，不要指望一个页面或一篇文章解决所有问题。这对于做消费类产品来说是可行的，比如各电商网站的宝贝详情页很丰富，基本上消费者浏览下来就可以做决定了。

（2）内容篇幅要更长一些。如果是文章，一般建议文章字数在 1000 字以上，一份国外 B2B 内容营销的分析报告显示，表现好的内容的平均字数约 1500 字，而表现差的内容只有 500 多字。大家可以留意一下，在知乎上浏览量多或在朋友圈传播的干货文章通常是篇幅较长的文章。

（3）不论是文章还是报告，都要多使用图片，并使用原创图片或二次加工过的图片，而不是直接使用网上的图。

（4）行动号召（Call To Action，CTA）。一般官网博客文章或微信公众号文章里流行的方式是高亮"相关文章"部分，引导读者深入阅读。不过现在更常见的方式是引导读者关注或加好友。如果文章发布在外部渠道，通常都是引导读者点赞、分享，以获得更多平台的曝光量。

（5）把广告植入内容之中，也就是软文。文章可以是干货，也可以是软文。即使没有引导读者，也要在内容里让读者感受到产品信息，影响其认知、判断。

总的来说，HubSpot 的博客文章堪称典范，大家可以多参考、多学习。

2. 关键二：内容分发渠道建设

不知道你有没有听到过这样一个说法——如果内容制作的投入是 1，那么相应的在推广上的投入就需要 10。虽然这个说法未必真是如此，但是想充分发挥内容的价值，就必须大量投入资源做营销推广。对于财力雄厚的厂商而言，直接批广告预算就可以了，但对于 SaaS 创业团队而言，则需要花时间、花精力构建起内容分发渠道矩阵。

1）两类流量渠道

按照权属关系，获客渠道可以分成自有渠道和外部渠道。对应到销售场景其实就是直销和代理分销，在线上获取流量自然也可以这样分类。市场人员常把自有渠道分成付费渠道和免费渠道，实际上没有什么流量是完全免费的，只是有没有直接付广告费的差异。这里我们主要看看自建渠道和外部整合渠道的特点与差异。

（1）自建渠道

自建渠道能直接连接终端用户，比如微信社群、微信公众号等，这是比较普遍的一种方式，随着不断地积累，其边际获客成本会不断降低。其中有的渠道能主动触达用户，比如微信好友；有的渠道则只能被动地承接流量，比如用于 SEO 的官网博客。当然，现在流行将流量分成公域流量和私域流量两类，且往往将私域流量等同于微信好友和微信群，不过实际上许多主流平台都有类似"好友"与"群"的模块，也能积累私域流量。比如微博粉丝、邮件订阅者、Facebook Groups 的成员都相当于"私域流量"，只不过效力没有微信好友那么强。我认为区分公域与私域的关键就在于它们能否主动触达用户并做营销，如果可以就是私域流量，可以利用已积累的流量去放大，扩展更多用户；如果只能被动地接流量，那么需要做的便是尽可能地优化转化漏斗，把流量充分转化掉。将公域和私域结合，将漏斗转化的流量沉淀下来，然后通过口碑和激励扩展到更多用户，这就形成了增长飞轮。

（2）外部整合渠道

整合别人的流量渠道有很多优点，其中最大的优点就是速度快。这好比做 SEM（Search Engine Marketing，搜索引擎营销）和做 SEO，虽然前者花钱多，但能快速获取精准流量。实际上流量已经非常分散了，即使是微信这样的超级 App，其中也已经有了很多模块，每一模块的流量比较分散，想象一下以百千万计的微信公众号、微信视频号，以亿计的微信群。将微信公众号从 0 做到有 100 万名粉丝是非常难的，但找有大量粉丝的人合作就并不难了。既然流量已经在那里，其实就是谈价格的问题了。所以去百度上投 SEM，如果价格太高，就只能做 SEO了，但如果本身投放成本低，就没有必要攒内容做链接了。这种方法适用于各类平台，比如在抖音平台上不必自己培养出网红，做一个有几百万名粉丝的抖音号，直接找粉丝中有目标客户的 KOL 进行合作即可。流量主总有变现的需求，只是找不到合适的方式，如果你提供的方案能让对方赚到更多的钱又没什么损失，那么你们合作起来自然很顺利，甚至更进一步，还可以与各流量主结成联盟，将利益关系进一步加强，做到深度整合。比如前面讲过 HubSpot 有约 40%的营收来自合作伙伴，其中很多合作伙伴是咨询顾问与代运营机构，他们拥有很大的流量。

一般来说，自己有能力做好渠道就自己做，这样更能保障持续获取流量；若不擅长做渠道，就优先找合作渠道，尤其是在面向行业垂直细分领域或区域相对独立细分的市场时。

2）常见渠道及其特点

图 15-14 所示为主流内容分发渠道类型，常见内容分发渠道基本以官网为核心，主要有搜索引擎、社交平台、博客/自媒体、内容社区等几类。下面让我们看看各类渠道的特点。

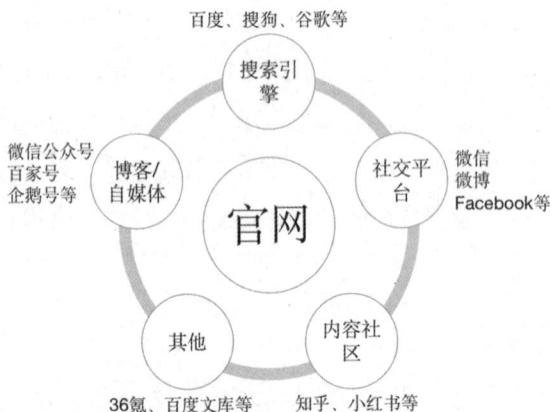

图 15-14　主流内容分发渠道类型

（1）官网

- 很多公司容易忽视官网，尤其是以移动端或大平台应用市场为主的公司。实际上很多公司在办公室主要还是使用电脑办公，在选择渠道类型的过程中还是有"百度一下"的习惯，如果连官网都找不到，心里自然就会打鼓。

- 官网上一般有案例、教程、资讯等内容，相对比较丰富，是综合呈现公司实力、团队经验、产品能力、客户情况的平台。

（2）搜索引擎：SEO 与 SEM

- 搜索引擎是潜在客户主动了解产品的主要方式之一，对于部分潜在客户来说，甚至是最重要的方式之一。在用户搜索某个关键词之后，排在第一位的页面能获取到大部分的流量，而后面的页面就只能获取很少的流量了。因此，在搜索引擎上最重要的是把包含自家内容的页面优化到靠前的位置，最好是第一位。通过优质内容、优质外链等提高页面排名的方式被称为 SEO，这是谷歌诞生以后在业界最重要的营销手段之一。很多公司没时间、没能力做页面自然排名的优化，就直接花钱买位置，这种方式被称为 SEM，这也是为什么百度的利润一直很可观的缘故。

- 一般在做 SEO 时，可以优化官网页面，也可以优化其他平台的页面。SEO 适用的内容主题范围广，获取流量的边际成本几乎为 0，只是见效有点慢。把优化网页搜索引擎的做法套用到应用市场，就成了 ASO（App Store Optimization，应用商店优化），虽然在具体操作上有些不同，但思路基本一致。

- 至于 SEM，则更加灵活，适用的内容范围广、场景丰富、见效也快。做 SEM，一方面关键看 ROI，做得好的能覆盖到大量竞争小的长尾流量词，从而成本就低，另一方面就是精心准备好着陆页，如果只有一个页面，那么显然是不合格的，好的做法是针对不同类型的流量制作相应的着陆页，这样转化效果就会好，根据 HubSpot 提供的参考数据，15%的填写表单比例算是及格线，如果能有 50%的填写表单比例，那就很优秀了。

（3）博客/自媒体（国外主流是博客和邮件订阅）

- 自从微信于 2012 年推出公众号平台以来，自媒体渠道就成了每家企业都必备的渠道。主流图文类平台有今日头条、知乎、百家号、企鹅号等，视频类平台有哔哩哔哩、抖音、视频号、快手等，垂直类平台有雪球财经、商业新知等。

- 在发展早期，很多自媒体号主就是原来写博客的人，因为有积累，写作功底好，就顺利地在自媒体上吃到红利。而国外在这方面的发展却有所不同，不少企业还是采用"博客+邮件订阅"的模式，当然，也有很多企业开始经营社交媒体。

- 自媒体平台有多重属性，既能面向粉丝发布内容，又能借助平台推荐产品、获得曝光，还能从搜索引擎中获得流量。所以自媒体平台算是能一举多得的渠道，被许多企业重视也就不足为怪了。不同平台的用户受众不同，对内容类型和风格也有一定的要求。因此，企业会根据需求选择平台及内容，甚至做出适应平台的内容。当然，微信公众号因为用户基数大，反倒更依赖个人用户的发挥。

（4）社交平台

- 社交平台主要指 QQ 空间、Facebook、新浪微博、Twitter、微信、Instagam 等。现在很多社交平台具有自媒体平台的属性，但它们的差异还是较为明显的。在社交平台上大家可以相互关注或相互加好友，可以发私信，可以直接互动。这是最大的差异之一。因此，在社交平台上一个个账号就需要有人性、有人设。

- 不同社交媒体上的人群有差异，偏好也不同，因此企业要有针对性地做内容。而内容类型一般是短文、图片与视频，篇幅都较小，但频次更高一些。目的是让潜在客户更全面地了解产品，不断接触产品，慢慢地形成认识并最终做出决策。

（5）内容社区

- 内容社区主要指百度贴吧、知乎、小红书等，也包括各大论坛、哔哩哔哩、优酷、快手等。不过，现在更多的内容社区趋近于 PGC（Professional Generated Content，专业生产内容）媒体平台。

- 内容社区的流量越大，主题越丰富，能适合的场景越多。社区最大的好处之一就是以群组或主题的形式聚集一批类似的人群，如果能让内容在其中生根，就很容易通过其中少量的用户不断产生共鸣与回声，进而影响到更多的类似人群。因此，在发展早期冷启动是很好的方式，也是持续影响潜在用户的重要方式。

3）拓展渠道的建议

集客营销的渠道主要聚焦在内容上，同时在衡量效果时也更注重内容本身的表现，比如阅读量、互动量等。这里针对渠道拓展有以下 3 点建议。

（1）可以将内容与拓展渠道区分开，由不同的人负责。因为要一边侧重营销推广，一边侧重内容本身，能同时做好这两方面工作的人较少，所以一个人做不到就不如做拆分。

（2）从漏斗模型的视角看，账号或网站矩阵仍然是有效的方式。但从增长飞轮模型的视角看，做大号更重要，资源分散聚集不了势能。

（3）在类似渠道中挑一个重点做，比如在抖音、快手、视频号等平台中选择一个。因为渠道自身会做差异化，同时做多个渠道不仅难度大，而且成功概率低。

4）获取流量的逻辑

流量的分布从来不是均匀的，大部分平台都是少数内容获得大量曝光，热门文章或视频的阅读量远高于平均值，而大多数内容其实只有很少的曝光量。我们看到的热门文章和视频都是"10 万+"的阅读量，但也有无数文章的阅读量连 100 都不到。大家很容易关注到爆款文章或视频，也有很多人研究如何做爆款文章或视频，这是一种常见的获取流量的逻辑。其实另外一个逻辑就是做长尾，因为有大量小众需求难以被爆款内容满足，对应也需要更大的内容量。做流量爆款还是做长尾，其实并非二选一，而是根据渠道和资源做配置。不过对于部分企业级产品来说，做长尾显得更加重要，因为客户决策需要依赖更多的信息，同时应用场景也更加复杂多样。

在通过内容获取流量时，我们还要考虑如何放大效果。还有一种结合集客营销理论的策略是让用户传播内容，让用户提高内容在外部平台的互动量或权重，借此可以让内容表现更好。不论是做爆款内容还是做长尾，用户的力量都不可忽视。

15.4 集客营销的团队

随便看一下招聘网站，就能看到许多公司招聘专职的 SEO 人员、新媒体运营人员，但鲜少会看到招聘专门的集客营销人员。因为关于集客营销更多的是指方法论，主要指导市场营销人员如何通过内容等手段让客户主动找上门。此处所谓的团队，是指有承担或实践集客营销的人员集合。

虽然未必是独立的职能团队，但可以参考"集客营销团队"的能力模型，如图 15-15 所示，各能力项简介如下。

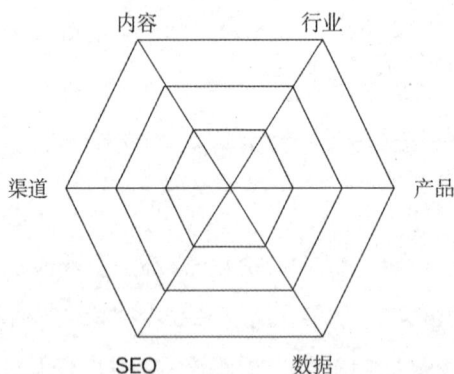

图 15-15 "集客营销团队"的能力项模型

（1）懂行业，更准确地说是懂客户，懂客户所在的行业，懂客户的工作流。

（2）懂产品，熟悉自家产品，了解竞品，知道产品是如何被客户使用的。

（3）善内容，能生产各种类型的内容，写文章、做视频、写报告都能搞定。

（4）熟渠道，对新渠道、新玩法有敏感度，可以快速进入并利用新渠道。

（5）会数据，数据意识和分析能力强，并且有良好的数据驱动文化。

（6）会 SEO，这是集客营销团队的核心能力，需要每个人都具备 SEO 思维。

组建集客营销团队并非易事，能掌握各种渠道、应用多种手段、生产各类优质内容的团队凤毛麟角。因此，不要期望随意组建个团队就能做起来，集客营销的发展是长期的，团队的组建也需要时间，先从某一个地方切入再持续扩展，就已经很不错了。

如果有了团队或做相关工作的人，怎么考核比较好呢？我个人建议是既要看结果，还得看过程。结果主要看阅读量、访问量、注册量、线索量等指标，根据不同阶段和产品特点，可以在指标上有所侧重。过程上重点看内容的质与量，因为集客营销与常规广告投放有一个很大不同，那就是集客营销随着时间的推移即使没有资源投入，也能获得自然流量，边际成本不断降低；而常规广告投放一旦停止，广告流量立刻消失，且随着时间的推移，获客成本会不断上升。因此，即使在短期的结果指标上表现不够明显，只要内容本身的质量符合要求且持续有一定数量的产出就行。

在团队运作中，可以基于内容的视角设计一个从内容生产到分发的基本工作流程，如图 15-16 所示。这一基本工作流程的核心是区分内容生产、内容加工包装、内容分发等环节，其中有的环节需要使用 SEO 技巧，有的环节需要结合活动营销，有的环节需要通过商务合作。整体而言，越能将工作流程化，集客营销的落地效果就越好，因为依赖一两个写作水平高的新媒体运营人员或 SEO 人员，是很难发挥真正的影响力的。

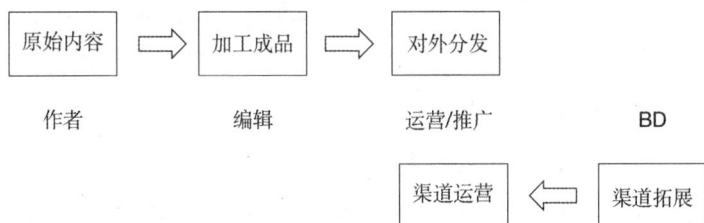

图 15-16　内容生产到分发的简易流程

15.5 工具箱

做好集客营销需要很多工具，从主题创意、内容写作、渠道分发到数据跟踪等方面都得系统化，表 15-4 所示为工作中常用的营销工具（仅展示在线类工具）。当然，虽然工具箱是必需的，但不一定能用起来并取得成绩，关键还在于人。

表 15-4 常用的营销工具

工具类别	在线工具示例	使用场景
内容主题规划	5118.com、SEMrush	挖掘搜索关键词、获取内容主题
	稿定设计、Canva	在线制作海报、PPT 等
内容生产制作	XMind、Gliffy	思维导图、流程图等
	图悦、地图慧	制作词云、地图等
内容加工编辑	来画、Loom	视频生成和剪辑
	秀米、兔展	图片内容排版、富媒体排版
渠道分发	新媒体管家、HootSuite	新媒体多账号同步，群发内容
效果追踪	草料二维码、bit.ly	扫描二维码，点击短链接
用户转化	麦客表单、SurveyMonkey	填写表单，下单购买
	企业微信、WhatsApp	添加好友，加入微信群
数据分析	百度统计、Mixpanel	采集用户行为数据并做分析

15.6 常见问题

社交媒体营销、内容营销、SEO、集客营销是什么关系？有什么区别？

集客营销更多的是指策略与方法论，具体落地还是看内容营销、SEO、社交媒体等。社交媒体营销主要是指在新浪微博、微信、Facebook 等平台上做营销，具体动作主要是发内容，也会利用各种小工具和活动等做营销。内容营销的核心是内容，通过好的内容在不同渠道流动以获取流量，社交媒体和搜索引擎都是其引流的渠道。SEO 的核心是针对搜索引擎，让内容或页面获得更多的被动流量。比如优化一个小工具在搜索页面的排名，提高排名就属于 SEO，不属于内容营销。

第 16 章
线下活动，大客户信任强化剂

2015 年，我曾加入一个做线下户外旅游服务的创业团队，并负责骑行方面的业务。我对旅游服务行业不是很熟悉，这也算是一次不小的跨越。当时，我面临的最大挑战就是要快速熟悉行业并进入自行车的相关圈子。那年 10 月份我去南京参加亚洲自行车展览会，现场参观并与各类厂商进行交流，同时观察客户对什么样的产品感兴趣，在几天时间内我便对行业有了整体印象，也认识了一些日后的合作伙伴。如果没有这类线下展会，我可能需要很长时间才能掌握到相关信息，也很难与行业里的人产生联系。

16.1 为什么做企业级 SaaS 离不开线下活动

所有的交易都离不开两个词："信息"和"信任"。越是复杂的产品越需要信息，越是昂贵的产品越需要信任。举个简单的例子，淘宝店铺提供的是信息，支付宝提供的是信任，如果没有支付宝，淘宝就不可能发展得那么快、那么大。同样，拼多多也只提供信息，但是微信提供了信任，所以拼多多也异军突起。想象一下若没有第三方担保平台，还有多少人敢在网上购物呢？

在线上 To C 领域，其实已经有不少提供"信息"和"信任"的平台了，然而在 To B 领域，尤其是面向大企业的场景，仍然有大量信息无法线上化，也难以通过网络快速建立信任。所以，线下活动解决的核心问题是呈现更深层的信息并建立更牢靠的信任关系——客户对销售人员和厂商的信任。虽然大家将越来越多的时间花在互联网上，但微信群内交流或参与在线直播还是难以取代现场活动提供的独特价值。做企业级 SaaS，企业有必要通过线下活动为企业客户提供深度信息，并与企业客户建立信任。

16.2 活动类型与形式

虽然线下活动的类型各种各样，但大体可以分成展会、会议、沙龙 3 种形式，其特点如表 16-1 所示。

表 16-1 3 种线下活动形式及其特点

类型	特点	面向人群	价值	例子
展会	较综合，以产品展示与交易为主，规模一般较大，由专业会展公司举办	各类人群多样，比如生产商、经销商、进出口商、服务商、从业者、爱好者、普通消费者	了解行业新设计和技术，连接潜在合作伙伴，了解消费者的兴趣偏好	广交会、进博会、家博会、婚博会
会议	以交流宣传为主，规模可大可小，一般厂商都可举办但成本较高	通常面向垂直领域人群，比如特定行业或特定岗位	了解行业信息、拓展人脉、获取潜在客户、转化商机	云栖大会、SaaS 应用大会、TOP100 案例峰会
沙龙	以交流互动为主，规模小、周期短，举办成本低	通常面向潜在客户、客户或同行	拓展人脉、促进商机转化、提高客户忠诚度	36 氪、白鲸出海、职人社等举办的系列沙龙

对于不同类型的线下活动，SaaS 从业者作为普通观众或参会者可以从中有所收获，而 SaaS 企业则可以作为参展商、会议赞助商或嘉宾来参与各类活动，在有一定积累后，可以主办行业会议和各类沙龙。

16.3 如何参与活动

对于多数公司来说，更多的时候它们是作为参与者而非主办方来参与活动的，下面就看看如何做好参与者。

1．先找到相关活动

线下活动信息的获取来源主要有 4 类。

（1）展会类、活动类网站。这类网站在平时会收录和更新各种活动，是比较重要的信息源，我们要持续关注。比如去展网、活动行、活动家会议网等。

（2）会展和会议中心场地。一般这类场地的官网或微信公众号会发布活动信息，因为它们本身也有营销需求，所以信息是会提供出来的。根据榜单查找场地，比如网站"展大人"提供的排名前十的国际展览中心分别是广交会展馆、国家会展中心（上海）、中国国际展览中心、国家会议中心、上海新国际博览中心 SNIEC、深圳会展中心、深圳国际会展中心、上海世博展览馆、广州保利世贸博览馆、成都世纪城新国际会展中心。

（3）会展和会议公司。会展和会议公司的官网、微信公众号会发布活动信息，我们可以直接查看各项活动，直接联系以便参展、参会。先在网上找到会展公司的名单，然后去其官网查看信息，一些较为知名的公司有汉诺威米兰展览会（上海）有限公司、上海雅辉展览服务有限公司、北京京正国际展览有限公司、德马吉国际展览有限公司、欧马腾会展科技（上海）有限公司、宁波江东前程展览有限公司、北京京港环球国际展览有限公司、南宁展越会展服务有限公司、上海冠通展览策划有限公司、广州立升展览服务有限公司。

（4）各个平台。在百度、微信、今日头条等平台上用"××活动""××会议"等关键词去搜索，然后筛选发布时间，就能直接收集到相应信息，甚至连一些小型活动的信息也能找到。另外，还可以观察竞品或同行的新闻记录，从中提取关键词，就能找到一批质量不错的活动。

2．选择参与哪些活动

一般大型活动的主办方会发布相关报道或报告，我们可以从中看到大概的数据情况，同时还可以向参与活动的人打听相关信息，基本上就能确定其潜在效果如何。

先要确认的是活动面向的对象，即参展或参会的人群画像，比如是专业人士多还是普通消费者多，是厂商多还是渠道商多，是一线人员多还是经理多。另外，就是自身对活动的期待，因为很多时候活动参与者都是同行，适合了解行业动态和玩法，但获客比较难。对于活动的实际影响力还需要现场测验，一般可以先轻度参与观察，效果好再花钱开展会或上台演讲、赞助支持等。比较简单的测试方式就是现场加好友，或者做易拉宝、宣传单页等。

3．参与活动的形式

主要有普通观众、参展商、嘉宾、赞助商几类角色参与活动，其特点如表 16-2 所示。

表 16-2　参与活动的主要角色及其特点

角色	投入	收益	适用场景
普通观众	基本免费	扩展人脉	早期调研测试
参展商	展位费、搭建、物料、人员	线索、商机、品牌曝光	中大型展会、产品成熟
嘉宾	演讲内容/赞助	个人与公司曝光	创始人或高管做代言
赞助商	赞助、广告资源	品牌产品曝光	潜在客户多、扩大影响力

4．跟踪活动效果

一般来说，线上营销的效果比较容易衡量，SEM 能清晰地知道有多少曝光量、点击量、表单填写量，然后进一步跟踪到 MQL 和 SQL，以及最终的成交量。不过线下活动就相对难一些，如果自己是主办方，那么可以通过报名表单、签到、领资料等方式获取线索。而作为参展商等，目前比较实用的方式就是加好友，进活动专属社群加好友，或者在各种会议材料中展示二维码，可以直接印刷二维码，也可以夹带名片。

16.4　如何办好有影响力的行业大会

许多公司都想举办自己的行业大会，但要办好、办出影响力并不容易，在活动过程中可能会有各种意想不到的事情发生，一不小心可能就会把会议办砸。

2016 年 11 月 24 日早晨，一场行业会议即将在杭州洲际酒店会议中心国际厅召开，会场中已渐渐坐满人。离原计划的开始时间只有半小时，场外仍然有不少人正在签到和参观。活动组织人员正一边忙碌一边担心如何安排远超预期的参会人员。突然，一整排舞台顶部的灯掉了下来，所有人都吓了一大跳，幸好没有造成人员伤亡。马上就到开始时间了，再重新搭建显然来不及，也不知道是否还有其他安全隐患，而即将涌入的人群也让会场氛围变得更加紧张。于是，一个临时的 B 计划被提了出来——紧急转移场地。会议举办方的所有员工上阵搬桌椅、布置会场、引导嘉宾，所有的人都变得更加紧张，然而事情却很有序。原本是在一个小场地，后来改成了大场地，重新布置桌椅、发放资料。调整会场后，又额外安排人引导嘉宾。我始终能回忆起那天早上的情景，一会儿流着汗搬东西，一会儿喘着气快速引导嘉宾。到中午时，才终于能松口气，大家便轮流在会场外顶着寒风吃外卖盒饭。

这就是群核科技首次举办行业大会时发生的事情，差一点儿会议就办不成了，结果却异常火爆，也获得了参会者的认可。很多客户看到凝聚力、行动力如此强的团队非常震撼，因此也对群核科技产生了更多的好感与信任。自 2016 年开始，群核科技每年都会举办行业大会，并推出"创见"这一峰会品牌。

举办行业大会其实是一项主流的市场活动，有比较成熟的流程，一般有会前准备、会中组织、会后跟进，如图 16-1 所示。

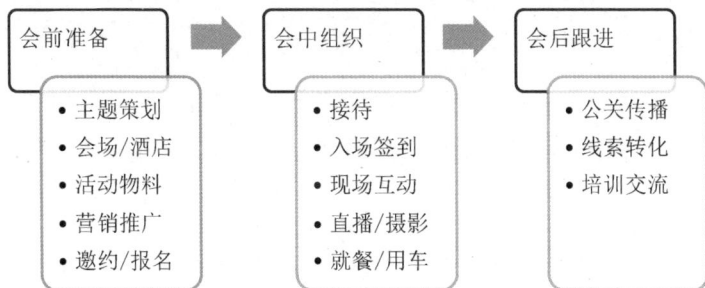

会前准备	会中组织	会后跟进
• 主题策划 • 会场/酒店 • 活动物料 • 营销推广 • 邀约/报名	• 接待 • 入场签到 • 现场互动 • 直播/摄影 • 就餐/用车	• 公关传播 • 线索转化 • 培训交流

图 16-1　举办会议的主要流程

不过，我更愿意在这里分享一些不那么标准的建议，可能会对大家有些启发和帮助。

1. 主题、时间、地点、规模

（1）结合行业热点定主题。行业主题会议比公司发布会更吸引人。通常大会是要持续办的，因此要区分大会名称、年度主题或关键词，这样既能将大会办成品牌，又能迎合每年的热点做创新。建议会议名称贴近行业名称，这样有利于吸引潜在客户，不要直接使用公司的名称。当然，品牌影响力强的公司也可考虑使用品牌名或公司品牌加行业词。

（2）一般建议举办公议的时间是下半年、月下旬、后半周，比如 10 月或 11 月 20 日左右的周四或周五。因为到了第四季度大家就开始关注第二年的行业趋势与热点了；在一年快要结束时，不能把会议的时间安排得太晚，否则不利于销售关单；通常参会者在后半周容易腾出时间。另外，时间和地点的选取都要避开同类会议的举办时间和地点。我整理了几个 SaaS 行业相关的会议，可以供大家参考。

- 群核科技每年的年度行业大会一般是在 11 月下旬的周四、周五举办。

- GrowingIO 举办的增长大会，时间基本定在周六，后来则基本定在工作日了，周三或周四较多。下半年的时间主要是 10 月下旬，上半年的时间基本上是 5 月、6 月下旬。

- 云栖大会，2018 年的几场会议都是在不同月份的下旬举办的，主要是周三、周四、周五；2019—2021 年的云栖大会都是在 9 月、10 月举办的，仍然选在周三、周四、周五。

- 帆软的商业智能峰会，由全国各地轮流举办，时间主要是第二季度和第四季度，基本上会议举办一天，具体时间是周四或周五，地点是当地五星级酒店。

（3）会议地点通常是交通便利且上档次的酒店或会议中心，不应为了降低成本而将地点定在偏僻的地方，同时还要考虑吃饭、住宿、天气等方面的影响。

（4）会议规模少则几百人，多则几千人甚至上万人，人越多，影响力越大，不过，需要注意的是组织能力与活动规模的匹配。比如组织人员少，会难以照顾参会者的体验；如果场地太大，现场就会显得冷清。

2．邀约要提前做，全员做

（1）先要明确邀约的重要性，这直接决定了一场活动的成败。如果一场活动是公司级别的，就要动员各部门人员都参与；如果是部门级、地区级的活动，就要相关方绑定业绩参与支持。

（2）找分享嘉宾要提前锁定档期、定主题，且一定要有备选方案。会议的嘉宾更希望与水平比自己高的人同台，所以优先邀请重量级的嘉宾。除了行业内的知名人士，还可以邀请有影响力的企业或跨界名人，这样能使会议对潜在客户更有吸引力。毕竟，参会人员除了对公司感兴趣，对主题和其他参与者也很感兴趣。

（3）要提前告之老客户举办活动的计划，明确老客户的参与意向，最好能约定时间。同时提前准备好一些内容，并透露给客户，比如会发布某某新产品或优惠等。

（4）媒体能让活动看起来更重要，报道多、采访多，参会的客户也会开心。提前与各路媒体建立好关系，当然与媒体的交流重点应是日常工作。行业里有些会议常使用"拟邀"这样的做法，这样会使活动更吸引人，但最好在意向相对明确后再展示，避免前后差异大使客户失望。

3．现场组织

（1）一定要提前去会场做准备，布置会场并演练。尤其是在工作人员的经验较少时更应该这样做。

（2）现场组织工作要让员工参与，这样可以更好地把控质量，也能让参会者感受到团队的专业度。展台搭建、影音设备的调控等应由供应商来做，不能过多依赖外包公司或兼职人员。

（3）要让参会者感受到企业的专业与可靠，比如雇用专业的礼仪人员、在签到墙安排专业摄影师等会更有仪式感，更多的媒体、摄像机与采访场景会让活动显得更高端，在入口处安排足够的接待人员会让参会人员感到被重视，安排一些有趣的活动可以让参会人员更放松。

（4）需要区分出重要客户，并让他们享受该有的待遇，从交通、引导、签到、名牌、位置、就餐等方面把关注做好。越是要求高的企业，越注意细节。越注意细节，越能体现专业度，越能赢得信任。

（5）对于重要的客户，多安排公司创始人或高管与他们认识、交流，同时也让产品研发人员在现场，这样他们可以直接与客户交流、解答疑问。

4．线上线下相结合

（1）以前，在举办行业大会时做直播，大家还觉得多余，"新冠肺炎疫情"之后直播就成了必选项，甚至 2020 年的云栖大会也改成了线上举办。有直播，线下参与人数确实会少，但是真正有需求的客户仍然愿意在线下交流，因此，线上与线下之间并不存在替代关系，而是补充关系。

（2）线上直播有利于扩大影响力、收集潜在线索，因为线上直播一般需要观众报名、提交表单或者注册并填写信息，才能互动、领取资料等。

（3）直播时需要的硬件、软件、参与人员都得找专门的服务商，同时还要把直播推流到多个不同的平台播放。线上直播同样需要演练测试，尤其要注意网络状况。

（4）利用媒体扩大会议的影响力，不只是借助传统媒体，还要借助各类社群、行业自媒体等来扩大影响力。

5．转化

（1）一般潜在客户愿意参加线下活动，离成单就不远了，因此商务人员的招待、陪同非常重要，要确保客户没有被忽视。

（2）多组织交流活动，比如午宴、晚宴、闭门会、培训等，让新客户、老客户互相认识，这样老客户就容易扮演"推销员"的角色了。

（3）如果在公司总部所在城市举办会议，就可以邀请潜在客户去公司参观，向潜在客户展示公司实力，还可以安排高管或其他人员参与支持，这样可以加强彼此的信任。

（4）会后要对线上参与者、现场参会者、报名未参加人员做区分，及时做回访和跟进，并明确结果。明确结果未必只能成单，可以让老客户更满意并提高续费意愿，也可以使潜在客户明确需求从而发现新商机。

总之，办好会议并不容易，将会议办好了，不仅能提升品牌影响力，还能直接获取线索并转化客户，其成本也有持续优化的空间。除了举办大型会议，组织巡回的城市沙龙、线上分享都是不错的选择。

第四篇

成熟期：精细化运营提升 LTV

第 17 章

SaaS 运营的目标与重点

"你是做什么的？"

"我是做运营的。"

"运营是做什么的？"

"嗯……打杂的吧。"

像上面这样的对话，我从业以来听到过很多次。有时候我还会被问到"To B 领域的运营有什么不一样？""SaaS 也需要运营吗？"等问题。

随着中国互联网的发展日趋成熟，SaaS 行业对运营类人才的需求越来越大，相应岗位也越分越细。一直以来，SaaS 行业里对"运营是什么""要做什么"有很大的疑问，尤其是对 SaaS 运营的疑惑更大。也有不少人试图给运营下个统一的定义，但很难达到普遍共识。我认为叫什么名字、如何定义并不关键。我常对团队里的人说："别管是叫运营还是叫什么，也别管是叫产品运营还是叫用户运营，大家的使命都是达成业务目标。如果公司只有一个人，你还会纠结自己的岗位名称是什么吗？显然不会。"现代社会的行业分工与岗位划分，都是为了提高生产力和生产效率，也正是为了更好地实现业务目标，才出现了各种各样的运营岗位。

本章从目标出发，试图解答以下 3 个问题。

（1）成熟期的阶段性运营目标是什么？

（2）运营的重点是做什么？

（3）如何做好精细化运营？

17.1　成熟期的核心目标

在之前的 SaaS 产品增长阶段论中，我们已经了解各阶段的核心目标。处于成熟期的公司仍然需要维持较高的增长速度，而优秀公司的增长率要达到 40%以上，才能实现目标。产品有生命周期，单一市场也有天花板，如果让 SaaS 产品保持持续增长，企业不仅要扩大客户群并提高单客收入，还要开发更多新功能、新产品来拓展新客户，同时让老客户持续并深入使用产品。在成熟期企业运营的核心目标是提升 LTV，包括用户的 LTV 和客户的 LTV。下面分别介绍 LTV 的两部分——"生命周期"和"价值"。

做长生命周期，需要有高留存率。传统软件是无所谓留存的，企业只关注漏斗、转化、付费就可以了。对于 SaaS 产品来说，客户留存时间越长，价值越大；留存率越高，产品的增长速度越快。在早期验证时企业应对留存率划一个及格线，而到成熟期时留存率越高越好，要争取客户留存率在 90%以上、收入留存（Gross Renewal Rate，GRR）超过 100%。对于 PLG 类产品，还应关注用户留存率。

做价值就是从每位客户身上获得更高的收入。留存率高不一定代表收入多，有时用户仍在使用产品，却一直没有付费或降级，但企业要发展，所以必须尽可能让所有用户都付费，要么是企业付费，要么是个人付费；同时，企业要追求升级和增购，让每位用户、客户贡献更多的收入。当然，这也意味着企业的产品能提供更大价值。相应地，可以观测的指标有 ARPU（Average Revenue Per User，每用户平均收入），对于 PLG 类产品还应关注付费转化率、PQL 转化率，一般此时开始孵化新产品还要关注新产品的留存率和 NPS。

17.2 运营重点的变化

SaaS 各阶段发展的目标不同，相应的运营工作重点也会不同。有哪些是之前要做现在不做的，哪些是之前重要现在不重要的，哪些是之前不重要现在又变得重要的呢？

在早期验证阶段，运营工作主要是做验证，培养种子用户，探索渠道，不怎么关注效率，甚至顾不上很多细节。但进入成熟阶段后，对 ROI 的关注就高了，会衡量人效，对细节的要求也会变高，对商业收入的追求大于对客户数和用户数的追求。早期做小渠道，到了成熟期就不会再关注小渠道了，而是追求影响面更大的渠道；曾经每位用户、客户都有人工服务，在成熟期更多的是通过自助服务系统或社区来实现。曾经给用户发活动消息，连海报都未必有，而在成熟期就要字斟句酌甚至要做到分群推送。曾经为了快速增长而不计成本地发放优惠券、拉新、促活，在成熟期就得仔细衡量效果并不断提升收益。

概括成熟期运营重点的变化，核心关键词就是"精细化"。原本粗放的运营动作变得越来越精细，这样才能不断地提高人效并获取更大的收益。

17.3 精细化运营的关键

当你浏览新浪新闻、网易新闻、搜狐新闻这些网站时，往往需要看很多标题才能看到一两个感兴趣的话题。而当你浏览抖音、知乎、视频号、小红书时，却很容易看到自己喜欢的内容。因为这些平台有推荐算法，会投用户所好，让人上瘾。通过算法给用户推荐内容，正是"精细化运营"的一种典型体现。

当然，还有更多的应用场景，比如针对不同消费能力的用户，提供不同折扣的优惠，提高转化率，将客户划分等级并提供不同的配套服务，为不同类型或国家的用户提供不同的活动。诸如此类，最终目的都是提高用户留存率或付费转化率，它们实现的逻辑也都非常接近。那么如何在各项运营中实现精细化运营呢？

正如要打造一支现代化的军队一般，并不是引入"洋枪洋炮"就行，精细化运营也需要一整套框架机制和落地策略。让我们先简单看看要实现精细化运营的 3 个核心要素，即数据、系统、标准。这三者的关系与特点如下。

（1）数据是情报。管理大师德鲁克曾说："不能衡量，便无法管理。"同样，没有数据，就像蒙着眼睛上战场一样只能乱挥拳头，自然也谈不上精细化。

（2）系统是武器。所谓"好马配好鞍""英雄配宝刀"，要实现精细化运营必须有相应的工具。通过系统地建设，把团队武装起来，实现从个体到团队的战斗力跃升。

（3）标准是条令。随着团队的扩大，精细化运营需要标准流程来保障效果，以便顺利实现规模化。当团队只有两三位运营人员时，对标准没多少需求，但在有几十位或上百位运营人员时没有标准流程就什么也做不成。

当然，发挥战斗力终究还是靠人，精细化运营的实现需要良好的组织架构，这是基础。实现运营收入增长是精细化运营的目标，精细化运营的基础、要素与目的构成了整体的运营框架，如图 17-1 所示。

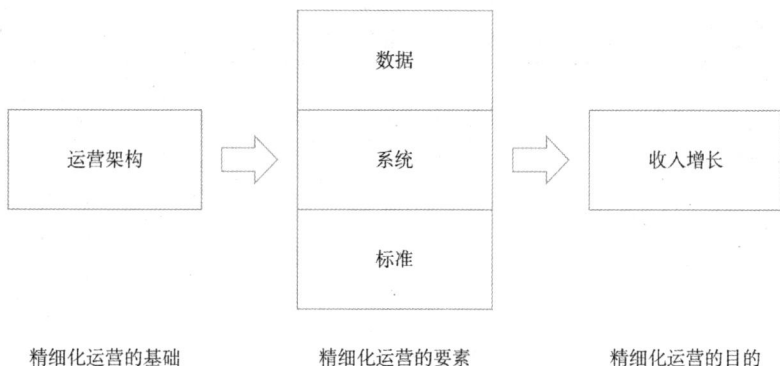

图 17-1　精细化运营的基础、要素与目的

第 18 章

SaaS 运营团队的核心职能

SaaS 公司都有哪些运营岗位呢？不如我们去知名互联网行业的招聘网站拉勾网上搜索一下"SaaS"，挑几家公司，看看它们的运营岗位。可以发现大致有这么一些名称或描述中带有"运营"二字的岗位名称：商家运营、客户成功、售后运营、售前运营、社群运营、类目/行业运营、产品运营、用户运营、电商运营、新媒体运营、服务体验运营、直播运营、增长运营、私域运营、数据运营、API产品运营、商品运营、平台运营、培训运营、销售运营等。

根据侧重方向大致将运营类岗位分为 7 类，如表 18-1 所示，虽然岗位名称有所不同，但整体比较接近。

表 18-1　运营类岗位

侧重方向	目标	岗位名称
市场	曝光、流量、注册、线索等	渠道运营、新媒体运营、私域运营
销售	更高效获取与转化商机	销售运营、售前运营
服务	提升用户体验、满意度	服务运营、客服、实施、培训运营
用户	用户增长、活跃、留存等	用户运营、用户增长、社群运营
产品	产品的体验、上市、推广等	产品运营、产品营销、平台运营
客户	客户使用、续约、增购	客户成功、商家运营、类目运营
数据	通过数据辅助业务方达成目标	数据运营

考虑到 SaaS 的特点及成熟期运营的重点，此处主要介绍客户成功经理、用户运营、产品运营与产品营销 4 个关键模块。

18.1　客户成功经理

　　SaaS 模式的成功在于续费，因此相对于传统软件企业就多出了客户成功类岗位。不同的公司的具体名称不同，比如客户成功经理、客户成功顾问、商家运营、客户运营等，不过客户成功类岗位的主要目标都是让企业客户用起来、留下来、持续付费、付更多的钱。在国内现阶段，因为市场整体还不成熟，各家企业对客户成功类岗位的职责要求有些差异，同时与国外 SaaS 公司的客户成功经理也有很大不同。

　　客户成功类岗位的主要职责是对客户活跃与续费负责，通常一位客户成功经理对应 200 万元（在美国通常对应 200 万美元）ARR，同时不宜对接过多客户。日常需要维护好客户关系，关注客户使用产品的情况，帮助实施一系列工作。在早期阶段，尤其是面向中小型企业的客户成功类岗位，容易被人看成"高级客服"。虽然两者都会处理客户的各种问题咨询，但客户成功经理主动地解决客户问题，帮助客户用好产品，实现业务目标；而客服人员则被动地处理问题，关注当下的客户满意而已。随着产品和客户的成熟，两类岗位工作内容的差异也会出现明显区别，同时客户成功经理服务的企业越大，对其能力要求便越高、越综合。

　　对客户成功经理能力的要求通常包括商务谈判、沟通协作、项目管理、学习、服务等方面，如果客户成功类岗位需要进一步细分，则负责续约的更强调商务能力，负责活跃的更强调项目管理与运营能力。考核客户成功经理，一般有 3 个指标：使用相关，如活跃率、健康度、留存率等；体验相关，如客户满意度、NPS等；收入相关，续费金额率、客户续约率、增购金额等。常见的两种绩效模式：一种是提成模式；另一种是奖金模式。如果考核客户成功经理的核心指标是收入，并采用提成模式，大家就会关注如何让客户续费和购买新产品，但很可能客户内部用得并不怎么成功，甚至在一些小客户或增值潜力小的客户上缺乏投入。当然，鉴于不同公司的情况不同，因此在考核客户成功经理时其岗位职责会有些变化。通常来说，核心的指标就一两个，公司要求什么，大家就会往那个方向去做，但是可能顾全不了所有。

一个常见问题是：续约指标谁来背？我认为这要看阶段。一般涉及 3 个角色：一是销售人员，销售人员既负责首年也负责续费；二是客户成功经理，客户成功经理既负责活跃又负责续约；三是续约经理，续约经理专门做续费和增购。通常在早期阶段客户少的时候，销售人员会兼顾部分售后及续费的工作，绩效上也会挂钩。随着客户数的增多，就会由专职的客户成功部门来负责。如果一个人既负责活跃又负责续约，考核方面就会比较麻烦，尤其是绩效跟续费绑定时，大家都会倾向于向客户推销产品来拿提成，这样反而会使活跃没做好。在美国 SaaS 行业中，客户成功经理在服务运营方面需要做的更少些，所以他们可以直接背续约指标。但在国内企业和职工整体信息化水平较低的情况下，很多产品还需要投入一定资源做运营，让企业用起来，用好，用深。因此，对于复杂一些的产品可以将两类职能分开，让一部分人做运营，负责活跃，让另一部分人负责续约、增购。考核上也是一个按绩效拿奖金，一个按指标拿提成。

18.2 用户运营

很多人以为 SaaS 不需要用户运营，或者认为 To B 产品不需要用户运营，但实际上并非如此。传统本地软件是无所谓用户运营的，因为厂商接触不到用户。但 SaaS 不一样，所有数据在云端，所有使用人员都得先有一个账号，才会有在线运营的基础。当然，SaaS 的用户运营相较其他互联网平台也有自己的特点。

做用户运营，我们要先对 SaaS 的用户做区分，一类是个人用户，另一类是从属于企业客户的用户。面对个人用户运营其实与普通 To C 产品的用户运营差异不大，也需要建立用户社群、做活动促活、建立会员体系提高留存。面对从属于企业客户的用户，就需要进一步区分，SaaS 厂商不能直接触达某些企业下的用户，而是需要客户成功经理找客户对接人推动并有针对性地做活动，让人用起来；有些企业能直接触达用户，可以通过直接触达做运营，但会受到限制，仍然需要多方配合来做运营。因此，针对企业客户的用户运营就需要分直接运营和间接运营，需要有中台属性的运营人员分析数据、制定策略，然后推动客户成功等团队去落地。这与某些 To C 产品分区域运营类似，由总部制定策略，各分部执行。

SaaS 用户运营岗位的定位是围绕用户做活跃和转化，从用户全生命周期入手，以用户为中心，在用户各个阶段提供支持，尽可能地让更多的用户更快达到成熟期并保持活跃。客户成功的不同之处在于用户运营面向的是终端使用者而非企业，关注的是用户生命周期、活跃度与 ARPU。产品运营的不同之处则是让用户使用产品优先于使用特定功能，更多的是满足用户需求而不是推销产品。

随着企业微信的功能不断开放，用户运营与微信互通的优势也越来越明显，越来越多的 SaaS 公司通过企业微信来做用户运营。企业微信+小程序+视频号+公众号，4 个模块连接在一起，既可以用来做线索培育，也可以做老用户留存维系，尤其是那些本身能通过小程序访问使用的产品做用户运营会更加顺畅。用户运营人员得跟着用户走，运营动作不局限在网站或 App 内，要借助新的平台去触达用户、影响用户，这样才能形成联动提升的效果。

图 18-1 所示为酷家乐通过企业微信做用户召回的推送示例，将用户添加到企业微信中，每个月进行一到两次推送，同时以小程序为载体承接流量。

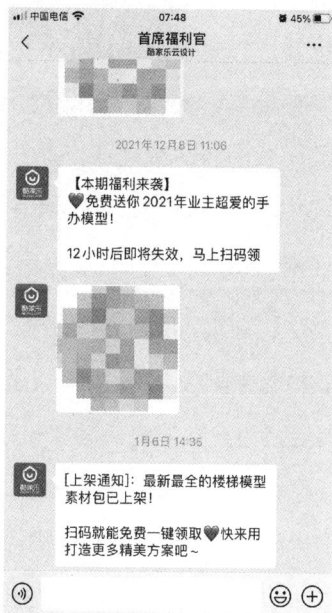

图 18-1　酷家乐通过企业微信做用户召回的推送示例

18.3　产品运营

国内互联网公司的运营岗位在早期就是产品运营岗位，跟产品经理相对应，什么事情都要做。在移动互联网发展起来后就分出了网站运营和 App 运营，后来就有了用户运营、社群运营、活动运营等各种岗位，产品运营岗位的工作范围也收拢到具体的产品上。产品运营人员通常与产品经理紧密配合，围绕整个产品的生命周期开展工作，从孵化上线一直跟进到退市下线，推动产品的用户与收入增长。因此，产品运营工作的重点分成 4 个阶段。

（1）上线验证。上线不等于上市，也就是说产品不一定都要拿出去售卖。新的产品或模块上线，要么是面向新用户，要么是面向老用户。如果是拓新，从 0 到 1，就得找渠道、找目标群体慢慢做匹配，验证需求后再逐步推广。如果是为了提高老用户的黏性，就需要更多前置的用户调研分析，基于用户反馈设计和产品迭代，产品上线时也要进行小范围验证，从少量种子用户和客户开始再到一定比例的用户，最后全部覆盖。表现好就投入资源进行推广，表现不好就慢慢打磨。有的公司让产品团队的产品经理或产品助理做这一部分工作，有的公司让市场营销团队做，其实都可以，根据产品特性和需求做调整即可，并非一定让专职的产品运营岗位来承担。

（2）用户活跃增长。产品上线了，我们总是希望有更多的人使用产品。如果产品就那么放着，等用户来发现并使用，自然也行，这样不费心，但增长的速度会很缓慢。如果希望产品的活跃用户数能更快地增长起来，就要有人专门去思考并推动。此时产品运营的工作就有对接渠道拉新用户、分析数据优化漏斗、做产品的教学培训等。当只有单一产品的时候，产品运营与用户运营的工作是非常相似的，当产品变多时，两者间的差异就明显起来。与用户运营不同的是，产品运营更关注当前产品，考虑的是如何让某个具体产品能有更多的用户去使用。换句话说，用户运营要想办法满足用户的需求，产品运营要想办法让目标用户使用产品。

（3）产品收入增长。SaaS 产品要么直接收费，要么间接收费，总归是能关联上收入的。产品运营也要考虑产品的营收部分，但是不一定作为主负责人，而是提供支持配合。有的公司将这部分工作单独拉出来，就有了产品营销岗位，如果团队较小，可能产品运营人员就会有活跃和收入的目标。

（4）产品下线。SaaS 产品完全下线可能比较少见，但大的升级改版却是常有的。作为生产力工具，SaaS 产品不仅有较高的学习成本，还会直接影响工作流程。如果产品升级后变化大，就需要付出很多培训与服务成本。产品下线对用户的影响更大，传统软件不卖了，客户可以继续用，但 SaaS 产品下线并停止服务后所有人都用不了。因此一旦涉及产品下线，就必须提供替代品或较好的安抚方案，不论是迁移还是安抚，都需要产品运营人员花精力去做。

总之，产品运营岗位也是 SaaS 公司里不可或缺的角色，只不过随着产品本身特性和阶段的变化，产品运营的工作内容侧重会有较大的变化，但目标不变，即推动产品数据增长。

18.4　产品营销

To B SaaS 产品开发出来后，就该将其推向市场，但这里涉及产品、研发、市场、销售、客户等角色，需要让多方的认知对齐是很难的事情。为了更好地让产品进入市场，于是有了产品营销这样的角色。产品营销岗位可能设在产品部门，也可能是在市场部门或运营部门，因其中间属性，这里将产品营销归为运营类岗位。其主要工作有以下三方面。

（1）讲好产品故事。虽然产品定位往往是经过负责人决定或集体决策的，但内部对产品的定位与期待是一回事，客户感知到的就是另外一回事了。因此，需要有人用客户能懂的语言将产品的定位与价值讲出来，演绎出一个容易让人理解的故事。这就要求产品营销人员既要懂产品又要懂客户，在日常工作中能经常做客户调研和产品研究，最好自身有相关从业经历，这样更容易找到共鸣点。

（2）上线发布与宣传。产品的上线有时是一个复杂的过程，需要考虑不同群体及可能出现的多种情况。To B SaaS 产品一般需要经历更久的内部测试、灰度上线、局部试用，在相对稳定时才能放开推广。宣传上有时候要低调，只邀请少量客户参与，有时候又要高调召开专门的发布会，并借助线上线下各种渠道做足够的曝光。面向潜在客户和老用户的策略要有所不同，如果借助销售与运营人员向客户推广产品，还得考虑激励政策与行政手段。如果内部人员都不买产品，那推向市场也会更加艰难。

（3）销售与市场支持。要让销售和市场等内部人员理解产品并向客户说清楚产品的价值，日常工作包括制作有针对性的宣传材料与手册，定期或不定期地进行宣讲与培训，并在需要的时候参与对外沟通的活动。越是复杂的产品，越需要有人将卖点提炼好，让人们容易懂。不过，现在各种新的线上渠道已经发展起来，最方便的渠道之一就是制作一些海报和短视频供人发朋友圈或客户群。

产品营销岗位与产品运营岗位的差异在哪里呢？产品营销岗位更偏向市场，居于产品、销售、市场的中间，要把产品推出去，让更多的人知道产品，吸引人来使用和采购产品。产品运营岗位则居于产品、用户、客户之间，侧重推动产品顺利上线、下线，以及产品活跃和收入的增长。

18.5 不同运营模块的关系

不同运营类职能的衔接可以从不同角度来看，首先是从产品到终端用户经历的职能，如图 18-2 所示，然后从产品生命周期看，基于产品生命周期的职能侧重如图 18-3 所示，最后从用户或客户生命周期看，基于用户生命周期的职能侧重如图 18-4 所示。

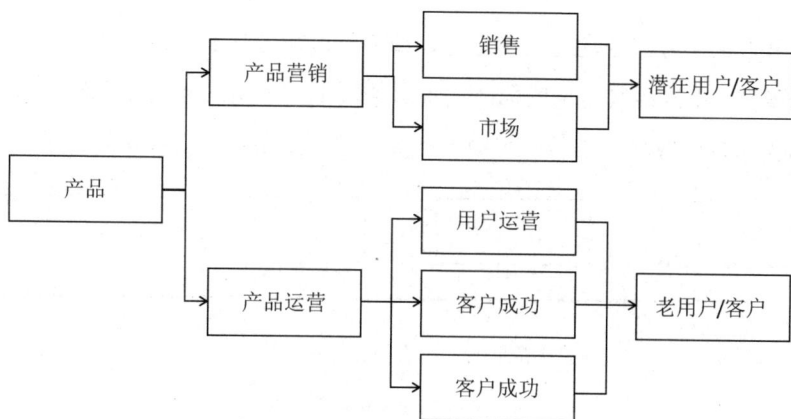

图 18-2　从产品到终端用户经历的职能

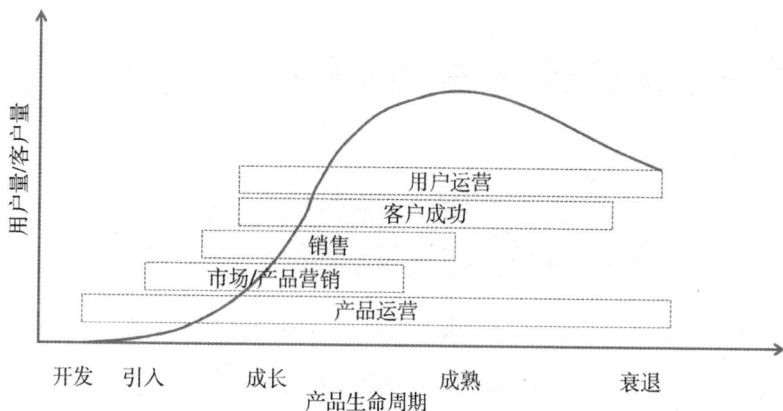

图 18-3　基于产品生命周期的职能侧重

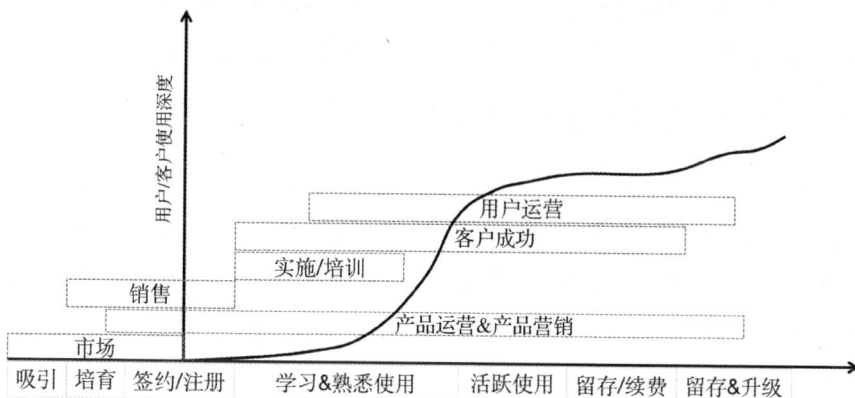

图 18-4　基于用户生命周期的职能侧重

另外，关于客户成功与用户运营、销售与市场的侧重关系，可以基于面向的市场来区分。不同级别市场的职能侧重点如图 18-5 所示，越是企业级的产品，越侧重销售和客户成功，越是用户级的产品，越侧重用户运营和市场。

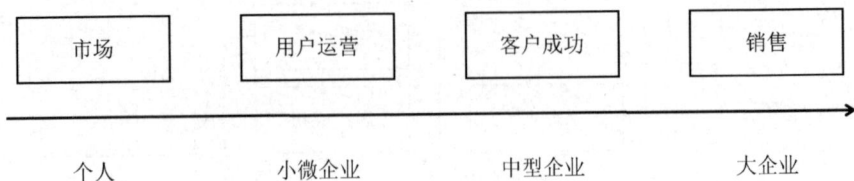

| 市场 | 用户运营 | 客户成功 | 销售 |

个人　　　　　　小微企业　　　　　　中型企业　　　　　　大企业

图 18-5　不同级别市场的职能侧重点

18.6　关于运营团队的常见问题

以下是关于如何搭建和管理运营团队的一些常见问题。

1. SaaS 公司里最早出现的运营类岗位是什么

一般来说，总是先有产品后有客户和用户，因而产品运营岗位或产品营销岗位通常会更早出现。但产品运营岗位在早期要做的事情与成熟期要做的事情有很大的不同，产品运营岗位在早期对人员的要求比较综合，因而实际上处于更综合或"杂"的状态，而在成熟期便有明显的侧重了。所以，团队早期的运营人员最好挑选能力更综合的人，或者学习能力、适应能力强的人。

2. 运营团队架构如何设计比较好

在公司成长的过程中，可以让运营团队自然成长起来，即根据需求一边搭建一边改进，而非直接模仿某些成功企业。团队架构跟着业务走，随着业务发展情况和管理团队能力变化进行调整，并没有完全通用的架构。运营团队可以是一个独立的部门，也可以分散在不同部门，既可以是业务部门，也可以是职能部门。

3. 招聘什么样的运营人员

因为 SaaS 公司的运营更讲究用户的长期留存与长期价值，所以 SaaS 公司在运营思路和侧重上有所不同。To C 消费类产品主要面向年轻人，更灵活，有创意，而 SaaS 类产品对经验要求更多一些。因此在招聘运营人员时，如果应聘人员有 SaaS 相关经验或对应垂直行业经验，就要优先选择。由于 SaaS 行业整体还处在发展早期，各类岗位人才的供应并不充足，所以要适当放宽对经验的限制，招聘学习能力强、思路灵活的人。

4. 运营能力模型怎么设计

不同细分方向的运营岗位对人员能力的要求重合度较大，各有侧重。比如要求人员具有数据分析、项目管理、执行推进、沟通协作等能力，但客户成功经理岗位对商务谈判能力的要求更高，产品运营岗位对数据分析能力的要求更高，产品营销岗位对垂直领域知识的要求更高。

5. 运营岗位职责与工作内容如何划分

运营人员要对业务结果负责，从业务角度看，达到目标最重要，因而职责与工作内容是其次，为了实现目标需要做什么，就去做什么。职责跟着业务走，能力跟着人走。并不是有什么人做什么事，而是做什么事用什么人。当业务发展变得成熟时，就要设计流程，划分工作职责，强化特定能力。

第 19 章

实现数据驱动业务的 4 个要素

我们早已进入大数据时代，人人都在谈数据，但真正将数据应用得好的公司不多见，而有数据驱动文化的团队更少。很多团队负责人只是将数据挂在嘴边，并没有将数据融入工作细节中，虽然一线运营人员在为数据奋斗，却缺少深度的洞察与应用。为什么数据就在我们身边，却难以用好呢？总结后发现实现数据驱动业务需要具备数据意识、数据分析方法、数据系统、数据文化 4 个关键要素。

（1）数据意识。这种意识有强有弱，实际体现就是数据敏感度与思考习惯。很多人缺乏训练，对数据存在错误认知，例如某些人有"女生不适合学数学"之类的偏见，这便使数据驱动在第一关就败下阵来。

（2）数据分析方法。它是容易掌握但难以精通的，需要持续的训练。如果没有人指点，又没有足够的积累，想灵活应用好各种分析方法自然就会有难度，虽然有使用数据的意识，但进展会很慢。

（3）数据系统。如果身经百战的士兵没有武器在手里，就难以发挥战斗力。相应地，如果运营人员想用好数据，就需要"弹药"和"枪炮"，也就是经过整理的数据和分析处理数据的软件。有些公司不采集数据，或采集数据后乱存储，不对数据进行整理，想做分析就很难。对于运营人员来说，能有一套自助分析的工具是非常有必要的，如果只依赖数据分析师去获取、分析数据，就相当于士兵在打仗时蒙着眼睛，还得让别人告诉自己该往哪里进攻。

（4）数据文化。如果团队里只有一个人看数据、讲数据，那么他可能是负责人。要想实现数据驱动业务，就得先让团队有数据文化，在日常工作中要学会用数据说话。纵然有了系统和方法，最终也可能会被文化打败，这是每位团队负责人都应该重视的。

对于 SaaS 企业负责人或各模块负责人来说，如果真想利用好数据，就得充分认识到数据文化是一个系统工程，是一把手工程，得让数据的应用从个人扩展到团队，让每个人都想用数据、会用数据、能用数据，最终打造出团队的数据驱动文化。数据驱动要素的关系如图 19-1 所示。

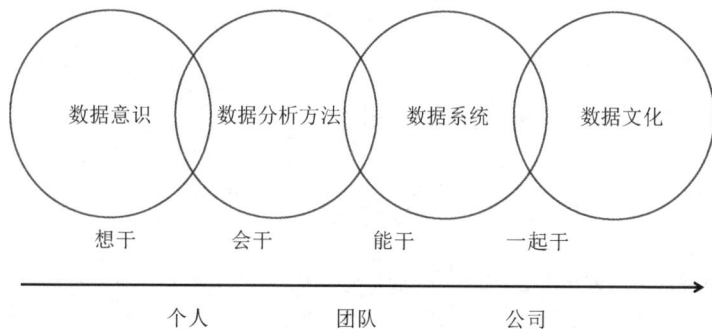

图 19-1　数据驱动要素的关系

19.1　数据意识

提起数据意识，大家很容易联想到中国的数学家华罗庚，实际上我们不需要做复杂的心算或解答难题，只需要养成良好的对数据敏感的习惯。我们可以先通过下面的几个小问题测试一下自己对数据的敏感度。

（1）问号处应填入什么数？

1、3、6、11、18、29、42、？

（2）2020 年某科技公司的 3593 名研发人员共计获得 15.7 亿元的薪资，据此可知该科技公司一线工程师的平均年薪为 43 万元。

（3）2021 年 10 月的数据显示，印度报告的新型冠状病毒肺炎的确诊人数比美国的少，说明印度感染新型冠状病毒肺炎的人数比例比美国的少。

（4）请使用"+""–""×""÷"连接 2、3、5、7，使其结果为 24。

数据敏感，一方面是从数据中发现不同寻常的地方，涉及规律、心算、形式逻辑等，另一方面是从数据中发现潜在价值，数据不仅能提供情报，也是生产力，还能作为生产资料和直接产品。越能快速地洞察到数据的不同或背后的价值，说明敏感度越高。这需要持续的训练来培养习惯，将数据洞察变成直觉。那么怎样培养数据意识呢？以下是一些个人推荐的经验技巧，仅供参考。

（1）每天早上看数据。我习惯每天工作开始前先看数据，有时候是在家中看数据，有时候是在公司看数据。在看数据前要建立一个自己的看板，每天观察核心指标的变化，了解环比、同比的趋势如何，如果有异常就进一步看相关数据，并记录疑问，在接下来的时间里解决问题。

（2）记录一些常见的数值，例如历史峰值、平均值、行业参考值、竞品参考值等。把少数指标记在脑子里，把不常用的就记录在笔记本或备忘录中。这样在日常观测或分析数据时，就能快速发现异常。

（3）在日报、周报、月报等文档中做简要的数据分析。不需要每个星期都写一篇数据分析报告，但要对核心指标的变化做简单分析，并写成文字。我在团队内的要求是有数据就要有分析，有分析就得有结论，有结论就该有行动。参考格式是：上周某指标是 X，相对下降 Y%，主要原因是 A 和 B，接下来需要做 C。

（4）针对重要的产品上线、活动、推广动作、内容宣发等事件，都要写复盘总结。不管是详细的总结还是简单的总结，都要包括数据部分。主要总结这几个方面：有预期的重点数据目标的实际达成情况如何，它与预期情况不同的原因是什么，有哪些预期外的数据指标提升，怎样可以让数据表现得更好。

（5）练习心算，掌握一些估算的小技巧。比如看到车牌号，就用其中的数字玩 24 点游戏。平时看数据时不用计算器而是心算，或者先估算结果再用计算器验证结果。

上面这些方法既有利于个人练习，也可以用来增强团队的数据意识。当然，团队负责人要自己先做到每天看数据、分析数据、追踪数据，这样才能影响其他人对数据的敏感度。

19.2　数据分析方法

数据分析方法有很多，但常用的并不多。从团队角度来看，不可能要求每个人掌握很多方法，精通各种分析思路并借助一些基础的分析框架来提高自己的数据分析能力却是可行的。下面分享比较实用的一个分析闭环、两个核心技巧、3 个基本概念。

1．数据分析闭环

做数据分析一定要形成闭环。只有数据，没有高价值的问题，则没有意义；只做分析，而没有落实行动，也没有意义。下面是我比较提倡的数据分析闭环，总共分成 5 个方面，分别是问题、假设、分析、结论、行动，如图 19-2 所示。数据分析闭环层层递进，而行动又会带来新的问题，环环相扣，不断循环。这与大学实验室里的实验流程很相似，都是不断提出假设，然后进行实验，获取数据做分析，再根据结论继续行动。

图 19-2　数据分析闭环

让我们先来看问题与假设。数据问题一般有两类：一类是看到了数据，然后产生疑问，比如"为什么是这个数据""为什么涨""为什么降""究竟发生了什么"等；另一类是做了某些事，就要看数据如何，比如"新功能表现好吗""运营活动与以往比怎么样""效果怎么样"。对于 SaaS 来说，后面这一类问题比较常见，因为产品会增加大量新功能、新模块，每个模块都要看效果，而且效果还包括使用情况和付费情况。这两类问题基本上能概括大部分的数据问题，那这两类问题为什么算是问题呢？关键就在于变化。人的大脑对变化敏感，数据的变化与预期的情况不相符，便成了问题。当然，对于同样的数据，甲看了可能认为有问题，而乙看了不认为有问题，这便是数据敏感度和背景知识的差异了。

举个具体的例子，图 19-3 所示为 2021 年 10 月份前两周"美团""大众点评""墨刀" 3 个词的百度指数。看到这些曲线变化，你头脑中可能会有疑问：为什么彼此趋势变化不一？为什么涨？为什么降？

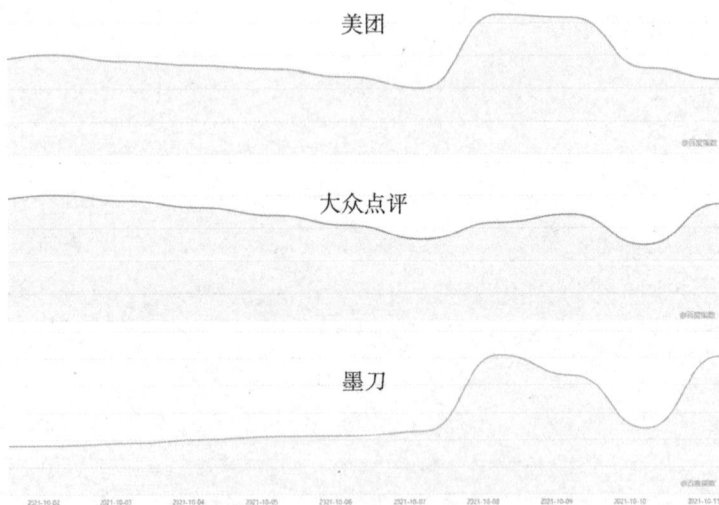

图 19-3 "美团""大众点评""墨刀" 3 个词的百度指数

既然有了疑问，我们的大脑就会迫不及待地寻找答案，在找到答案之前，我们会思考很多种可能性，这就是假设。假设是对于原因或结果的一种猜测，其正确与否是未知的，进一步的数据分析会证明数据错误或正确。不过，很重要的一点是，我们的假设应该"可证伪"，可证伪的才是科学的。比如我们提出假设——某个数据上涨可能是因为上天保佑，这就不可证伪了。

对于数据问题，我们一般可以罗列出可能的原因和结果，然后再去找数据做分析验证。为了能更快捷地提出假设，以下整理出数据变化的常见原因，如图 19-4 所示。

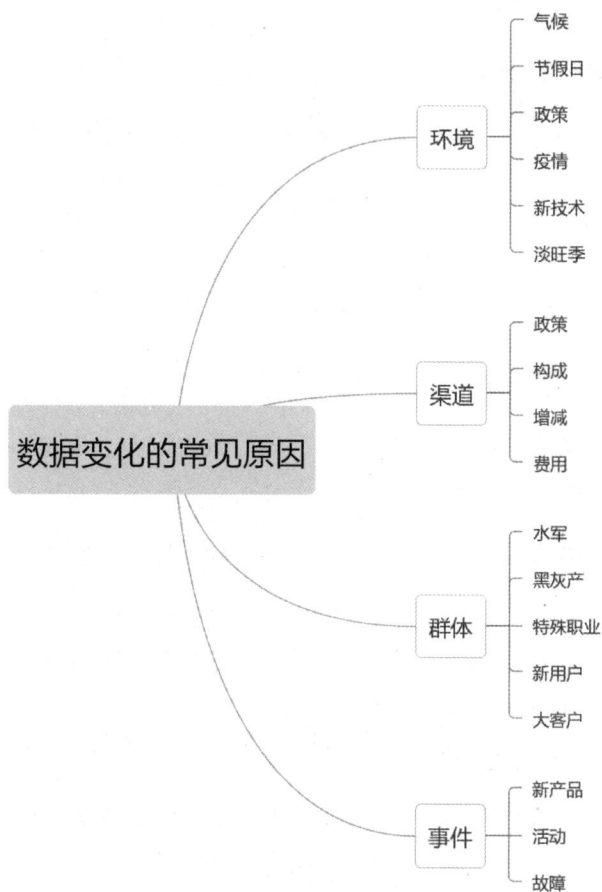

图 19-4　数据变化的常见原因

根据图 19-3 我们可以提出假设——数据下凹可能是下述原因中的一个或多个。

（1）技术故障导致流失多。

（2）渠道故障导致新增少。

（3）用户需求减少。

数据分析有很多种技巧和方法。市面上有很多讲数据分析工具与技巧的课程或文章，甚至还有讲 Python 等技术细节的，但对于分析实际业务的数据，关键还是掌握两个核心技巧、3 个基本概念。

2. 数据分析核心技巧

⊙ **核心技巧一：对比**

行业里经常这样说"无对比，不分析"。我们先来看几个简单的描述，感受一下差异。

（1）甲产品上周周活跃人数为 10 万。

（2）甲产品近三周周活跃人数分别为 8 万、9 万、10 万。

（3）甲产品近五周周活跃人数分别为 12 万、10 万、8 万、9 万、10 万。

（4）甲产品上周周活跃人数为 10 万，同公司旗下的乙产品上周周活跃人数为 100 万。

显然，上面的描述中都包含了"甲产品上周周活跃人数为 10 万"这个信息，但给人的感受很不一样。第一个数值为 10 万，我们不知道这是高还是低；看第二个描述就会觉得周活跃人数为 10 万还不错，在连续上涨；看到第三个就不会觉得周活跃人数在上涨了，因为没有之前的高，不过是回升而已；当看到第四个描述时，就会感觉 10 万并不多。

没有对比，就没有伤害；有了对比，才知道好坏。对比的是什么呢？就是各种指标，看各种指标的数值大小。那么具体怎么做对比呢？

（1）自我对比，即自己跟自己对比，比如常见的同比、环比。需要注意的是，时间要尽可能地拉长，不要只看最近几天或最近两周的情况，看近 3 周和近 5 周的情况才会得出不同的信息。

（2）同类对比，跟类似产品或竞品做对比。因为 To B 类产品和 To C 类产品的差异较大，同样日常办公类的产品和生产管理类的产品也不一样，所以在对比时得找更相近的产品，最能参考的就是直接竞品。

（3）跟基准值比，一般各行业都会有些参考值，比如平均留存率、平均 NPS

等。不过，国内 SaaS 行业的各类参考值还很少，虽然美国 SaaS 行业公开的数据多，但未必是比较好的标尺，它们可作为一般性参考。

图 19-5 所示为"美团"与"墨刀"扩大时间范围后呈现的指数趋势对比，从中会发现"墨刀"的百度指数起伏非常有规律，基本可以判断其 10 月初的下降是受节假日影响。反观"美团"的百度指数则是因为受特殊事件影响而突然上升，然后回落至正常水平。

在数据图表可视化时，利用不同的对比技巧会让人有不同的感受，尤其是对外营销使用各类数据时，比如调整坐标轴，故意只选取特定时间段进行比较等，这样就会让数值的上升幅度比实际情况大，或者让数值的下降幅度比实际情况小。不过，在企业内部应用数据驱动业务时，反而需要在可视化上保持克制，要采取更能体现实际情况的对比方法，多与历史峰值比较，多设立更高的参考值，多寻找同类中的优秀产品。

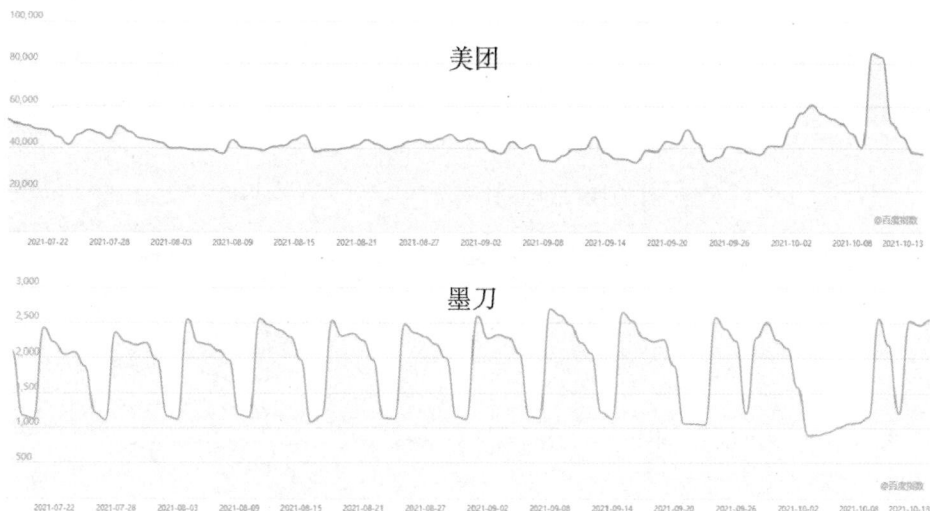

图 19-5　"美团"与"墨刀"的百度指数趋势对比

⊗ 核心技巧二：下钻

前面已经讲过维度，下钻做的事情就是根据维度把数据切分开，再结合对比情况做分析。维度越多，下钻切分的数据就越细，也就越容易分析出变化的情况与原因。例如，用户周活跃人数下降了，我们就可以按新老用户分开来看，也可以按地区分开来看，或者按移动端和 PC 端来看，还可按时间看每天的变化。一般下钻的顺序就是从常用到不常用，从大颗粒度到小颗粒度。

要想在做下钻分析时能更高效，主要看两点：一是熟悉各种常见的影响数据的因子，根据假设来选择维度；二是建立常用维度列表，就像检查清单一般快速地做分析。图 19-6 所示为数据分析的常用维度。

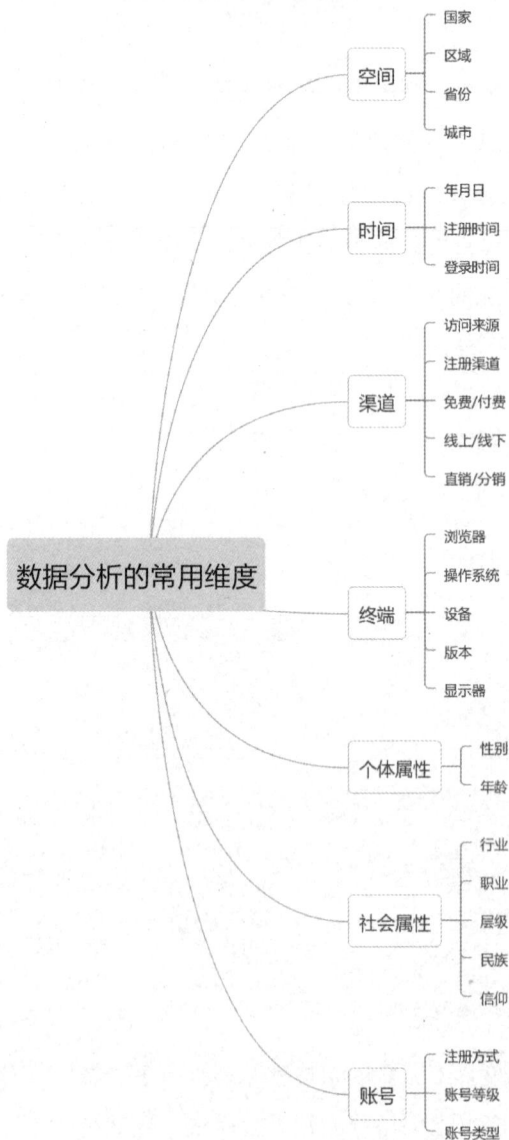

图 19-6　数据分析的常用维度

对于百度指数这样的数据，怎么下钻呢？很简单，分移动端和 PC 端，还可以分地区。这样就可以得出如图 19-7 所示的使用终端和地区维度下钻的数据差异：从整体指数来看，美团的百度指数明显大于大众点评的百度指数，约有两倍的差距；而在 PC 端，两者的百度指数差异不大，甚至大众点评的百度指数在工作日还略高一些；在上海地区的 PC 端指数上，大众点评明显更高，反而是美团的两倍。

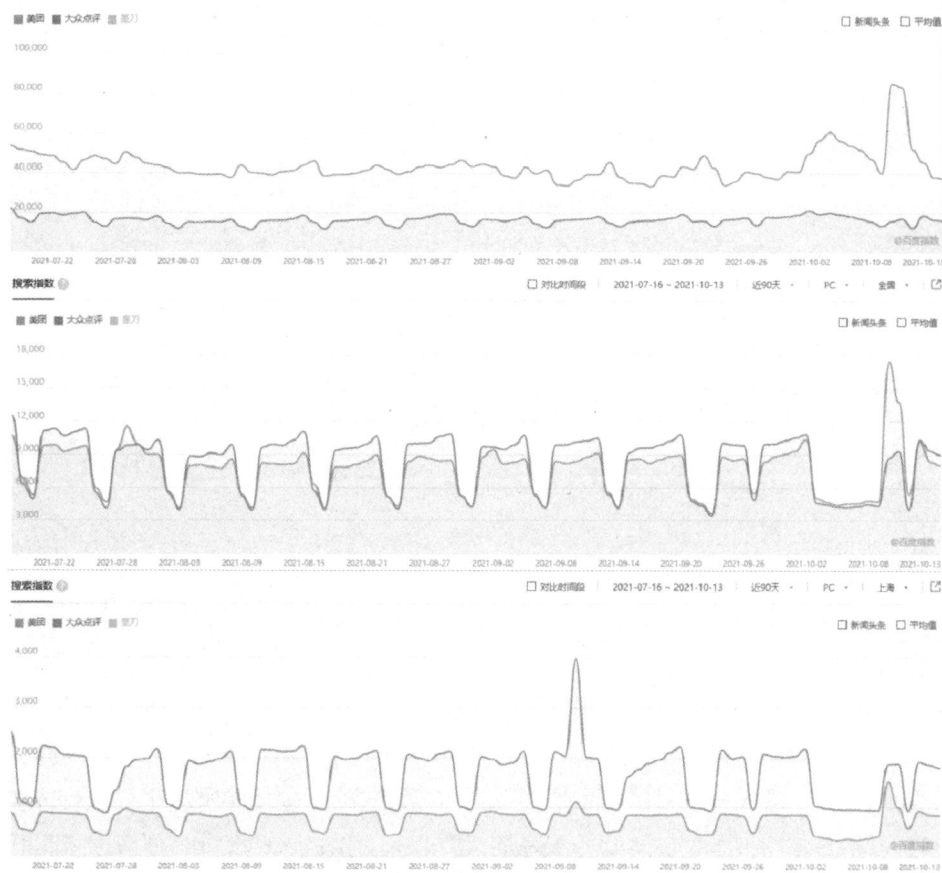

图 19-7　使用终端和地区维度下钻的数据差异

当然，数据分析还有很多技巧，这里不多阐述，一般掌握了核心技巧就能支撑主要的运营工作了。此外，还需要留意一下大数据与小数据的利用。比如，做 To B SaaS 产品，客户数与用户数可能都不大，在做分析时未必能看到明显变化，即使是 To C SaaS 产品，其早期用户数可能也比较小。这时候怎么办呢？一方面是引入外部数据做参考，另一方面则是观察用户的细节行为。你得拿起"放大镜"去观察每位用户的行为，看他们什么时候从哪里开始访问，用了哪些功能，停留了多久，反复折腾了多少次，最终什么时候离开，多久之后又回来了。通过对用户行为的细查，就会发现很多问题。即使 1 天只有 10 个用户，他们也可能访问了 100 个页面，产生了 1000 个事件，这样原本不足以分析的数量也有文章可做了。当然，还有一种情况是用户数据实在太少，或者缺少分析数据的工具，那就去找用户聊天，直接询问、访谈、收集反馈。数据并不只是看板上的数字，还代表着一个个真实的人。

3. 数据分析的 3 个基本概念

当我们描述一个产品的用户数时，可能有 3 种说法：第一种是注册用户数 1000 万；第二种是日活跃人数 10 万；第三种是市场占有率 80%。这里有 3 个指标，3 个大小不一的数据，哪个更能打动你呢？

在数据分析领域有很多概念，但常用的基本概念其实是指标、数值、维度这 3 个，真正理解透它们，就有了应用各种方法的基础。

（1）指标。指标是指预期中打算达到的指数、规格、标准。比如 WAU（Weekly Active Users，周活跃用户）、ARPU、留存率等。指标一词还衍生出了过程指标、结果指标、北极星指标等概念，业务运营过程中需制定好指标，而在处理数据时则要定义清楚指标。指标有好有坏，好的数据指标不仅是简单易懂的、便于对比分析的，还是能指导行动的。

（2）数值。这比较好理解，比如 100 万、42%、2.33 等都是数值。但当我们使用数值时，是使用绝对值还是使用相对值，是使用分数还是使用小数，是使用精确值还是使用概数，其实是有差异的，有时候会出现一些假象，使数据变化看起来明显或不明显。一般来说，内部业务数据分析应该多用百分比，少用概数。

（3）维度。维度是用来描述事物的参数或者特征。比如职业、所在城市、身高等。维度的来源可以多种多样，比如用户的自然属性、职业属性，还有使用产品的行为特性，甚至指标也能作为维度使用。在数据分析时，掌握越多的维度，就越能接近事实情况。

19.3　数据系统

前面讲过数据就是业务运营人员的"弹药""枪炮"，因此我们必须建立一个完整的大数据系统。大数据架构的主要模块如图 19-8 所示，从源头采集数据到业务应用大概可以分出采集、清洗、存储、加工、分析、应用等多个模块。对于非大数据开发人员，可以不关注中间的情况，但一定要了解数据如何采集、提取并应用。

图 19-8　大数据架构的主要模块

先讲一下数据如何采集。不论是做什么产品，都应该在合法的情况下采集尽可能全面的数据，这个全面包括前端也包括后端，包括线上也包括线下，包括内部也包括外部。而且，在采集核心数据时最好使用至少两种采集工具或方式，以确保其准确性。至于在具体工具的选择上，就看各自的条件了，使用开源程序或者采购系统都可以。在开发新产品时，考虑好需要采集什么数据，借助全埋点或手动埋点技术将数据记录下来。这一动作应该成为产品研发流程中的固定环节，产品经理、工程师、测试人员都需要参与其中，以确保代码里有正确的埋点，能采集到准确的数据。在成本可控时，即使短期内不使用的重点数据，也应该先采集下来。

再讲应用层，常见的应用层有以下 3 类。

（1）数据分析，比如报表看板、自助查询下载等。

（2）数据标签也叫画像，基于此就可以做流失预警系统、自动化推送等。

（3）智能算法，基于此就有了智能推荐等。

运营人员要不要自己做数据分析呢？其实这个问题就跟前线战士要不要自己瞄准敌人一样。除非系统已经智能到完全能自动化产生各种策略并执行，只要还依赖于人，我们就得能看数据并做数据分析。至于以怎样的方式提供数据供人分析，这就看公司的实际情况了。目前，市面上有很多用户行为分析工具，比如神策数据、GrowingIO、Mixpanel 等，也有帆软、Tableau 等 BI（Business Intelligence，商业智能）工具，这些都可以用来做数据分析。如果不采用这类工具，就直接提取源数据，然后使用 Excel 或 WPS 也能做数据分析。

要想实现精细化运营，就必须有完善的用户画像，而用户画像的体现就是各种各样的数据标签。不论是在数据分析中用作维度来下钻或筛选用户做人群分析，还是应用到流失预警、会员促销或自动化消息推送等场景，数据标签都能发挥很大的价值。而把数据标签应用起来，首先得有一套标签系统，然后将标签系统应用到各种运营系统中。比如神策数据、诸葛 IO 等推出的智能运营产品，也是这样的逻辑，先有了数据标签，然后再应用于业务。在搭建标签系统时要注意分类，区分出静态标签与动态标签、基础标签与高级标签。

在智能算法方面，比较有代表性的就是字节跳动，其推荐引擎服务了一众热门产品。不过随着 AI 技术的发展，现在流行 SaaS+AI 的说法，以前的系统可以提供更多工具价值，而基于大数据的人工智能可以提供更多运营价值。比如酷家乐，我们基于 AI 技术为用户提供了智能布局、智能饰品、智能设计等能力，极大地提高了用户的工作效率。"智能"的前提就是数据。需要大量的用户行为数据和 UGC 是 PLG 类产品的一大特点，它不仅能培育客户线索，还能帮助产品积累数据、提升体验。

我小时候住在农村，那时候电费比较贵，家里都用着度数较低的电灯，有的房间甚至没有电灯，晚上只能摸黑找东西，因此没少磕碰过东西。对于线上的业务运营来说，数据是光一般的存在。没有持续采集数据，就好比没有电；没有好的数据工具，就好比没有电灯。有电又有灯，便有光，业务人员就能看清楚方向。可惜很多人仍然因为电费贵而选择摸黑前行，那么磕碰就免不了，速度也快不起来。

19.4　数据文化

协作沟通中如果甲拿数据说话，乙凭直觉讨论，双方就很难达成共识。个人如此，团队部门也如此，我们需要更大范围的数据文化。具体来讲，数据文化是什么样的呢？那就是以数据作为论证依据，在日常业务工作中要看数据、讲数据、用数据，讨论需求做不做要看数据，评估优先级如何要看数据，展示业务结果要用数据。这就是所谓的数据民主主义。知名程序员 Linus 曾说过一句话："Talk is cheap，Show me the code."这就是程序员圈里的沟通基础，多说无益，写代码。所以面对关注业务增长的人用什么沟通最直接呢？当然是数据。虽然不总是有数据或详细的数据，但多数场景都是有数据可依的，没有内部的但有外部的，没有当下的但有历史的，没有大数据但有小数据。

让数据文化成为团队文化的一部分，不仅需要时间，还需要一些实际的动作来推动。下面分享一些具体的方法。

1. 团队小组层面

（1）日报与周报。需要附上核心指标的变化情况，并对其变化加以分析说明。每篇日报或周报都应该有简单的数据分析，遵循数据、分析、行动三部分。

（2）会议。日常开会需要讲数据，比如周例会、早会等。数据一般需要提前准备，先讲数据，基于数据评估结果，基于数据讨论行动。

（3）复盘。在项目结束的复盘活动或定期的复盘活动中要有深入的数据分析，这样可以更全面地衡量工作成果、工作中的亮点及不足。如果有复盘会议，大家也能基于同样的数据做沟通。

2. 公司部门层面

（1）岗位模型。在主要岗位上要增加数据相关能力的要求，并在招聘面试、晋升述职等场合中加以体现。

（2）OKR 与 KPI。要采用明确而具体的指标与数值，而不是模棱两可的描述。同时对主管经理增加数据建设方面的考核。

（3）奖项。要设立公司级别的与数据相关的奖励机制，比如设置数据驱动业务、数据洞察、数据建设等奖项，鼓励做得好的员工，也引导所有员工关注数据。

（4）培训学习。要设置数据工具使用的培训课程，或者组织关于数据分析方法的教学及数据应用的案例分享等。

总之，一种好的文化形成非一日之功，需要花力气打造，同时还得花精力维持。在精细化运营时代，对数据的应用能力也将成为企业的竞争力，每个团队的负责人和运营人员都应该重视起来。

数据不是万能的，总有没数据可用之时，这时候就得依赖于对用户的洞察和对商业的理解。专家常常依赖直觉和情境做判断，数据对其而言可能只是表象，专家的经验往往建立在大量历史数据之上，未必总是对的，但却常常效率高且正确率也高。有时候做什么事情，靠的是价值观而非严谨的论证。突变和涌现渐渐成为常态，有限的数据基础很难计算出未来的发展，这时候信念十分重要。

第 20 章

提高人效必备，运营系统化

公司的成熟离不开人效，如果按年收入或员工数来简单估算整体人效，与美国优秀 SaaS 公司比起来，国内同类 SaaS 公司低了不少。业务运营类人员在公司中占比通常不低，也是提升人效的重点。而要提升运营人效，一个重点策略便是运营系统化，让更多人工活动转为系统辅助或自动化实现。

美国的 SaaS 产品非常多，应用也很普遍，根据一项数据显示，中型公司平均使用了超过 100 个 SaaS 产品。尤其是本身做 SaaS 的公司，使用得更多。受"新冠肺炎疫情"影响，国内众多企业也开始使用 SaaS 产品，不过范围小、数量少。很多企业管理人员还是倾向于用人，这与人力成本还不够高、工具还不够强都有关系。随着大环境的变化，肯定会有越来越多的企业看到 SaaS 产品的价值，人少的时候能提高个人生产力，人多的时候能促进团队协同。本章就讲讲 SaaS 公司应该如何对待和使用 SaaS 产品，实现自身的业务运营的数字化、系统化、自动化。

20.1 运营系统架构大图

内部运营系统整体可以按职能划分，其框架如图 20-1 所示。

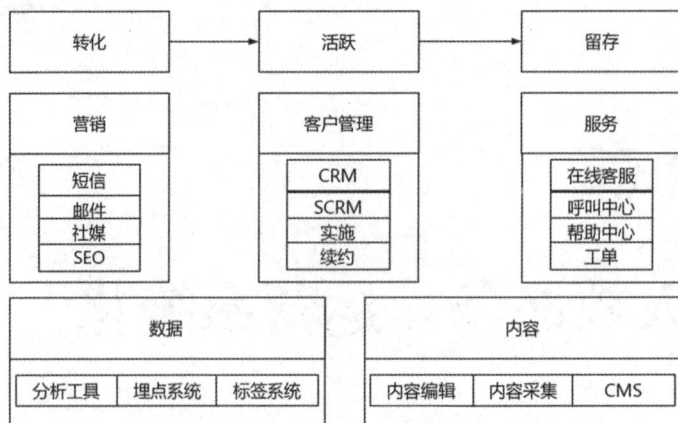

图 20-1　运营系统框架示例

　　运营系统在架构上有两条线：一条线是沿着用户转化漏斗，覆盖从新增、激活、转化到留存等环节；另一条线是基于运营职能，包括营销、客户管理、售后服务、内容运营等模块。在做整体设计的时候，需要考虑系统能否兼顾到各个阶段，以及各个模块如何衔接联动。美国 SaaS 生态非常好，各家产品能很方便地对接，几乎能根据需求使用每个领域里最好或最适合的产品，而不担心彼此数据对不上，国内 SaaS 生态则相对封闭，因此在选购外部系统时需要额外注意能否与其他系统集成，必要时就自己开发。

20.2　系统建设阶段与路线

　　运营系统的建设不宜过早，规划上比业务进展提前一些，实际落地时跟着业务需求走。回顾我们自己建设运营系统的过程，大概经历了 5 个阶段，如图 20-2 所示。

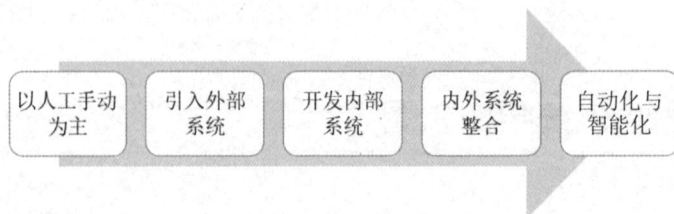

图 20-2　系统建设阶段

在建设运营系统时，有两个基本原则：一是在沉淀了足够多的需求和经验后再引入系统，不过度提前建设；二是优先使用外部系统或已有系统，不重复建设。如果业务多且复杂，可以设立一个类似技术中台的运营中台。由中台负责开发系统、统筹协调，支持各前台业务。以下是系统建设各阶段的主要特点与策略。

1. 以人工手动为主

在团队早期没有很多员工的时候，可能网站没有多少流量，签约的客户也很少。这时候用于内部管理、提升效率的系统可以先搁置，不用引入复杂的 CRM 系统，也不需要开发整套数据分析系统，通过几张表格就能解决问题。对于一些适合个人提升生产力、增收的工具，可以引入使用。在探索业务的同时，也应该探索一下使用什么样的工具来辅助，或者说应该先分析战场，再考虑使用什么武器。

2. 引入外部系统

随着业务探索逐渐清晰，发展开始加速，团队规模也逐渐扩大。这时候团队普遍面临资源紧张的情况，没有合适的工具，生产力会随着团队规模的扩大而下降。此时就比较适合引入外部 SaaS 系统来满足业务快速发展的需求，比如数据系统、CRM 系统等。

3. 开发内部系统

业务发展不断壮大，团队也变得愈发复杂，总会遇到现成的标准 SaaS 难以满足个性需求的情况。通常这时候公司内部也有了专门做内部系统的团队，因此部分运营系统可以自己开发，或基于开源系统做二次开发，这样既能满足比较独特的业务需求，也能在数据安全性上有所保障。

4. 内外系统整合

随着系统越来越多，会出现数据分散的问题。内部研发系统的数据与外部采购系统的数据可能没有打通，不同部门间的数据也可能没有共享，这样不仅使系统的日常使用变得烦琐，还造成了资源的巨大浪费。在这一阶段，我们要考虑如何整合系统、整合数据。通常内部运营系统的结构反映组织架构，而要想业务和数据能在系统间顺畅流动，组织架构层面的支持也必不可少。

5. 自动化与智能化

目前，有一些领域应用 RPA（Robotic process automation，机器人流程自动化）比较多，可以将一些简单枯燥的人力工作交由程序自动运行，只需要把最初配置调整好就可以，系统会自动采集和核对数据、发信息、打电话等。理论上大部分系统都能应用"自动化"的思想，比如基于用户生命周期和关键行为测试出有效的运营动作（如发消息提醒、送奖励等），沉淀出 SOP，再将这类 SOP 变成自动执行的程序。

另外，一个系统进化的方向是智能化，依托 SaaS 能沉淀数据这一优势，系统本身可以不断地从数据中学习，提升效果。比如客服聊天机器人、智能写作、智能设计等场景。

20.3 采购与自研的相关建议

虽然理论上应该优先在外部采购 SaaS 或复用原系统，但实际上出于数据安全和业务特殊性，必须要自己开发系统。因此，我们需要考虑的是如何做好采购和内部系统的开发，避免花钱买了没人用，自己开发出来了但不满足需求。

⊗ 采购的建议

（1）由终端使用者参与选型，一线经理和业务人员决定采购什么产品，而不是由行政部门或 IT 部门直接决策。

（2）货比三家不是单纯地看销售人员的介绍和竞价，而是要实际试用并体验产品，对比出哪家的产品更合适，而非只挑便宜的产品。

（3）运营类系统通常会随着业务增长而有更大的需求，往往价格也会变得更高，所以在采购时要估算长期费用。

（4）负责采购选型系统的人员，同时需要负责推动系统应用，这样在决策时会考虑得更全面，避免买了没人用。

⊚ 自研的建议

（1）由负责业务运营的人做项目负责人或深度参与产品开发，而不是变成甲方、乙方。

（2）开发团队要将系统当作一个商业产品来做，虽然不卖钱，但要对产品的使用情况负责。

（3）一般来说，用于内部使用的业务系统的界面设计等应尽量简单，但功能必须强大，应多参照优秀产品。

（4）开发团队要考虑未来几年公司发展的需求，避免反复重构，比如预置支持多渠道、分地区、多语言等。

（5）开发的内部系统也需要有人持续维护和迭代，而不是项目做完了就不管了。

20.4　乙方变甲方，如何用好系统

软件行业中有句话"不上线 ERP 系统等死，上线 ERP 系统找死"，为什么会有"找死"这种说法呢？因为 ERP 系统不仅贵还可能用不起来，结果花大价钱折腾半天却什么也没得到。随着 SaaS 和各类开源程序的兴起，一套系统的成本比以往低很多，但仍然容易出现用不起来或用得不好的情况。所以，在建设运营系统时一定要想办法让人用起来，在产品能满足需求的前提下，可以借助系统责任制、培训考试、同侪激励来推动落地。

1．系统责任制

每个系统都需要有一个具体的主要责任人，谁开发的、谁采购的，谁就要负责推动系统的应用。单独的项目要纳入其工作绩效考核中，没用起来，就要承担责任。

2．培训考试

从外部或内部找有经验的人进行培训，可以定期组织培训，也可以直接将培

训考试放在入职培训中。入职培训要指定必须参与的人员，而不是任人选择。凡是培训都应有考试，要设立标准，考试不及格的人继续学习、考试。同时，可以把培训的考试跟绩效考核做一定程度的挂钩。

3. 同侪激励

除了规则上的约束，还可以利用同侪激励。常见的方式有以下 3 种。

（1）使用排名。例如搭建一个数据看板，展示内部系统的使用情况，彼此知道谁用得勤、哪个部门用得多。还可以在公司群里公开展示做得好的和不好的，以激励大家。

（2）奖项评比。组织比赛或评比，设立奖项，突出表彰做得好的员工或部门，例如设立数据驱动奖、自动化营销奖、客户运营奖等。

（3）案例分享。把内部系统应用的案例总结起来，写成文档，并群发给相关人员，或者组织做得比较好的员工做分享，传播经验。

20.5 工具箱：常见的运营系统

因为运营工作具有综合性，所以工具箱较为丰富。这里主要分成几个类别来介绍一些常见的产品，其中多数是 SaaS 系统。

（1）流量相关系统，用于挖掘需求、热点，获取潜在客户。

- SEO 类工具，SEO 是个大工程，比较常见的是关键词挖掘、友链管理、外链管理、伪原创等。例如，Ahref、爱站等。

- ASO 类工具，对 App 的产品营销人员非常有必要。To B 类产品对此关注得相对较少，但也属于运营系统的一部分。例如，七麦数据等。

- SEM 工具，主要用于对竞品广告的监测与分析、关键词管理、数据跟踪。例如，SEMrush、5118.com 等。

- 信息采集工具，用于合法获取公开的商业信息，不过一般可以直接使用天眼查、企查查等平台提供的 API。

- 裂变营销工具，主要是基于微信和企业微信生态做的小程序、公众号社群裂变，不论是对 To B 还是对 To C 都有用，这类产品比较多。

- EMA 活动管理工具，涉及线上线下活动报名、会议签到等场景。例如，百格活动。

- 问卷工具，可用于收集客户信息、做调研等场景。例如，问卷星、麦客 CRM 等。

- 社媒管理工具，用于管理社交媒体信息、发内容、与粉丝互动等。例如，新媒体管家等。

（2）数据监测类系统，包括行业大数据平台和各类产品数据统计平台等。

- 热点监控工具，可用于关注各平台的热点和舆情，可以通过各平台热榜了解大众热点，也可以通过一些聚合类平台获取信息。例如，通过 Google Alert 可以很方便地了解博客新闻，通过清博舆情系统能了解国内社交平台上的热点。

- 指数类工具，可以用于查看搜索词的热度，常用的有 Google Trends、百度指数、微信指数、360 指数等。

- 公众号数据平台，用于查看各个公众号的热度排名、文章阅读数、粉丝预估数等信息，常用的工具有新榜。

- 小程序数据平台，用于查看微信小程序的流量与活跃情况，常用的工具如阿拉丁。

- App 数据平台，用于查看 App 在应用市场中的排名、下载量、日活等数据，一般也提供 ASO 工具，例如蝉大师。

- 网站流量数据平台，可用于查看网站的流量数据、流量来源、站内流量分布等，对于判断合作渠道很有帮助，同时也可用作竞品监测，例如 SimilarWeb。

（3）内容管理系统（Content Management System，CMS），包括内容生产、管理、分发系统等。

- 图片素材工具，用于平面设计（如海报、Banner 等），目前可用的工具比较多，例如可画 Canva、稿定设计等。

- 视频制作工具，用于视频录制、制作和管理，例如剪映、来画等工具。

- 图文排版工具，微信公众号官方编辑器能实现的效果有限，因此会用到第三方排版工具，例如 135 编辑器、秀米等。

- 内容分发系统，可采用多平台分发、多账号分发、多站点分发等不同方式，常见的工具有壹伴、新媒体管家、OBS 等。

- 写作工具，借助海量素材和智能算法的工具可以提升运营人员写文章的速度，例如 Get 智能写作、写作猫等。

- 页面搭建工具，可搭建用于广告推广或营销活动的落地页。其中，H5 页面主要用于移动端传播，例如活动页面、报名页、移动落地页、邀请函，常见的工具有易企秀、兔展等。搭建 PC 网页常用的工具有上线了、Instapage 等。

- 广告资源管理平台，PC 网站上一般都有消息中心和广告位，它们是运营人员在站内触达用户的主要渠道。相应的营销内容也需要管理，一般在内部搭建即可，若能实现定向投放则效果更好，外部系统有百度 SSP。

（4）自动化推送系统。它的基本逻辑是先给用户打标签，设计用户旅程，建立相关的数据模型，再通过规则自动给用户发送营销内容。例如，在用户注册/填写表单后一天，根据用户状态推送不同的消息，给没有体验产品的用户发送 A，给体验了产品但不深入体验的用户发送 B，给深入体验产品的用户发送 C。

- 短信推送工具，因为国内要求实名制，几乎所有账号都绑定了手机号，所以短信的触达率高，而且成本比较合适，可以通过不断优化来提高效果。各个营销系统一般都支持短信发送，只要有用户信息就可以发送，但为了数据安全，要想大量推送就应该自研系统并做好用户信息与权限管理。

- 邮件推送工具，发邮件是国外主流的沟通方式，开拓海外市场必不可少，对于国内部分 To B 市场也有效，因为很多大中型公司仍在使用企业邮箱。国外有许多好用的 EDM（E-mail Direct Marketing，电子邮件营销）工具，例如 Customer.io、MailChimp 等；国内有邮件服务商，但在营销能力上突出的专业工具几乎没有，对此要求高的企业可以考虑自建系统。

- 公众号消息推送工具，虽然有很多自媒体渠道，但 SaaS 公司主要使用的仍然是公众号。将公众号粉丝与注册用户关联后，就可以基于用户状态进行消息推送，例如任务提示、有针对性的文章、活动等。

- App 消息推送工具，基本上每个 App 的运营人员都会通过消息推送触达用户以提高用户的活跃度或推广活动，这在 To C 领域比较常见，但效果越来越差。消息推送一般可使用的第三方系统有友盟、极光等。

（5）服务运营系统，SaaS 公司中相关的服务运营系统从前到后主要有售前客服系统、售后客服系统、智能客服机器人、帮助中心系统、工单系统。

- 售前客服系统，一般用于线索收集，通常会根据访客停留或访问情况主动弹出，引导访客留言并提交信息。例如，美洽、53KF。

- 售后客服系统，主要指人工在线处理问题的客服系统，一般可接入网站、App、公众号等多个渠道，方便售后咨询。例如，七鱼、智齿客服等。

- 智能客服机器人，在售前、售后都能应用，但在 SaaS 领域主要还是用于售后场景，能解决部分常见的问题，需要结合人工客服一起使用。

- 帮助中心系统，用于介绍产品、提供教程、说明常见问题等，不过国内诸多客服 SaaS 类厂商对此不重视，我们多年前想给酷家乐找一套帮助中心系统却找不到合适的，不得不自己开发。现在的选择多一些，例如逸创云、魔音智能、Baklib 等。

- 工单系统。如果涉及技术问题，就需要技术人员提供支持并解决，这就得有工单系统。如果有内部系统和外部系统，就需要对数据进行对接并打通。

不论是售前还是售后，服务体验都是用户感受最直接最强烈的部分，因此需要采购或开发与产品相匹配的系统，并且持续改进服务体验，而非简单地处理用户咨询。服务也是需要运营的，要在提高体验的前提下尽可能地降低人力成本。

（6）用户运营系统，用于运营潜在用户和老用户。

- SCRM 系统。中国人的社交关系基本都沉淀在微信上，因此不论是做线索培育还是老用户维护，微信都是必不可少的。从大趋势上看，需要使用企业微信并搭配相应的 SCRM 系统去做运营。企业微信 SCRM 系统非常多，例如尘锋 SCRM、卫瓴等。当然，也有对应抖音、WhatsApp、Facebook 等平台的 SCRM 系统，但在国内并不常用。

- 积分运营系统。做好用户运营离不开用户分层体系和激励机制，因此常有一套积分或类积分系统。目前，国内外都有提供类似服务的第三方系统，例如兑吧。

- 转介绍系统。用户转介绍是 SaaS 产品重要的流量来源渠道，网站上一般都有转介绍的活动，相应地也就需要对此进行管理，尤其是涉及财务结算的活动。国内外都有这方面的系统，如加推、Referral Rock 等。

- 客户运营系统，包括客户信息、订单跟进、状态预警等。美国有多家公司专门针对 SaaS 行业做客户成功运营 SaaS；国内主打销售管理的 CRM 系统延伸做了客户成功运营模块，例如纷享销客。当然，客户运营这方面的自研也很常见，之后再跟 CRM 系统等对接起来。

- 在线培训平台。可直接采用第三方系统，方便客户报名、上课、参与测试、反馈，并且区分新客户、老客户及不同等级与行业的客户的权限。这类系统较多，如小鹅通、保利威等。

- 线下培训工具，主要用于排期管理、线上报名、线下签到、现场测试与反馈等。如果培训人数和场次少，那么一般直接使用问卷或表单工具。

- 项目管理工具。想做好交付就得按照项目的方式来推进，相应的需求就是使用项目管理系统。例如，Tower、Teambition 等。

酷家乐内部营销推送系统建设案例

这里分享一个酷家乐内部营销推送系统建设的例子。酷家乐的用户遍及各个行业，使用着不同的版本，甚至有的用户同时使用企业版与个人版。在实际工作中，由不同部门的不同人员负责相应人群的运营，但是从系统建设的角度看，不可能为每个部门或每位员工建立一套单独的系统，这就要求内部系统能支持多个部门的运营人员的需求且不产生冲突。

酷家乐内部有一个名叫"运营云台"的系统，其中包括营销推送、广告管理、文章管理等模块。提起营销推送，你可能会问：针对企业客户也能像对普通消费者那样推送营销信息吗？关于这个问题，我们要先了解不同客户与用户的特点。基于客户购买的版本可划分出 3 种类型：一是个人用户与只有一个账号的企业版，因为"使用者"与"购买者"相同，因此与其他 To C 类的互联网产品一样可以直接做消息推送。二是客户和员工使用没有去除品牌信息的企业版，因为不是直接的"购买者"，所以要经过客户同意才能发送消息，并且只适用于部分内容，例如功能更新。三是使用无品牌信息的版本，也就说使用者是不知道"酷家乐"的，这类用户属于不可以直接触达的人群。

所以在做内容推送时，我们先筛选用户群再进行精准推送。图 20-3 所示为酷家乐"运营云台"营销推送流程，第一步便是选择用户群。实际上在做内容推送时还应该做敏感人群过滤，如果用户有两个账号，其中一个账号要被过滤，则另一个账号也会被过滤。

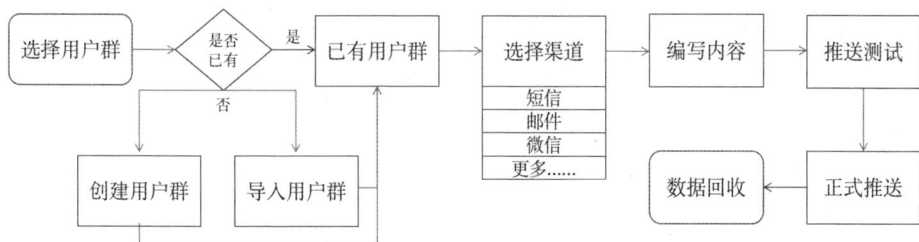

图 20-3　酷家乐"运营云台"营销推送流程

因为要实现精细化运营，所以会出现不同部门的运营人员针对同一个人群推送内容的情况，这就要求在审核上更严格一些，避免出现事故。图 20-4 所示为系统使用人员进行内容推送时会触发的审核流程。

图 20-4　营销推送审核流程

我在设计上述系统时，国内还没有比较成熟的 SaaS 产品，只得自行开发。当然，现在"智能运营"与"营销自动化"类的产品已经非常多，采购也是不错的选择。

第 21 章
保障质量，建立运营标准与流程

我对"标准化"既爱又恨，一方面积极推动建设"标准化"，以享受其带来的好处；另一方面又厌烦条条框框对创意与速度的约束。在开始进入正题前先讲一个故事。

青海湖是中国非常热门的旅游目的地，每年环青海湖骑行的人很多，环湖一圈大约 360 公里，在骑行路上自行车可能会出现问题。我在 2012 年曾独自骑车环湖，那时在某家小店租过自行车，因为没仔细挑，结果刚上路车就掉链子了，刹车也不灵，还好没有出事故。那时候我的骑行经验少，所以感觉很惊险。后来在长途骑行时，每天出发前都要先检查一下刹车。在 2015 年时我曾加入青海湖当地最大的骑游服务商，负责自行车租赁业务，那时我们自己的车出入库时，都有一轮检查。顾客还回来的车要先经过检查，好的就放到租赁区，需要维修的就放到维修区；当有新顾客来租车时仍然要检查一下，确保租出去的车状态良好。检查自行车也有标准，需要分别查看车胎、链条、刹车、变速等模块，试骑并确认车况。这样做的好处就是交到顾客手里的自行车没什么问题，骑行体验会更好，能减少路上的维护，更重要的是降低了出事故的概率。不过，像这样并不复杂的事情，很多服务商也不会去做，因为这类业务没有回头客，而且出现严重问题的概率很低，有这些时间还不如去拉客。

我碰到过很多互联网运营人员因为出错概率小或用户数小就不走流程、不按标准操作，按流程规范操作效率低，即使出现问题道歉、给补偿也能解决。不过，在 To B 领域，即使用户数少，事故带来的影响也很大。企业客户在采购系统时会先考虑系统是否安全、是否稳定，而标准化的操作规范与流程是提供安全、稳定服务的基础。

21.1 流程与 SOP

流程和 SOP（Standard Operating Procedure，标准作业程序）经常放在一起讲，也容易被混用，前者指由两个以上的业务步骤完成一个完整的业务行为的过程，后者指将某一事件的标准操作步骤和要求以统一的格式描述出来，用于指导和规范日常工作。不论是流程管理还是 SOP，其核心都源自"科学管理"。在 19 世纪虽然工厂已经很多，但在管理上还很原始，工人们主要凭感觉和兴趣工作。后来泰勒进入工厂进行仔细的观察分析，并提出了一套新的方法，让工人们使用特定的工具、特定的动作干活，结果工作效率大大提高，每位工人都能以统一规范的最优方式工作。在泰勒的知名实验中，堆料场的劳动力从 400～600 人减少为 140 人，平均每人每天的操作量从 16 吨提高到 59 吨，每位工人的日工资从 1.15 美元提高到 1.88 美元。

我们常常听到人们讨论"大公司病"，讨论各类烦琐的流程，认为流程限制了人的生产力。其实他们是从个人角度出发来讨论的，如果从团队和公司的角度看，流程就是让组织顺畅运行的必要条件了。同样对于运营团队来讲，为什么要有流程和 SOP 呢？

（1）保障基本质量。正如泰勒做的实验，通过将生产活动中的工作模块都形成精确的标准，每位工人的生产效率都能得到提高。SOP 不仅能让新人快速上手工作，还能让新人减少犯错，快速达到一定的输出水平。老师会要求学生们按统一的方法做练习题，这样确实有助于提升班级的平均分与及格率。

（2）提高协作效率。有明确的流程后，每个人都清楚自己所负责的工作，团队间的协作就能变得更加顺畅。同时，每个人都能更加专注，也易于发挥专业能力，提升整体效益。

（3）降低培养成本。一位运营新人在没有任何标准流程的情况下独自摸索，需要比较长的时间才能上手，如果按照流程和标准执行，就会快得多。从组织角度来看，这样做对个人能力的依赖更少了。

21.2 流程的建立与运行

企业的流程一般可以分成业务流程和管理流程，一个对外，另一个对内。业务流程是面向顾客直接产生价值增值的流程；管理流程指通过控制风险、降低成本、提高效率等方式提升客户满意度与经营效益的流程。

运营流程中自然也有这两种流程，核心则是业务流程。当协作人数增多、默契难以维持时，混乱的火苗就会点燃，并且越来越旺。接着，有人感觉不安，开始提议做一些规范和约束，从简单的约定开始，然后设立口头的流程。不过问题仍然会增加，当问题多到一定程度时，大家会产生一种共识，即必须引入正式的流程才能让事情运转下去，这样就会自下而上建立流程。随着团队规模进一步扩大，自下而上的流程也会变得非常多，流程间的交叉和冲突也日渐明显，这时候就需要由上而下做整理，做流程的分类和分级，设立流程标准并将其作为规范。流程服务于业务，也滞后于业务，我们不能生搬硬套地应用先进流程，要结合组织自身的情况，逐步进化。

1．如何设计流程

（1）确定流程目标。先确定流程是什么、有什么用。不管是什么流程，都以目标为依据，大流程服务企业战略目标，小流程服务具体业务目标，运营流程则助力于实现运营目标。不论是在规划之初，还是在推行期间，当流程不能很好地支撑目标达成时，就说明流程需要变革。

（2）区分流程类型与层级。一般流程规划要先分级，从上而下拆分，彼此衔接。在没有整体规划的时候，同样需要先做分类，确定流程是业务流程还是管理流程。

（3）有明确的起点与终点，端到端打通。根据 MECE 原则，流程间不要重复，因此需要有明确的起点和终点，甲流程的终点可能是乙流程的起点。企业终究是在服务客户，那流程管理的目的自然也是为客户提供更好、更快的服务，因此流程的起点和终点也应该是客户。所有的流程都是从与客户相关的某个问题开始，以解决问题、满足需求结束的。

（4）输入与输出。每个流程都有输入和输出，不可能凭空产出什么东西，也不可能什么结果都没有。

（5）流程角色在职能部门之上。流程中要有各种各样的角色负责某些环节，但这里的角色不一定是团队中的谁或某个具体的岗位。流程跟着业务，人跟着流程。在做流程规划的时候，容易犯的错误就是以职能视角来做设计，如图 21-1（左）所示为流程只运行在组织内，被部门墙隔挡。比如销售人员会收到很多潜在客户的需求，运营人员会收到很多老客户反馈的建议，产品设计人员会做用户调研来收集需求，这时销售部门、运营部门、产品部门就很可能各有一个与需求相关的流程。实际上，这应该是一个需求管理流程，但却连接着多个部门。图 21-1（右）所示为穿透"部门墙"的流程，让流程运行在组织之上，才能让整体效率更高、业务更容易推进。

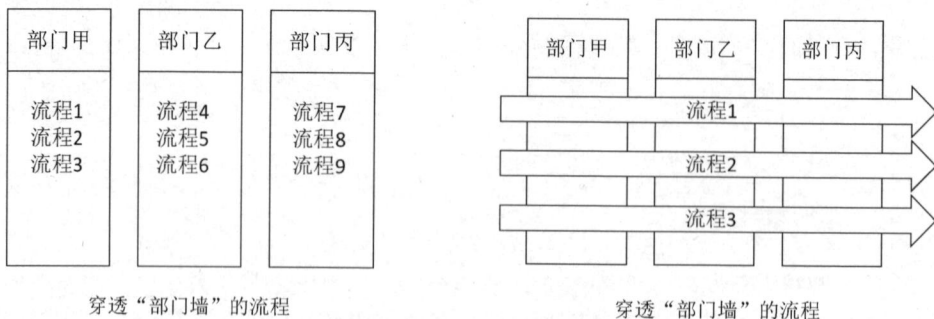

图 21-1　在组织内的两种状态

2. 如何推行流程

人天生抗拒改变，遵守新流程自然也不容易。所以，我们先考虑的是换用新流程的价值要大于学习成本，流程推行公式如图 21-2 所示。

| 新流程价值 | － | 旧流程价值 | ＞ | 学习成本 |

图 21-2　流程推行公式

有时候流程设计得不够好，就没有足够的价值吸引力驱动人们遵守；有时候流程过于复杂，使人难以理解与执行。建议先从简单的开始，然后逐步完善。从上、下、左右采用不同的方法推进。

（1）上，是指上级。管理人员需要重视流程，牵头示范如何依据流程来操作。将流程建设纳入考核中，要有人对流程落地负责。

（2）下，是指一线人员。把流程中的具体角色落实到人，分工清楚，才能解决问题。哪里需要应用，就由哪里的人把角色空位填满。

（3）左右，是指上下游合作方。对于四五级的流程而言，必然会有上下游，从上游流程获得输入，同时向下游流程输出，彼此衔接好，最终形成端到端的大流程。

3．SOP 的建立与使用

每个人的经验、能力、知识水平都不同，如果让两个人自由发挥做同样的事情，最终结果很可能是不一样的。即使同一个人每天做同样的事情，也可能会因为其身体、精神状态变化而使效果不稳定。SOP 对于运营的价值主要就在于保障效果，通过标准的操作规范降低对个人经验与能力的依赖，一般在有两个以上的人做同样的事情时，就需要建立 SOP。一个人也可以通过 SOP 来控制产出质量，比如固定好打招呼的话术与最佳发送时间，而不是今天起得早就早发、起得晚就晚发。

4．建立 SOP 的建议

（1）先做测试。建立 SOP 就像开发产品一样，可以先有 MVP，然后小范围测试，再逐步推广到更大的范围。

（2）必要的场景。并不是所有的工作模块都要建立 SOP，在探索测试中的事情一般不需要 SOP，因为这类事情本身处于变化当中。合适的方式是随着业务的成熟逐渐沉淀出规范，若过早，大家则会厌烦而不愿遵守规范。

（3）做到及格的水平即可。随着标准提高，边际收益通常会下降，及格即意味着不需要做到完美，只要能让外部客户或内部伙伴满意，同时能较好地执行落地就够了。

（4）允许有例外。新手依赖 SOP，而专家则依赖经验直觉。需要设计例外的规则，也就是允许某些情况不按 SOP 执行，这样更能发挥专家们的经验和能力。

具体怎么建立 SOP 反而是比较简单的事情，在网上能找到各种各样的 SOP 模板，直接拿来就能用。随着自身业务的发展、沉淀、总结，建立 SOP 也不难，难的是如何落地应用。

5．SOP 的实行

为什么很多 SOP 建立了却没有人执行，执行了，效果却不好呢？其实关键在于参与感。那么如何更好地推行 SOP 呢？可以参考以下几点。

（1）共同创建。一起讨论和创建 SOP 可以让成员产生自主感，本身能更好地理解 SOP，也更愿意接受 SOP，毕竟是自己做的决定。创建之后，仍然可以基于大家的反馈做迭代，外部环境会变化，相应的 SOP 也应该调整。

（2）相互监督。需要执行 SOP 的人之间可以相互监督，彼此提醒，来自同侪的压力比来自上级的压力更强。

（3）惩罚机制。如果不按 SOP 执行，出现运营事故或结果不理想，就要追究责任，可以直接与绩效挂钩。比如在发布公众号文章的时候，没有找人审核就推送，若出问题，则发布者要负责，若找人审核了，审核者不认真，再有问题则审核者需要承担责任。

（4）系统化。既然 SOP 可以降低对个人经验能力的依赖，就可以解放人力，通过系统来实现，比如设置自动化任务给用户发消息，自动执行敏感用户过滤。

21.3 流程与 SOP 的负面影响

在信息时代，知识的生产过程难以衡量，泰勒的科学管理方法就遇到了很大的挑战。随着各种流程的建立，大家会越来越基于流程工作和思考，但容易造成的结果是各扫门前雪。下一个流程环节的人都等着上游，前面完成了后面再开始，每个人对上下游及全局的考虑都会减少。这会使部分人固守流程，拖慢一些事情的解决速度，甚至扼杀创新机会。

工作流程和操作标准越多越明确，在让人更容易达到及格的情况下也限制了高潜力人才能达到的更高水平。因为所有事情已经规定好了，只要按照既定的流程和标准做就行。在这个过程中，负责执行的人只是学习如何执行，而没有深入思考背后的原因及如何做得更好。尤其是大家都会有惯性，更愿意"按章办事"，当环境变化时，行动却没有跟着改变。

我们仍然需要流程管理和 SOP，需要随时准备着做流程的改变与标准的调整。流程中的每个角色都可以考虑如何改进流程，比如兼顾更多的场景、缩短流程步骤、运转更高效。同样，对 SOP 要始终抱着可以做得更好的态度，不断优化，尤其是在大环境快速变化的情况下，不能总用过去合宜的标准把人框住。比如，以前的客服在接待咨询时常用的标准用语是"您好"，而现在常用的称呼是"亲"。

第 22 章
跨越屏障，从用户增长到收入增长

对于一家公司来说，其经营时间和营利情况可作为判断公司发展是否成熟的依据，IPO（Initial Public Offering，首次公开募股）则是一个重要的节点。参考 SaaStr（美国 SaaS 行业媒体）的一项分析可知，在美国上市的 SaaS 公司从创立到 IPO 所用的平均时间为 12 年。

SaaS 公司最初做探索一般需要 1～3 年，其快速增长期一般为 3～5 年，一般公司创立 5～8 年后开始步入成熟期。在公司财务方面，可以从 ARR 1 亿元开始算起，到利润为正时作为正式成熟的阶段。不论是销售驱动、产品驱动还是市场驱动，SaaS 业务前期都是增长越快亏损越多，营收和利润都在留存了一定的老客户之后才有好表现。例如 Salesforce 首次营利是在公司成立 18 年后的 2017 年，而采用 PLG 模式的公司的代表 Zoom 首次营利是在成立 8 年后的 2019 年。

当我们思考如何更快变成熟时，关键是如何提高营利能力。SaaS 的基本商业模式很简单，即依赖客户每年的订阅费用，图 22-1 所示为 SaaS 利润变化的蝴蝶结模型。客户首年的付费并不能覆盖获客与服务成本，因此企业通常是亏损的，随着时间推移利润慢慢产生。客户的首年订阅费用只是其终身价值的一部分，企业更多的收入来自客户的持续留存与增购升级。

另外，对于 PLG 类 SaaS 公司，还需要考虑用户金字塔模型。图 22-2 所示为 SaaS 用户金字塔模型，位于底部的大量用户并不直接贡献利润，而是作为基座来支撑上层客户的获取与留存。很多从 To C 互联网转做 SaaS 的从业者过于关注用户数，并更渴望通过广告等方式进行变现，毕竟 360、猎豹、美图、快手等众多公司都是从做工具开始的。但在 SaaS 场景中，获取免费用户实际上还是进入市场的一种策略，主要是为企业客户打基础，即 To C 是为了更好地 To B。

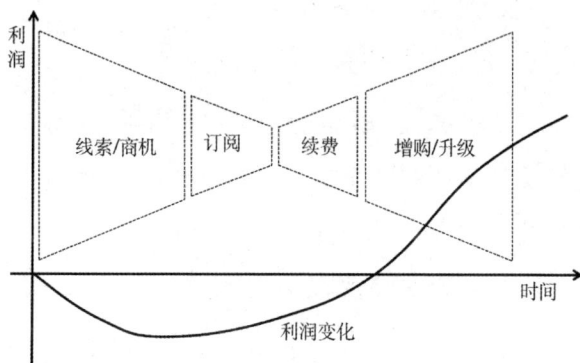

图 22-1 SaaS 利润变化的蝴蝶结模型

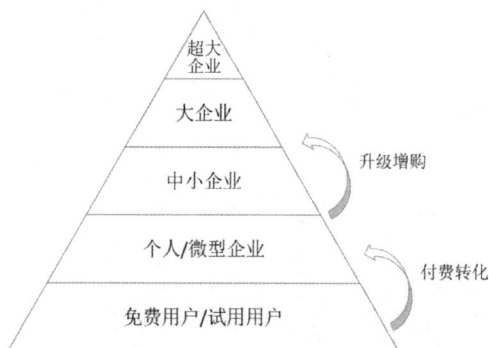

图 22-2 SaaS 用户金字塔模型

从两个模型来看，要想从用户增长过渡到收入增长，企业要做的核心工作就是获取更多线索与商机，并将免费用户转化成付费客户，同时提高 ARPU 和延长 LT（Life Time，生命周期）。

22.1 怎样提取更多线索

企业一般会把线索分为销售自拓、市场、老带新、产品等不同来源，不过对于日臻成熟的产品来说，如何挖掘已有客户和用户的价值更为重要，这就需要让免费用户付费，让小客户升级，让中大客户增购，让老客户推荐新客户，其实就是从产品侧获取更多产品线索，从客户侧获得更多推荐线索。

1. PQL

PQL 意为产品验证线索，是指已经通过免费使用或试用体验到产品价值的潜在客户。因为这类人群已经体验过产品，了解产品价值，所以企业可以省去很多销售沟通成本。一般来说，PQL 的转化会比普通 MQL 更好一些。对于一些价格低的产品，客户可以直接在线自助购买，无须销售人员介入。

比较常见的情况是，PQL 对应的人不是 KP，不是决策人。因此需要设计一个流程对线索进行采集与验证，通常按以下 3 个步骤来进行。

（1）定义 PQL。企业要先明确达到什么条件才算是 PQL，其中关键是看潜在客户是否体验到产品的核心价值，毕竟每个产品都不一样，因此很难说用户注册后使用多少天或停留时长多久才会体验到产品的核心价值，这就需要建立一个数据模型来进行筛选。企业应将筛选出的线索让电销或 SDR（Sales Development Representative，销售开发代表）去跟进，如果发现产品质量不好，企业就要根据反馈优化模型。同时，企业还可以对 PQL 划分等级，例如同一家公司有多人注册了账号且在使用，就可以将这些潜在客户作为高优先级跟进；若潜在客户使用产品的频率不高，虽然体验到了产品价值，但有可能他们的付费意愿和能力低，电销或 SDR 就可以慢慢跟进。

（2）信息收集。用户在注册时，需要填写公司及职业相关信息。国外 SaaS 公司通常要求使用工作邮箱注册，而国内的 SaaS 公司常使用手机号注册而不用邮箱注册，但我建议将这个作为可选项引导填写。如果一开始为了提高注册转化率而没有要求用户填写太多信息，则可以在用户使用到一定阶段时要求用户补充详细信息或者做职业认证，然后将用户与线索池做关联，通过得出的信息我们就能判断用户是一线员工还是管理人员，并优先关注对采购影响更大的角色。

（3）触发机制。不论是使用免费版还是试用付费版，用户都会受到一定限制，例如使用时长、使用频次、使用数量等，触发限制的同时意味着用户有更强的需求，可以直接引导其付费升级或联系相关人员。当然，企业也可以把触发数据记录下来，当数据达到一定量时，提升用户的 PQL 等级，让销售人员主动跟进。

能带来更多线索的产品设计建议如下。

（1）让普通用户看到高级功能，但是不能用，比如置灰或弹窗提示。酷家乐云设计工具内对不同渲染分辨率有区分，普通用户想要更好的渲染效果就要把工具升级到企业版，默认置灰，点击后有提示，如图 22-3 所示。

图 22-3　酷家乐企业版升级提示

（2）为用户的便捷体验设置有限的次数或时间，例如 1 次或 1 天，用户体验结束后便引导用户付费。

（3）对所有可以计量的，比如下载量、并发量、上传量、发送量等设置等级差异。图 22-4 所示为知名 SEO 工具 SEMrush 的定价策略，SEMrush 对各种使用量做了区分，这样用户在使用各个模块时可能会因限制而考虑升级。

图 22-4　SEMrush 的定价策略

2. 推荐线索

推荐线索是指让老客户推荐潜在新客户，类似于大家比较熟悉的"裂变"，不过它在具体形式上有所不同，没有"帮我砍一刀"。根据推荐对象，推荐线索主要分为两种：一种是将产品推荐给朋友的公司或合作公司；另一种是分销，就是将产品推荐给陌生人。

通常，销售人员不仅会引导客户向他人推荐产品，还会根据推荐线索给客户一些报酬，这些是散点状态的推荐。而要从"面"上做，市场人员就得从线上以活动形式批量获取推荐线索。活动形式通常有填表单和在线分销两种。第一种是制作一个表单，表单可由推荐人或被推荐人填写，当信息被验证或成交后则给予推荐人一定的报酬。第二种是使用分销系统，老客户可以公开分享邀请链接或邀请码，当新客户通过老客户分享的邀请链接或邀请码购买产品时，老客户会获得相应的报酬，这种活动形式适合客单价较低的产品。当然，只要能跟踪到线索来源并激励老客户做推荐，是否采用这两种形式都没关系。招聘系统 Moka 的客户推荐活动就采用提交表单的形式来获取推荐线索，如图 22-5 所示。

Moka招聘系统后台广告

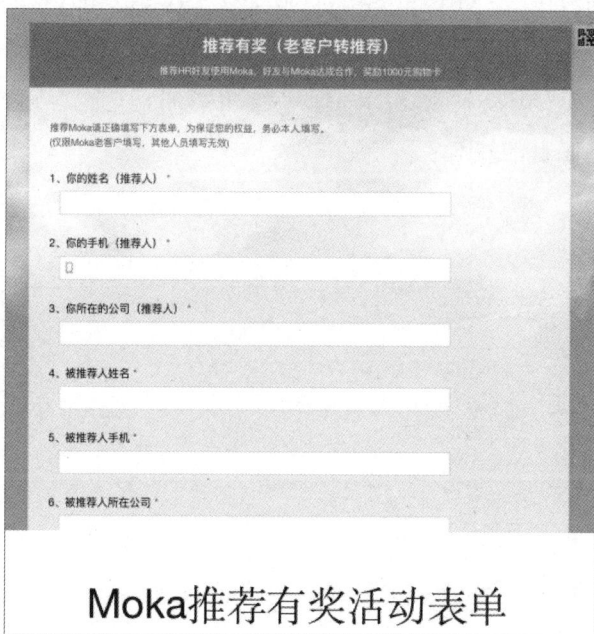

Moka推荐有奖活动表单

图 22-5　Moka 推荐活动入口与表单

3. 线索孵化

To B SaaS 做业绩非常依赖销售人员开拓客户，不过时间一久，销售人员的资源与能力就难以使企业获取足够多的商机，业绩也难以保障，这就需要市场团队做规模化的获客，提供源源不断的线索。然而在市场获取的大量线索中，真正能为企业带来商机并促成签单的线索并不多。如果将表单中的客户信息都发送给销售人员并让其跟进，就很容易发现 10 个电话中只有 5 个可以接通，真正有意向的客户可能只有 1 个，这样销售人员会认为市场线索质量太差，很难积极去沟通。同时，销售人员只关注当下有意向的客户，对于其他人会选择放弃不再关注，但实际上在剩下的 9 个线索中仍可能产生商机，如果销售人员不能挖掘并利用，就是对资源的极大浪费。因此，在收集到客户信息后，需要有人对线索做一轮处理，筛选出有意向的客户，再将客户信息转交给销售人员。当销售人员判断某些线索还不够成熟并放弃跟进时，仍需要有人去培育这些线索，那谁来做这件事情呢？

这就有了一个名叫 SDR 的角色，这个角色负责管理与培育线索，提高整体线索成为商机的转化率。如图 22-6 所示，在整个 LTC（Leads to Cash，带来现金）转化漏斗中，市场团队负责线索部分，而销售团队负责将商机转化成订单，SDR 便负责其中的关键一环。通常 SDR 团队属于市场部门，也有归入销售部门或独立存在的，但其职责都差不多。

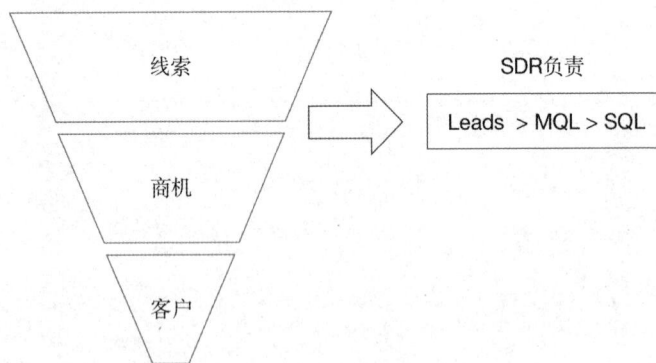

图 22-6 LTC 转化漏斗中的 SDR 角色

那么，SDR 团队具体是通过做哪些事情来培育线索并提高转化率呢？给潜在客户"打标签"，完善画像，当把客户信息完善到一定程度时将其转给销售人员跟进。常见的具体做法是打电话，参考 BANT 模型（预算、决策者、需求和时间）了解对方的状况。国外企业的做法则是发邮件，通过邮件追踪对方有没有打开和点击，什么时候看了什么内容，据此可以判断客户的兴趣点与意愿度。当然，随着企业微信的快速发展，更多企业通过企业微信来培育线索，将内容发布到社群中或朋友圈，只要内容被点击浏览了，就可以跟踪到客户，也能给客户打上标签。只要不放弃，始终与潜在客户保持联系，就会产生更多的商机。

22.2　怎样提高单客收入

衡量 SaaS 公司表现的一个核心财务指标就是 NRR（Net Revenue Retention，净收入留存率）。通常这一指标超过 100% 才算良好，也就是每年从老客户那里获得的收入都比之前获得的更高。而要做到 100% 以上的 NRR，关键就是提高客单价，而提高客单价的主要方法就是升级和增购，升级指账号升级或版本升级，增购则包括增加新账号、购买新产品。

1. 升级账号或版本

SaaS 公司一般根据产品版本与账号的不同而收取不同的费用，但两种情况下的升级逻辑很接近。PLG 类 SaaS 公司常见的有个人免费账号和付费账号，比如酷家乐、Canva、WPS 等；企业账号有些是不分等级的，比如悟空 CRM，但也有分等级的，比如销售易，还有将账号与许可证分开的，比如 Zoom。账号的升级就是从免费到付费、从普通到高级的过程，其关键在于以下 3 点。

（1）权益设计区分了不同角色、不同类型人员，轻度用户可以免费或付少量钱即可持续使用，若重度使用就必须升级账号，权益梯度需要很清晰。

（2）将试用应用在各个场景中，即免费用户有机会体验到付费用户的权益，低版本账号用户可以了解高版本的功能，这样用户就能感受到差异及新价值点。

（3）适当的价格灵活性，很多客户关注的是产品价值而非价格，因此，当用户需求起来之后权益升级就变得很自然，但有不少对价格敏感的个人或 SMB（中小企业），因而通过促销活动、打包销售等方式会取得比较好的效果。

> **小提示:**
>
> 作为客户，总希望省钱，少开通一些账号，于是就有了多人共用账号现象。厂商则希望客户尽可能增加更多的账号，这就需要对账号的共用情况做限制。

2. 增购账号和产品

增购账号通常会随着企业的深入使用和业务发展而自然发生，比如原来销售团队有 10 个人，于是在 CRM 系统中开通了 10 个账号，当团队扩展到 20 人时，就需要开通 20 个账号。不过，新产品的增购就不是那么容易的了，首先要求产品确实有价值且能满足用户需求，其次是产品能将新价值准确地传递给目标客户。第一步是产品团队需要做的，但仍有一个 PMF 过程；第二步则是产品营销或运营人员的工作重点，需要做包装、筛用户、搭场子、带线索。常见的给客户推荐新产品或新功能的方式有以下 3 种。

（1）做应用市场，让客户自己挑。当新模块较多时，就可以采用此策略，还能把外部生态伙伴的应用也放进市场中供客户选择。有了一定客户量的 SaaS 平台基本都有自己的应用市场。国内比较突出的就是钉钉应用市场了，上面有大量的第三方 SaaS。酷家乐也有自己的开放平台和应用市场，如图 22-7 所示。

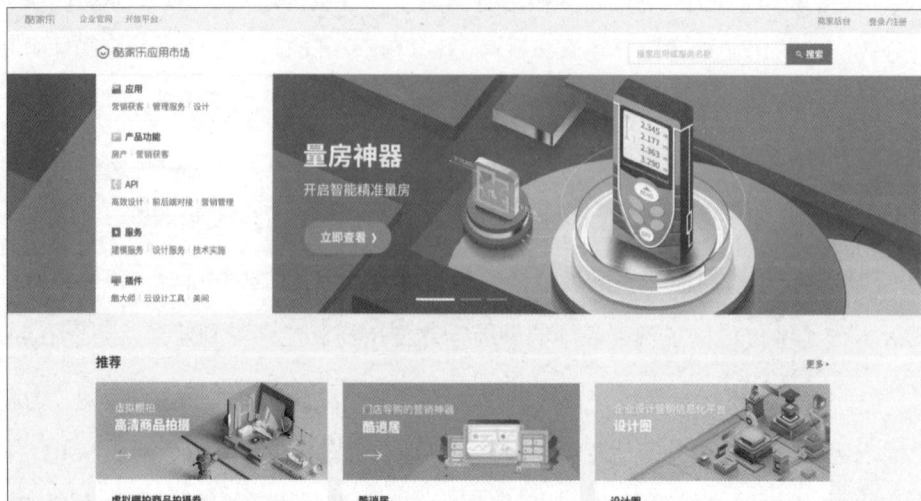

图 22-7 酷家乐应用市场

（2）完善客户画像，主动定向推荐。不管客户量有多少，负责运营、维护客户的人员都应不断挖掘客户需求，并给客户打上标签，当有了对应新模块的新产品时，就可以主动做有针对性的推荐。

（3）做活动。例如举办产品发布会，让客户觉得新产品更重要，更值得被关注，或者限量邀请客户使用，营造产品稀缺感，这会让没有提前体验的客户更加期待；再比如定一个较高的价格或设立一个门槛，举办短期的试用体验活动引导客户参与，在这种紧迫感下，客户会更积极。图 22-8 所示为酷家乐做的线上新产品体验活动。

图 22-8　酷家乐新产品体验活动

很多 SaaS 公司都是从一个相对细分的场景做起的，通过优质的产品获得一批客户，然后不断推出新产品并销售给老客户，这样客单价就能持续上升。客户成功经理或商家运营的一项重要职责，就是让客户了解新产品并对新产品感兴趣，进而转化成新订单。这里需要注意的是，如果企业过多地进行考核、增购并通过提成激励员工，就会造成员工对客户日常使用产品的关注不够，甚至有些客户没有将产品用起来，那么想让客户续约更谈不上了，客户也很难再买新产品了。

22.3 怎样延长客户生命周期

怎么理解生命周期呢？其实很简单，就是看客户从开始活跃到流失这个期间能持续多长时间。这个概念好理解却难以精确计算，一般粗略的算法是用流失率来反推，但实际流失率并不是每年不变的，而且也受合约期限影响较大。因此这里不过多讨论如何精确计算生命周期，而是着眼于如何提高留存率、如何减少流失、如何尽可能地延长客户生命周期。

根据国家工商总局信息中心 2013 年发布的《全国内资企业生存时间分析报告》，近 6 成企业的寿命不到 5 年，有些中小企业的平均寿命甚至不足 3 年。时至今日，中小创业公司的寿命也不会有太大改观，其生命周期短，企业关闭了，自然也不可能为所购买的 SaaS 产品持续付费，这便形成了 SaaS 客户生命周期的上限。美国企业的平均寿命比中国企业更长，整体信息化程度也更高。相应地，整个美国 SaaS 行业的留存率也明显高于中国。参考 OpenView 等机构针对美国 SaaS 行业的研究分析，客户留存率较优秀的企业能做到 85%以上，杰出的能达到 95%以上。一般来说，越是面向中大企业，SaaS 的客户留存率越高，小微企业本身存活时间短，其留存率也会更低一些，面向中小企业的 SaaS 的客户留存率应争取做到 75%以上。

从简单的逻辑来考虑，我们要先了解客户为什么流失、为什么留下，然后有针对性地采取措施，这样就能延长客户生命周期了。要定期做客户调研，了解客户流失的缘由，常见的原因如下。

（1）产品没用起来。

（2）企业服务不好，不满意。

（3）产品功能缺失，满足不了客户需求。

（4）产品价格太高或性价比低。

（5）产品带来的价值不够。

（6）客户关系没维持好。

（7）产品稳定性不够，经常出故障。

（8）产品安全性问题，或合规问题。

（9）产品不匹配，本身就不是目标客户。

（10）支付问题，这在国外很常见，如信用卡里没钱。

客户流失之后的去向主要有以下 3 种。

（1）已对产品没需求，例如企业关闭、业务转型、阶段性需求等。这种情况属于客观限制，基本只能接受。

（2）被竞品撬走，通常是因为产品的功能、价格、服务不满足客户的要求等。这是很常见的因素，也是要重点避免的问题。

（3）客户自己做产品，一般是因为数据不安全、个性化需求得不到满足或采购性价比低。这种情况常发生在大客户身上，是 SaaS 公司发展过程中必须解决的问题。

那么，具体怎么做才能避免客户流失呢？让客户留下来的理由更强，才能避免客户流失，比如好服务、好产品、大价值、高迁移成本。在实际操作中，可以参考以下三大模块。

1. 强运营服务做活跃

早期实施与服务很关键，需要有专门的团队负责。客户及终端使用者的第一印象比较重要，如果他们一开始就对产品没有好感，之后也会对产品有抗拒或怀疑，不利于持续推进。对于中大型客户，一定要立项做，让专人负责，有项目组团队配合。通常客户在签约后最初的一段时间里比较热情，因此要抓住时间推广应用，如果客户一开始没用起来，后面想再激励其使用该产品就更难了。

日常运营过程中需要有客户维系的 SOP，根据客户活跃度、健康度等指标，定期跟进产品使用情况。还要进一步做客户流失预警模型，这方面可以参考 RFM 模型，根据客户活跃时间、即将到期时间、活跃程度来打分，并定义客户流失风险等级，对应不同运营干预措施。

如果客户开始应用产品，并有一定的活跃度，那么后面的工作重点便是提升产品价值与迁移成本，让竞品无机可乘，如图 22-9 所示。

产品价值　　＋　　迁移成本　　＞　　替代品价值

图 22-9　产品价值公式

2. 产品持续满足需求

要做到产品能持续提供足够价值的关键在于能适应市场变化，及时跟进客户需求。一类是标准化需求。内部应当建立端到端的需求管理流程，包括主动从客户侧收集需求到内部评审、管理、反馈等，避免客户提了需求没人理会，客户流失后才发现是因为小需求导致的。尤其是在需求分级时要考虑客户流失风险，客户净值越高，对流失可能性影响越大，那对应的优先级就应该越高。不过，在大客户中很容易出现个性化的需求，这就是第二类。

能满足客户的个性化需求是 SaaS 公司成熟的标志之一。当然，这种能力也分高低，也需要逐步提升，不可能所有公司都像 Salesforce 那样做出 PaaS 并建立起强大的开发者生态。比较实际的做法是先提供 API，让客户能自己做些开发对接，然后建立对内的应用平台以便能通过较低成本来实现定制开发需求，最后提供开放平台让第三方开发者或客户能自己开发应用或做一些二次开发。

在企业发展过程中，始终都是在做选择和排序，产品的价值提升并非由于什么都做了，而是做对了一些重要的事。不是所有的客户需求都要满足，也不要马上满足。SaaS 厂商必须坚守使命，并且始终以标准化产品和订阅收入为主，否则，做着做着就容易变成定制开发，或者被一些并不明确的需求消耗资源或走错方向。

3. 网络效应提升迁移成本

最基础的迁移成本就是用户习惯，深入使用产品后用户对相关操作就会形成肌肉记忆，再换用别的产品会各种不适。即便产品功能一样，但交互和逻辑等带来的变化也会影响用户使用，更严重的好比从左舵车换到右舵车，需要重新花较多的时间来学习。

更难迁移的是数据资产，SaaS 与本地软件差异中有一项便是数据。因为全部都在云端，随着使用深入，客户会生成大量内容与历史数据，这些是很难轻松转移的。一些面向个人用户的 SaaS，还可以类似其他 C 端产品那样增加积分、等级、荣誉、证书等模块，也会让人难以割舍。

最难迁移的是网络关系，因为学习新产品或迁移数据都可以自己搞定，只要花时间和钱就可以，而网络关系却需要上下游合作方跟着一起迁移，成本和难度就不可相提并论了。想象一下，如果你的客户都使用 Zoom 开会，你就很难使用腾讯会议了。同样许多做供应链的产品也牢牢绑定了上下游，一旦被用上就很难被换。即使是 Calendly 这类看似简单的产品，其核心功能也只是预约会议时间，但其营收每年翻倍增长，2021 年其估值约 30 亿美元，关键在于其具有极强的网络效应。

22.4　常见问题与建议

1. 如何看待多年单

许多 SaaS 公司都会签多年单，比如举办促销活动，"买两年送一年"或"买三年打七折"等，有的更是在标准报价单中按多年卖。这样的做法不仅能覆盖到获客成本，还能保证前两年的客户留存率，对于有较大现金压力的企业非常有吸引力。不过签多年单也有一定的影响，比如因为提前收了钱，运营服务的动力不足。考虑到中小企业的平均寿命，如果只按年卖甚或按月卖，那预期收入显然不高，所以提前售卖锁定收益也无可厚非。不过，一般不建议这么做，更好的方式还是做好服务，帮客户成功，让客户留下来并付更多的钱。

2．如何看待折扣

如果存在长期公开的折扣，那标价就只是个锚点，反而会让客户觉得产品本身的价值没那么高。一般对折扣的给予应有所限制，尽量不给折扣，除非不打折客户就难以签约或续费，且不会对其他客户造成影响。理论上打折是非常方便的手段，但滥用这种手段会带来严重的负面影响，比如销售和运营人员会倾向于在价格上让步以获得订单而非更多地传递产品价值，而整体收入的下降也可能使原本的利润转为亏损。

3．如何看待降级续约

企业有生也有死，有壮大也有缩小，需要坦然看待客户降级续费，起码客户还在，而没有被竞争对手挖走。

4．如何看待免费用户

天底下没有免费的午餐，即使不花钱，也会付出别的代价。免费用户可以带来线索，也可能经过较长时间之后开始付费，或者为平台贡献数据提升整体价值。

5．销售人员需要对客户流失或留存负责吗

一般来说，销售人员都只管新签，后续都交给专门的续约经理或者客户成功经理。然而因为 SaaS 的模式，想营利就要客户留存多年，如果客户不合适，本身没有强需求或产品确实满足不了，那签下来实际对厂商和客户都不利，只是销售人员拿到提成而已。可见前期的销售对后面的续约有影响，因而有不少厂商选择让销售人员也承担部分责任，甚至可以获得续费提成。不过因为比例低，所以约束力有限，不如在销售流程中增加审核，不合适的客户直接不签约，虽然对收入有影响，但会节省成本，且更利于 NRR 的提升。

第五篇

可持续增长

人们对 SaaS 行业有各种各样的看法，有人认为现在是 SaaS 行业的春天，也有人认为是寒冬，更有人认为 SaaS 在中国市场根本发展不起来。我们既可以看到创业公司不断融资，ARR 上亿元的公司逐渐增多，又会发现各头部企业（如有赞、明源云等）的增速皆放缓。可见，在中国市场上获得一定的用户与收入只是第一个难关，要实现持续高速增长更充满挑战。有人将目光投向 PaaS，有人将目光投向生态，有人将目光投向产业互联网，有人将目光投向国外，每个方向既有可能迎来第二增长曲线，又可能带来失败。当更多的企业实现突破并迎来持续增长时，或许是 SaaS 行业走向成熟的关键时期。

第 23 章
SaaS 持续增长的方向与前提

美国的 SaaS 公司多达数万家，上市公司也不少，有人总结出了优秀公司的增长率参考值。其中一个便是"T2D3"（Trible、Trible、Double、Double、Double），即优秀的 SaaS 公司在达到 PMF 后，5 年内其年营收要达到前两年实现每年 3 倍增长，后 3 年实现每年两倍增长。另一个是"40%法则"，即正常的 SaaS 公司每年收入的增长率与利润率之和达到 40%，比如当利润率为-10%时，收入增长率需在 50%以上。SaaS 公司在发展早期刚达到 PMF，因为体量小，实现两三倍增长都不是大问题，但在产品逐渐成熟并达到一定体量以后，维持 40%的综合增长反而更加困难。

中国企业虽有数千万家，但真正能贡献利润的大中型企业并不多。中国企业在 IT 方面的支出远低于美国企业，中国的 SaaS 市场规模尚不及美国的市场规模，这就使得做到领域头部的企业的 ARR 也不过数亿元，增速也相对放缓。目前，国内发展成熟的 SaaS 公司还不多，大家都渴望自己的公司发展成熟，等真到这一阶段时就会面临更严峻的挑战——如何实现持续高速增长？如何找到新的增长点？如何去拓展新产品、新客户群、新市场？

23.1 增长的十字路口

人过了 30 岁，就会开始寻找新的人生意义。当 SaaS 变成熟时，也会来到十字路口，如图 23-1 所示，究竟是往 PaaS 方向走，往产业互联网方向发展，还是出海去更大的市场搭建产品矩阵呢？

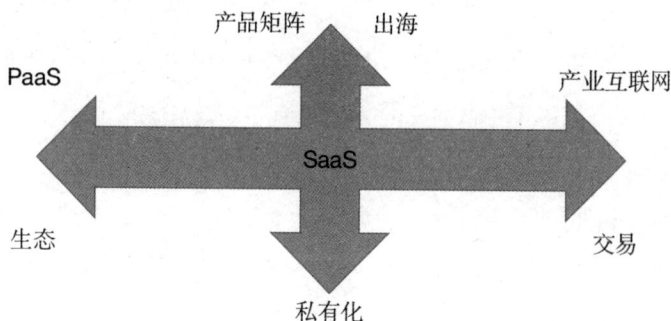

图 23-1　SaaS 增长的"十字路口"

其实，我们可以看到获得成功并持续增长的公司，通常往多个方向发展，比如 Salesforce，不仅有成功的 PaaS、强大的应用生态，还收购了系列产品来打造产品矩阵。表 23-1 所示为不同增长点的代表公司或产品，可见不同的方向都有成功者，也有正在努力的实践者。

表 23-1　不同增长点的代表公司或产品

增长点	国外公司/产品示例	国内公司/产品示例
PaaS	Salesforce、Workday	纷享销客、北森
生态	Slack、Shopify	钉钉、飞书
产品矩阵	HubSpot、Zoho	小鹅通、销售易
出海	Canva、Atlassian	酷家乐、微盟
交易/支付	Shopify、Stripe	有赞、易快报
私有化/白标	Mention、Zoom	企业微信、明道云

23.2　持续增长的前提

要拓展新的增长点，我认为需要 3 个前提：第一，构建原产品竞争壁垒；第二，具备产品创新能力；第三，善于把握机会占据生态位。如果三者都不具备，那么必然难发展。这 3 个前提其一，便有潜力，有其二，便能成长，有其三，方可壮大。

1. 为什么要有竞争壁垒

在中国互联网创业圈里有个经典问题是：如果所做的这件事情，BAT（百度、阿里巴巴、腾讯）也来做会如何。同样，在 SaaS 领域创业，大家也会考虑若阿里巴巴、腾讯等巨头公司做会如何。令人印象深刻的例子就是钉钉的横空出世。

2014 年，阿里巴巴推出的社交产品"来往"折戟沉沙，来往的产品负责人陈航不愿就此认输，尝试基于工作场景的企业社交产品研发。不过 To B 产品最初并不被人看好，陈航带着五六名工程师先做起了客户调研。历时半年多的打磨，2015 年 1 月 16 日钉钉 1.0 版本正式上线，一个 To B 端的风口自此打开，钉钉赢得了市场口碑，开始快速增长。

当时，市场上做协同办公的还有哪些公司呢？传统软件厂商有泛微、致远互联、金蝶云之家等；以原生 SaaS 入场的玩家则有一年内融资三轮又转型做企业移动 OA 协同的纷享销客、获得 6000 万美元 B 轮融资的今目标、明道云的前身明道 OA 等。随着钉钉的飞速增长，接下来的情况是什么样的呢？纷享销客在当时改名为"纷享逍客"，"大战"钉钉花费了不少钱，团队人数一度达到 2000 人，不过随后调整组织和方向，回归 CRM 领域并做出 PaaS，成长为 CRM 领域的独角兽企业。今目标则在 2021 年 10 月 20 日上午 10 点开始因未能足额支付 IDC（Internet Data Center，互联网数据中心）服务费，IDC 服务商突然断网并停止服务，随后公司员工全员离职，发展了 16 年的 SaaS 公司就此走下舞台。而明道 OA 则是在协同办公大战后选择了走 aPaaS 路线，推出明道云，并于 2021 年 7 月宣布获得近亿元的融资，成功转型。

如今，随着企业微信和飞书的入局，其他参与者的空间变得越发狭窄，都不得不选择转型或深耕某一小众市场。

当然，类似移动协同办公平台领域这样的案例其实不少。比如，在线视频会议领域原本不大，随着"新冠肺炎疫情"而出现爆发性增长。大公司推出的免费产品（如腾讯会议与钉钉会议等）迅速获得了大量用户，其他中小型厂商只是在"新冠肺炎疫情"早期获得了巨大增长，随后便遇到了更大的压力，一些新进入者更是举步维艰。再比如，在线文档领域，受腾讯文档、飞书文档、语雀文档、金山文档等产品的影响，原先在此赛道的公司的压力也大了许多，不少公司开始转型或拓展新产品。可见，互联网公司有很多优势，SaaS 公司想要生存并发展，就必须考虑好竞争壁垒。

群核科技（酷家乐母公司）也面对着大公司的压力，阿里巴巴收购"设计家"并推出"躺平"（后改名为每平每屋），也投资了三维家。另外，阿里巴巴投资的红星美凯龙也推出了"红星设计云"。面对这样的局面，压力可谓不小，尽管如此，酷家乐仍然保持着增长，这离不开前期的积累。

2. 壁垒在哪里

关于 SaaS 的竞争壁垒，行业内众说纷纭，尚无共识。毕竟，行业还不够成熟，相关的研究也难以深入。根据我浅薄的经验与分析，能给 SaaS 带来壁垒的主要有 3 个方面：数据积累、组织能力、网络效应。

（1）数据积累。在如今的大数据与人工智能时代，数据的影响越来越大，积累越多，越可能发掘和利用其价值。人工智能要用好，除了算法本身，更关键的还是要有足够多、足够好的数据，如果能更早地进入市场并获取相应的数据，那么产品的能力与体验将更胜竞争对手。

（2）组织能力。组织能力对于每家企业来说都非常重要，谁效率高、成本低，谁便具备优势。而对于 To B SaaS 业务还有一项特别的组织能力就是行业知识。具备丰富的行业知识不只是对销售人员的要求，还是对产品、研发、设计、运营等环节的人员的要求，越是垂直领域，要求越高。能否扎根客户所处的行业，做深做透，决定着企业的成败。不懂行业，不懂客户，就做不好 To B SaaS 业务。

（3）网络效应。零散的客户的迁移成本是比较低的，但彼此关联的客户，要迁移就比较难。以视频会议为例，如果要迁移，那么合作方也得迁移，其成本可想而知。所以很多巨头公司都推出了在线视频会议工具，Zoom 仍然保持着高速增长并稳居第一，这其中除了产品本身，还有其网络效应所具备的壁垒。通常涉及的协同范围越广、工作流程环节越多，其网络效应越强，迁移成本越高，如图 23-2 所示。

3. 创新的源泉

在《创新者的窘境》一书中，作者提到很多曾经比较优秀的公司和创新代表，它们有技术、有团队，也没犯什么错误，甚至在原有领域极具竞争力、有壁垒，但是最终却被后来者颠覆。这其中有一个令人深思的做法：公司规模大了以后，受各方压力，公司会将资源投入到更明确的能带来收入的业务中。这就使那些看上去不那么"靠谱"且很粗糙的新产品难以发展，老产品总有更高的优先级、更多的预算，而那些破坏性的创新尤其是对原有业务有不利影响的创新，便没什么生存空间。尽管有的公司一再强调创新，鼓励创新，却始终只有渐进式的创新，或者说小修小补，真正能带来大增长的创新却难以发生。

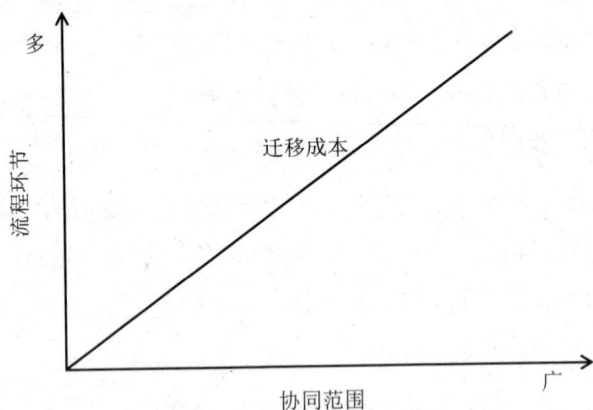

图 23-2　迁移成本变化的趋势

　　具体到 SaaS 领域，反倒不一定需要多么颠覆性的技术创新，可以是产品设计上的创新或模式上的创新，还可以是适应客户、适应行业的创新。十多年前，国内就有了第一批 SaaS 公司，甚至在前几年很多公司都是照搬或重度参考美国一些 SaaS 公司的做法，这就使很多产品被做得不接地气，对客户价值有限，直接的结果体现就是收入上不去。比如有赞、微盟等上市的 SaaS 公司屈指可数，而 ARR 过亿元的公司不多。

　　只关注订阅模式，或者云计算、低代码、AI、数字孪生等技术，是做不好 SaaS 的，真正的创新要从客户出发。前面讲过 SLG 和 PLG 等，其实我们最终需要的是 CLG。从客户的需求出发，深入研究市场，研究行业，研究企业的工作流与痛点，这样才会做出更有价值的创新，不论是开发新产品、新模式还是新技术，最终都会回归到客户价值上。

4. 中国 SaaS 的机会

在《中华人民共和国国民经济和社会发展第十四个五年规划和 2035 年远景目标纲要》中，"数字化"一词出现了 25 次，并且独立的第五篇集中描述了数字化的发展目标。这就是时代给予中国 SaaS 行业的机会，可预期接下来 10 年内全产业的数字化将催生各类 SaaS 的大发展。除了政策方面，其实还有别的机会。比如"新冠肺炎疫情"的发生让远程协同、居家办公成为常态，这也使一部分 SaaS 产品迎来爆发式增长，现在，它们仍然推动着行业的发展。比如，大型互联网平台的开放，企业微信和钉钉这类产品成为新的基础设施，也为许多 SaaS 公司创造了舞台。表 23-2 所示为《"十四五"数字经济发展规划》制定的主要指标。

表 23-2　《"十四五"数字经济发展规划》的主要指标

指标	2020 年	2025 年	属性
数字经济核心产业增加值占 GDP 比重（%）	7.8	10	预期性
IPv6 活跃用户数（亿户）	4.6	8	预期性
千兆宽带用户数（万户）	640	6000	预期性
软件和信息技术服务业规模（万亿元）	8.16	14	预期性
工业互联网平台应用普及率（%）	14.7	45	预期性
全国网上零售额（万亿元）	11.76	17	预期性
电子商务交易规模（万亿元）	37.21	46	预期性
在线政务服务实名用户规模（亿）	4	8	预期性

我对 SaaS 行业始终保持着乐观的态度，坚信接下来 10 年内 SaaS 行业会持续发展壮大。以下是我对 SaaS 行业的展望和所看到的一些机会，分享给大家。

（1）产业互联网。中国的产业被划分为第一产业、第二产业、第三产业，但现在第一产业和第二产业都在往第三产业靠，就像"软件即服务"一样，实际上养牛、种菜、生产衣服、制造汽车都在逐渐变成服务，不再是单独的劳作生产。全产业升级，所有行业都要实现数字化。如果按是否实现数字化来划分，那么显然可以划分成已经数字化的产业和即将数字化的产业，这里面蕴藏着巨大的机遇。

（2）SaaS 出海。中国对外输出的产品主要是工业品，不过随着中国工业整体实力的增强，我国现在已经能逐渐对外输出文化、技术了。根据追踪互联网流量的云基础设施公司 Cloudflare 公布的数据显示，TikTok（抖音海外版）成为 2021 年全球访问量最大的 App。TikTok 的月活跃用户数也已超过 10 亿，成为首个中国出海产品中用户数过 10 亿的 App。这说明中国互联网公司能真正走出去，能参与全球范围的竞争。对于 SaaS 也一样，出海远航，去拓展更广阔的市场，当然可以先从中国出海企业入手。

（3）大平台 ISV（Independent Software Vendors，独立软件开发商）。随着反垄断力度加大，各个平台将变得更加开放，我们可以在钉钉、企业微信等大平台搭建的舞台上表演，作为服务商向平台企业提供服务也是很好的机会。国外有在 Salesforce 应用平台上发展出来的成功公司，如 Veeva，国内也有在钉钉平台上成长起来的独角兽企业。

（4）人工智能。随着大数据与人工智能相关技术不断成熟，各方面的应用开始深入到业务中。目前，智能客服领域已经有了较大的发展，可以预见人工智能将会是 SaaS 的标配，即 SaaS+AI。越是人工智能应用得浅的地方，越有开拓的空间。

（5）国产替代。曾经大企业清一色使用国外产品，接下来将会有更多能力强且适合本土的产品成长起来，逐步替换国外产品，尤其是涉及数据安全与各项工业基础的软件产品。

（6）电子签名与电子发票等基础设施。《"十四五"数字经济发展规划》中明确提出："建立健全政务数据共享协调机制，加快数字身份统一认证和电子证照、电子签章、电子公文等互信互认，推进发票电子化改革，促进政务数据共享、流程优化和业务协同。"

23.3　持续增长真正的挑战

从互联网诞生至今，已经涌现出无数互联网产品和 SaaS，其中大部分只是短暂存在，也有一些获得过很多用户却终究昙花一现。为何有些曾经发过光的公司没有一直亮下去？为何获得过增长的产品并没有持续增长呢？师法自然，不如让我们先看看自然界的长寿者。请你猜一猜世界上寿命最长的树活了多久，长得有多大？

有一棵树，名叫 Pando，生长在美国犹他州，已经活了 80 000 年。不过它不再是一棵树，而是一片有 40 000 多棵树的林子。因为 Pando 是克隆性植物，单独的茎可以长出侧根，直立的侧根伸出地面，看起来就像一棵独立的树。这片林子里的树是由一粒种子成长起来的，每一棵树的根系都连在一起，如图 23-3 所示。这其中的关键便在于"克隆"让它持续成长。就像人变成紧密联系的组织一样，进而组织的寿命会突破个体寿命的限制，其规模也会远远超过个体的能力。

图 23-3　Pando 示意图

每个获得巨大增长的产品都少不了团队拥有的某些核心能力，可能是行业洞察能力，可能是技术积累能力，也可能是产品创新能力，还可能是市场拓展能力。如果把一个产品获得成功增长的能力复制到更多的产品上，增长便可能持续下去。掌握了"复制能力的能力"，就可能复制成功，不断进入第二增长曲线、第三增长曲线。然而"复制"这一项能力本身不在于产品，而在于团队，这也是持续增长真正面临的挑战。每家 SaaS 公司都需要注重自身团队能力建设，不止是第一条增长曲线需要各项能力，更重要的是把能力沉淀到组织中，让增长的能力可复制，让更多新的产品发展起来或让产品走向更多的新市场，从而带来持续的增长。

第 24 章

如何打造 SaaS 产品矩阵

产品从简单到复杂、从一到多是必然趋势，否则，无法满足不断增长的客户需求。要么自行研发，比如 HubSpot 从最初只做营销部分，进而做到 CRM 和服务运营；要么去收购，比如 Salesforce 先后收购了 Tableau、Slack 等产品。总之，产品矩阵的构建是 SaaS 增长的一条主流路径。比如群核科技就从最初的酷家乐逐渐形成酷家乐、模袋云、美间、Coohom（酷家乐国际版）等多品牌架构，同时酷家乐还有许多子产品，如图 24-1 所示。

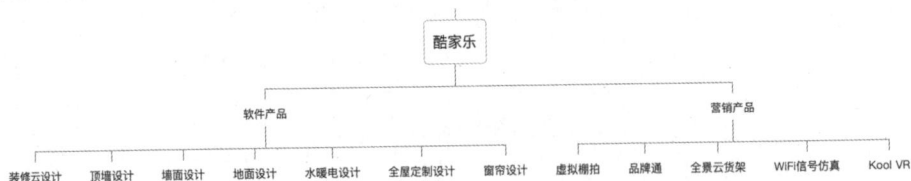

图 24-1　酷家乐产品矩阵

24.1　如何打造产品矩阵

在打造产品矩阵前，我们要先对产品与品牌做区分。产品是具体的东西，而品牌则是在产品基础上与消费者建立的情感联系。一个产品可以对应多个品牌，一个品牌也可以关联多个产品。不过，通常 SaaS 公司都会主打某一个品牌，在其下构建产品矩阵。从零开始建立一个新品牌，要想做出影响力，就要投入大量资源，一般只在很有必要时才做，比如需要进入一个完全不同的市场，原品牌无法支持，必须用新的产品去拓展市场。如果新产品与原产品有着紧密的联系，就可以直接沿用品牌，这样更易于客户理解，做市场营销也会方便许多。

产品矩阵不是零散的多个产品，而是产品彼此间有关系，合力成阵，拥有更大的能量。可以在以下 3 个方面形成产品矩阵。

（1）同一个行业的不同细分领域。比如，酷家乐的核心能力是 3D 设计与渲染，基于吊顶、瓷砖、全屋定制、窗帘等不同细分领域延伸出子产品。

（2）同一个行业的上下游。比如，明源云从 ERP 开始覆盖到工程管理、楼盘营销、物业管理等产业链中的多个方面。

（3）同一个工作流的不同环节。比如，北森的一体化 HR 系统覆盖了 HR 工作的各个模块（如招聘、薪酬管理、员工培训等）。

就像拼拼图一样，一个个新产品加入产品矩阵，就能构建出一幅大蓝图。那么，这些拼图是怎么来的呢？最主要的方式之一还是自研，需要什么产品就自己做；如果想做但缺乏相应的积累，就花钱收购；如果建立了 PaaS 平台，就可以借助第三方的力量构建新产品。

24.2　新产品孵化

在开始做新产品孵化时，要先考虑这个新产品是不是面向新行业、新场景，可以对照图 24-2 所示的矩阵。一般来说，在原行业、原场景下做新产品，其实属于渐进式的产品升级，更多的是留住现有客户。而完全面向新行业、新场景的探索，是充满风险的，如果做好了，可能就是颠覆式创新，但成功者寥寥。更常见的创新是将原有能力应用到新的行业，或者满足原有客户的新需求，这两种情况都利用了现有资源，也更易获得成功。下面主要讨论这两种情况。

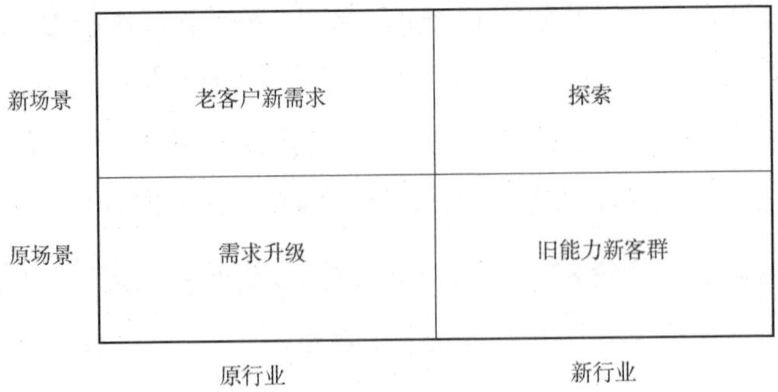

	原行业	新行业
新场景	老客户新需求	探索
原场景	需求升级	旧能力新客群

图 24-2　根据场景与行业的划分

1．对于新产品，如何投入资源

资源投入的多少，是产品成败的重要因素，投入少了，可能错失机会，而投入多了，也未必能成功，反而可能造成内耗，影响原业务。这里可以参考"721 法则"[①]。

（1）把 70% 的资源投入核心业务，努力赚钱。

（2）把 20% 的资源投入潜力较大、较明朗的业务，加快做验证和商业化。

（3）把 10% 的资源用于更前沿的探索，不指望当即商业化。

这里讲的资源主要是研发资源，毕竟产品还没做好，也不可能投入很多市场和销售资源。但是新产品可能会有多个，共享着少部分资源，怎么去平衡优先级呢？简单来说，与已有核心业务越相关的产品，其优先级越高。通常这样的产品会体现出更高的营收增长或活跃用户数；而对于更前沿的探索则要先控制投入，在产品可以工程化、有商业机会时再加大投入。资源投入的逻辑如图 24-3 所示。探索性的产品如果达到了 PMF，就可以将其当作潜力产品加大投入，如果能将潜力产品规模化则继续投入资源，让其成为核心产品。如果产品探索不成功，就只能继续保持探索或弃置不管。

---

① 最早有一个学习领域的 721 法则，然后这个法则又被应用到不同领域，谷歌 CEO 施密特是其中一位践行者。可参考 itonics-innovation 的博文 *702010-rule-of-innovation*。

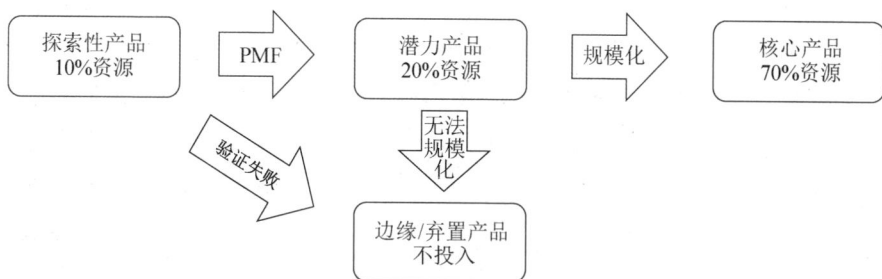

图 24-3　资源投入的逻辑

2. 组织上创造孵化条件

要想孵化新产品，不仅得规划出资源投入，还要在组织机制上有所保障。每个新产品都需要有明确的负责人。负责人可以是技术、产品、运营等环节的人员，并不一定是从某岗位出来的，必须对该方向做过研究、有想法、有经验。团队的组建则看产品情况，多数情况下是有研发工程师就行，但有些产品需要做商业的人趟一趟前面的路。至于测试、设计等岗位不一定都需要，先用小团队，以创业的状态启动。

除了产品有明确的负责人，公司还应有明确的新产品孵化流程，有机制做保障。比如每个新产品的开发都可以当作一个项目来做，立项，评审，定期复盘。项目制有利于短期协调资源，在评估、衡量新产品时也更有针对性。需要注意的是，内部团队开发新产品与创业不一样，团队往往没有较强的危机感，很容易埋头苦干，闭门造车，导致做出来的产品不被市场认可。这就需要一个兼具技术、市场、销售、客户等多视角的评审团来考查新产品，他们就像投资人一样，如果一个项目好，就投入资源，如果没有人愿意为新产品买单，就得做调整。

3. 新产品孵化出来之后怎么推广

新产品开发出来后，接下来就是怎么让用户和客户使用新产品。孵化出来的新产品面临的场景与在创业期面临的场景不同，此时公司已经有一批用户和客户了，因此比较方便的方法就是推广给老客户和老用户。

（1）测试。先通过用户运营或商家运营对有兴趣者做调研，然后邀请他们参与测试，帮助完善产品，验证需求。在新产品得到初步验证后就可以扩大测试范围了，当各类客户都有代表参与测试并通过验证后，新产品就可以正式上线了。

（2）上线。如果新产品提供免费版，采用 PLG 模式，就可以先上线推广。推广需要基于前期测试的情况，如果最初测试的结果不错，就应该做预热，开发布会，大张旗鼓地做推广。如果测试的结果还不明朗，需要更多数据或时间积累，就要逐步上线推广，先小范围灰度测试，看新产品的自然增长情况，如果新产品的增长情况好，就导入更多流量，如果新产品的增长情况一般，就先完善产品，慢慢达到 PMF。

（3）上市。如果新产品比较复杂，采用 SLG 模式，就要走上市售卖的流程。是上市售卖还是让客户看到新产品的价值？这就需要提前准备好案例。在正式推广新产品前，应先使新产品在少数客户中可行，明确新产品的价值，使客户愿意支持新产品。有了成功客户案例，就可以通过发布会、试用活动等去做集中推广了。先针对老客户进行推广，之后再面向新客户进行推广。

4．新产品如何收费

新产品肯定能创造某些价值，但不一定都能被单独拿出去售卖。我们需要对产品分类：一是商业型产品；二是用户型产品；三是探索型产品。有些新产品的潜在用户少，新产品主要是拿来赚钱的，就可以采用试用模式，先定高价，再打折，还可以采用饥饿营销的方法。如果新产品的潜在用户多，收费潜力有限，就不如直接免费开放给用户来提高留存率，或者打包到原有计划或解决方案中，正所谓加量不加价。而如果不确定新产品的价值和潜在体量，就直接采用试用测试的方式，先让一些人使用新产品，然后基于他们的反馈定策略，可以择其一，或两者兼有。

需要注意的是，用户普遍喜欢产品变得更强大，如果需要额外花钱购买新模块，用户就不太愿意购买了，尤其是那些较少人使用或价格低的产品，它们比较难推动决策者再去走一次购买流程。这时候就不如先赠送新产品来维系与客户的感情，或者到续费时再将新产品放进方案里售卖。

5．如何衡量新产品

不论是否提供免费版和试用版，对新产品最终的期望都是能带来商业价值。要么直接卖钱，要么辅助销售，要么带来线索。所以在衡量新产品的价值时，主要从以下 3 个方面来衡量。

（1）多少人用新产品，并深入用。从逻辑上来说，只要客户有需求，愿意用新产品，就有可能带来线索，也能帮助其他产品销售，即使新产品本身不收费。

（2）有多少客户付费、需要做试销，先定优惠活动价，看看有多少客户愿意花钱，以后再提升客单价。

（3）新产品能带来多少收入。单独定价、单独售卖或放进解决方案里售卖都可以计算其收入，其实这样比较好，能直观衡量新产品的产出。

24.3　收购产品并整合

以前，国内 SaaS 领域的收购案例还比较少，基本上大企业才进行收购，但这两年随着行业整体发展加速且日趋成熟，收购案例也多了起来。了解了国外发展得比较成功的 SaaS 公司及其他领域后，可以发现投资并购可谓是其发展壮大的必经之路。比如 Salesforce 截至 2022 年 2 月已收购 69 家公司，表 24-1 为 Salesforce 的部分投资案例，每个案例都有助于将产品拓展到新客户群。

表 24-1　Salesforce 的部分投资案例

收购对象	产品类别	时间（年）	价格（亿美元）
Radian6	社交媒体监控	2011	3.37
Buddy Media	社交营销	2012	7.36
ExactTarget	营销自动化	2013	25
RelateIQ	CRM	2014	3.4
Demandware	电商 SaaS	2016	28
Krux	数字广告	2016	7.42
Quip	办公协作	2016	4.12
Datorama	智能营销	2018	7.66
MuleSoft	集成服务商	2018	65
Tableau	BI	2019	153
Slack	IM 协同	2020	277

如何通过收购其他 SaaS 公司实现"1+1>2"呢？如何将产品整合进既有体系中呢？

我们应先考虑要不要保留品牌。一般来说，不保留品牌有利于集中资源优势，让强者更强，而保留品牌有助于提供差异化服务，占据不同的市场，同时也能对竞争对手形成一定防范。比如滴滴出行收购快的打车，后又收购了中国优步，现在后两个名字已经消失，但是市场上反而出现了更多的品牌。即使保留了收购的品牌，它也不一定能完全独立发展，可能会被弱化，也可能会被强化。被弱化通常是因为双方业务相似，做同一个市场，那肯定是强者越强；被强化则是因为二者的协同效应更强，形成强强联合，有了更多资源支持。

不论品牌是否保留，产品数据肯定是要打通的，这就涉及一系列的中台基础建设，比如数据中台、账号中台、消息中台的基础建设等。数据通了，就可以去盘点客户与用户的数据，有多少重合，有多少增购商机。数据打通只是第一步，真正重要的是产品间的联动。如果不考虑单纯收购人才和技术的做法，只从打造产品矩阵的角度看，关键还是定位。

收购前，大家是合作方或竞争对手，一旦成了一家人，就要共同对外，有明确分工。最常见的情况之一就是两家公司或两大产品有不少重合之处，产品重合、功能重合、市场重合、客户重合，那这些重合之处是保留还是去除呢？如果彼此间没有清晰的定位和明确的分工，那这些重合之处就很难去除，而且随着时间的推移会有越来越多的内耗。酷家乐一直主打 3D 室内设计，而美间则主打 2D 软装设计，彼此有部分市场重合，算是竞争对手。在 2020 年，酷家乐尝试孵化一款 2D 设计类产品，但随着群核科技于 2021 年收购美间，其内部开发项目马上停止，转而将资源投入美间。这就是很明确的区分，一个做 3D 室内设计，另一个做 2D 软装设计，避免重复建设和内部竞争消耗。

定位一方面在品牌层面，另一方面在产品层面。要先做品牌定位，区分市场。比如汽车品牌很多，大家一看车标就明白一辆车属于什么档次、什么价位区间，如果某个品牌在高端、中端、低端都做，就会让用户误会。很多消费品都如此，要区分出高端、中端、低端才可以，如果想面向各层次顾客做市场，就得采用多品牌战略。不过在 SaaS 领域，倒没有要求必须按档次来区分，毕竟企业花钱比较理性，需要的是服务商更专业、更靠谱。所以在区分市场时，更多按照专业领域来分，比如甲专注某行业，乙专注某业务，丙专注某技术，如图 24-4 所示，单个品牌优先针对其中一个专业领域。品牌要做到在行业排名前三，才有相对稳固的地位，让客户记得住、想得起，即使甲在 A 领域已经占据了不错的位置，换到 B 领域可能还是乙更合适，那么甲就不合适去做 B 领域的产品，而是去支持乙成为头部品牌。

图 24-4　品牌定位区分

品牌确定好定位后，具体的产品就要跟着品牌走。比如某产品是甲品牌孵化出来的，如果它更适合乙品牌所擅长的领域，就应该做出调整。企业要区分产品和能力，对客户可见的产品需要有明确的划分归属，需要有个名字，但内部能力却是可复用在不同地方的。

24.4　一些教训与感受

（1）不要轻易做没有积累或不擅长的事情。比如酷家乐擅长的是技术，能开发出好的工具，但是对家居行业却不完全了解，在产品有了一定的流量和影响力后，就尝试着做供应链，结果吃了不少亏。

（2）家底不厚，别轻易"赛马"。腾讯等大厂有赛马文化，让多个小团队去开发类似的新产品，谁做起来谁就有资源，微信就是这么做出来的。不过对于独立的 SaaS 厂商来说很难效仿，因为产品的验证和成长周期太长，"赛马"内耗大且效果差。

（3）当有多个新项目时，一定要靠流程制度来分配资源。每个新产品都会有负责人，这个人可能是产品研发人员或市场人员，也可能是创始人或一线主管，如果没有明确的制度，那么大家实际拿到的资源的差距会非常大。个人影响力大就容易拿到更多资源，这样可能会造成项目投入过度、浪费资源。

（4）产品被验证能赚钱了，就要明确怎么分账。许多新产品并不直接售卖，衡量起来就会麻烦些，需要内部做区分核算，搞清楚了，开发团队才知道产出如何，在公司层面也好考核。

（5）品牌和产品矩阵需要创始人或一把手来做顶层设计。这对战略能力有一定要求，如果不是由上而下来进行，而是由某个部门设计品牌或产品矩阵，那么品牌和产品矩阵可能难以在公司范围内被接受，而且满足不了长期需求。

第 25 章

探索中国 SaaS 出海之路

我在 2021 年年初开始负责做酷家乐国际版——Coohom 的用户增长。在工作期间，我遇到了不少有趣的事情，比如我们建有 WhatsApp 用户群。有一次，我看到一位群友提问："Coohom 中的某个功能如何实现？"我正要回答，没想另一位群友很快就回复说："Coohom 现在还没有那个功能，但是酷家乐有。"我有点惊讶，这位群友怎么还知道酷家乐。毕竟，我们在美国注册了公司，在宣传 Coohom 时鲜少提及酷家乐。原来那位群友之前经朋友介绍知道了酷家乐，虽然他不熟悉中文，但能使用酷家乐。看来在有需求的地方，即使厂商没有推广产品，产品也会被用户带出去。

25.1　SaaS 出海概况

中国的 GDP 已经连续多年稳居世界第二，经济持续不断地增长，技术能力、制造能力也在不断提高，对外的输出自然也越来越多。这些年，商品外贸和跨境电商发展得热火朝天，科技领域的出海则历经波折。中国互联网公司、软件公司的出海历程其实并不顺利。这两年出海的产品非常多，其中比较成功的便是 TikTok，虽然 TikTok 在一些国家的发展不顺利，但仍快速增长并成为全球头部互联网应用，甚至在 2021 年成为流量第一的应用。当然，在电商、游戏、社交、

SaaS 等领域中也有在国外市场开花结果的产品，但 SaaS 领域可能是最难做的领域之一。

为什么 SaaS 出海比较难呢？

先说明一下，To C SaaS 产品出海遇到的阻力小些，因为个人生产力工具在全球范围内有通用性。面向个人用户的美国的 SaaS 产品更容易进入中国，例如 Notion、印象笔记、Miro 等都拥有一大批中国用户，同样国内面向个人的 SaaS 产品也更容易出海，例如 WPS、万兴、懒设计、XMind 等都有不少国外用户。不过，收入的大部分来源往往在企业端。

相对于 To C SaaS 产品，To B SaaS 产品往往面临着 3 个挑战：第一，销售模式不同；第二，企业管理不同；第三，财务、税务、法律等不同。做销售常见的做法是打通关系，销售工作涉及很多人情关系，但这种方法只适用于部分国家。在企业管理上，世界范围内比较主流的做法还是美国企业界输出的一套理论，而国内又有所不同，国内产品先适配了国内的企业，当产品要输出时，要么带着管理思想一起输出，要么改造产品以适应对方。在财务、税务、法律等方面，例如开发票、对公转账、使用信用卡、遵循 GDPR（General Data Protection Regulation，通用数据保护条例）这些都是看上去简单、实际对业务影响不小的事情。

与出海相关的 SaaS 主要有以下几类。

（1）一开始就做海外或全球市场的 SaaS，但是公司在国内，例如 AfterShip、Fotor 等。

（2）做海外市场的软件，然后从软件转为 SaaS 模式，例如万兴科技、XMind 等。

（3）面向国内出海的或跨国企业，帮助客户更好地去做海外市场的 SaaS，可谓"出海 SaaS"，例如稻米云、SHOPYY 等。

（4）先做国内市场，然后再面向海外企业提供服务的 SaaS，可谓"SaaS 出海"，例如酷家乐推出的 Coohom、微盟推出的 ShopExpress 等。

本章主要讲第四类产品，其原因一是承接前述持续增长的主题，二是国内厂商终究要走出去，且面临的挑战更大，有更多需要探索和探讨的地方。

25.2　SaaS 出海面临的挑战

产品出海，一般会涉及国际化、本地化和全球化这 3 个概念。

（1）国际化（internationalization），常简写为 i18n，意思是让同一个产品能复用到其他国家和地区，更多的是指产品技术层面。

（2）本地化（localization），简写为 l10n，是指产品不仅能被其他国家的人使用，而且能针对各地区做适配调整，例如展示有针对性的图标、语言、功能，甚至延伸到市场、服务和运营的本地化。

（3）全球化（globalization），简写为 g11n，就是实现在各个国家开展业务，国际化加上本地化就形成了全球化。

SaaS 出海先要国际化，然后做本地化，在这一过程中我们会遇到各种挑战，例如独立域名、海外部署、CDN 加速等，下面主要讲与运营增长相关的 3 个模块。

1. 语言文字

互联网线上的内容仍然以文字为主要载体，我们一般要先学会某一种语言及文字，才能顺畅地从互联网上获取信息并使用各类产品。如果想让目标用户使用产品，就必须先为其提供对应的语言，这是 SaaS 出海在最开始就会遇到的问题。要走出国门开展国际化业务，最常用的语言之一就是英语，如果目标市场上主要使用当地语言，就得使用当地语言。虽然英语在全球范围内使用最广，但日常生活或工作中使用英语的人却没那么多。即使在美国，许多人的母语也仍是西班牙语，他们在日常生活中也不使用英语。

另外，在语言质量要求上也需要关注。我有位朋友，虽然他的英文不怎么好，但在做跨境电商卖货时，就使用翻译软件通过邮件与客户沟通。国内这样的外贸从业者非常多，这也让我有一种印象，就是语言没那么重要。不过后来发现，对于卖货来说，产品是很重要的，产品质量要好，性价比要高，其他的都是小事。但是 To B 软件业务或者服务前前后后涉及大量沟通，从官网的产品介绍到销售邮件、培训资料、会议沟通，都对语言与文字有要求，这是让客户信任的基础条件。越是大企业，越关注细节，尤其是日本、德国的客户。总之，SaaS 出海想做好企业客户的生意，就不要指望机器翻译能过关，必须得人工，得有母语者介入，最好是有一定文字水平的母语者。

2. 市场环境

实际上市场环境还包括自然地理、政治、经济、宗教、文化、网络等不同方面，下面让我们看看不同因素对业务带来的影响。

1）自然地理

（1）地理位置的差异导致时区不同，主要影响什么时候发邮件、打电话、开会及提供客户服务等。

（2）城市间的距离与集中程度对业务有明显影响，主要涉及差旅与线下活动。如果各城市在千里之外且非常分散，那线下活动就很难做。

（3）气候、温度对业务也会有影响。有些地方没有四季，而且南半球的冬夏与北半球的相反，这些也是需要注意的方面。

2）政治与经济

（1）发达国家和发展中国家的情况差异其实比较大，整体情况与人均 GDP 决定了市场规模和客单价，以及获客成本等。国际货币基金组织公布的数据显示，2021 年 GDP 排名前十的国家为美国、中国、日本、德国、英国、印度、法国、意大利、加拿大、韩国，这些国家都是高潜力市场。

（2）当地创业生态如何、企业规模的分布也会对业务有影响。有些国家的资源被少数大企业掌握，很多中小型企业难以发展，而美国的大企业和小企业都能使用丰富的人力、金融等资源，很容易成长。

（3）另外，人口、工作人口、网民人口也会对业务有影响，这就决定了在特定地区应该采取什么样的策略，以及潜在用户数有多大。全世界人口过亿的国家有中国、印度、美国、印度尼西亚、巴西、孟加拉国、俄罗斯、墨西哥、日本、埃塞俄比亚、菲律宾、埃及等 14 个，这些人口大国也是潜力大的市场。

3）宗教与文化

（1）不同宗教的差异很大，部分国家民众的信仰虔诚，因而在设计产品和做营销活动时就要特别留意这方面。

（2）同样，文化上的差异也需要适应。例如日本特别强调论资排辈，新公司很难与客户建立信任关系，属于难攻易守的市场，这时候可以与当地有资历的企业合作去开发客户。

4）网络条件

（1）网络覆盖与网速算是最基本的影响因素之一了，因为每个国家的互联网普及率不同，网络条件差异明显。根据维基百科的数据，2019 年全球有 77 亿人口，互联网普及率为 53.6%，而发达国家的普及率为 86.6%，美国的普及率高达 95.5%。在网速方面各地的差异也比较大，例如韩国、新加坡的网速非常快，但非洲地区的网速就特别慢。

（2）终端设备的差异也比较明显，例如在美国苹果手机处于垄断地位，但是在印度、印度尼西亚等发展中国家，小米、OPPO、vivo 手机才是主流，而在非洲却是传音等品牌大行其道。除了终端设备的差异，计算机操作系统、显示器等也有差异，这些差异会影响产品设计与营销渠道的选择。

3. 法律法规

2020 年，特朗普政府曾以国家安全为由，下令禁止 TikTok、微信在美国的更新和使用。而印度政府更是直接禁止使用 TikTok 等大量中国应用。像这样由于国际政治形势带来的政策变化，直接决定了产品在当地的存亡。排除此类特殊情况，在各个国家都有各种或明或暗的红线，最常见的有以下几类。

（1）数据合规。比较典型的便是 GDPR（General Data Protection Regulation，通用数据保护条例），这是在欧盟法律中关于个人数据和隐私保护的规范。GDPR 的覆盖范围很大，只要企业的客户中有欧盟公民就算，不管其在当地有没有分支机构。通用数据保护条例中涉及的个人数据包括电话号码、地址等隐私信息，以及 Cookie、IP 等网络记录。如果不遵守通用数据保护条例，罚款力度会很大，可以说 GDPR 是出海互联网企业必须遵守的条例之一。

（2）版权。几乎所有国家都有版权保护的法律，但各国的执行情况不一样，而且各地人民的版权意识也不大相同。但从整体上来看，去往发达国家发展必须高度注意版权问题，从字体到图片、背景音乐等，每个方面都要避免侵权。一旦侵权，就会收到律师函或被苹果、谷歌等应用市场下架。自己有版权的，应及时去当地版权局登记注册。当然，若不小心侵权了也不要急，通常还是可以通过沟通或付费解决的。

（3）财务。在哪里注册海外主体，怎么收款，钱怎么进出国内外的账户，在线收款用什么方式，支持什么类型的银行卡，支持哪些国家或地区的银行卡等，这里涉及许多细节问题。

（4）雇用员工。随着业务的发展，在国外招聘员工是自然而然的事情。但是各国的劳动法律不同，有的国家规定了严格的工作时间，有的国家有非常多的假期。招聘不容易，解雇也比较麻烦。雇用员工不仅面临文化问题，而且当地的法律法规也是特别需要注意的地方。

25.3　走出第一步的 4 点经验

要想走出去，就要考虑 3 个关键因素，即团队、市场、产品，其关系如图 25-1 所示，团队是基础，然后是产品与市场的适配。

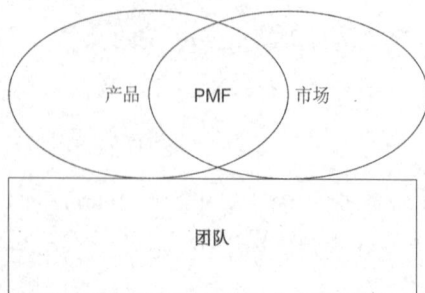

图 25-1　SaaS 出海第一步的关键要素

1. 出海团队

组建出海团队是一件具有挑战性的事情，因为目前国内有全球化 SaaS 经验的人才很少。酷家乐的出海探索是从 2018 年开始的，实际上到 2020 年才有比较明显的进展，2021 年才有了较快的增长。在这个过程中，团队组织方面也遇到了一些困难，我也从中获得了些许经验和教训。

出海团队应是独立的部门或公司，最好直接由创始人或 VP 来负责，其负责人应该直接向创始人或 VP（Vice President，副总裁）汇报。因为出海跟孵化新产品不同，做的是长期业务，需要大量的投入。如果由平常的总监负责，既不可能调动足够的资源，也难以从长期战略考虑去推动。如果没有全球化的打算，只是服务一些出海企业或为客户提供英文版，就相对简单一些，放在原有架构下就可以。

早期团队不需要很多人，就像最初创业一样，从创意开始，然后逐步去验证。所以最开始需要的是懂产品、懂市场的人，让他们先去做调研、做测试，然后慢慢扩展团队。那么团队里的人从哪里来，又怎么挑呢？一般来说，先挑选一些对业务感兴趣的老员工，因为他们熟悉原有产品和业务，身上还带着原有的组织文化，对早期探索的帮助比较大。当然，也要从外部招聘人，招聘有全球化经验的各类人才，这样能省自己探索的时间。

在招聘员工时，需要特别注意文化因素。例如长期在外企工作的人、在海外生活时间较长的人、做外贸的人都不太一样，兼容整合是一件具有挑战性的事情。如果团队需要引入多名外籍员工，那么文化习惯的差异会更加明显，尤其是在早期团队与业务各方面都不够成熟的情况下，困难会很多。所以，招聘员工不要求快，要做好新人融入，慢慢发展。

2. 早期市场与客户

出海第一步，去哪里？如果还没有海外客户，这会是个严肃的话题。在选择市场时，一般会有几个基本逻辑，如表 25-3 所示，可选择其一实践。

表 25-3　市场切入逻辑

切入方式	市场/客户群	特点
就近原则	出口企业、跨国公司等	虽然是国内企业，但是有海外业务，易接触、好服务，算是很不错的跳板。可以通过这类客户进一步触达企业在海外的公司
占领高地	区域中心，例如美国、新加坡等	做好中心地区的市场，就有了示范效应，可以将其作为据点，再去拓展周边市场
降维打击	去南美洲、非洲等	落后地区的基础更薄弱，市场不成熟，潜在用户的增量大，相应的竞争也比较小，但变化多
"向钱看"	美国、日本、德国等	根据 GDP 来看，哪些地区的付费能力强、潜在市场大，就去哪里。当然，这些地区的市场也更成熟，竞争更大

最早的客户与用户从哪里获取呢？一种常见的情况是在产品正式出海之前就已经有了海外用户，因为客户中有些是跨国公司的总部或分公司，还有一些是想要出海的公司。这样，顺着他们的关系链出去了，属于跟着出海。如果没有这样的客户或者这样的客户太少，就要直接面向海外市场来获客了，手段跟国内初创公司的方法差不多。线上方式比较简单，可以通过投放谷歌搜索广告等方式进入；在"新冠肺炎疫情"之前，线下方式主要有参加各种展会，效果较好。需要注意的是，海外渠道多，细分市场多，每一块都要做研究，尤其是在面向 B 端客户时团队里需要有当地人参与研究。

海外市场拓展路线怎么走？首先，仍然要遵循 PMF 原则。在中国市场表现好的产品不一定在美国表现好；在美国表现好的产品不一定在日本表现好。其次，每个产品、每个市场都要达到 PMF，而不是一味地去推广。验证了，就可以加大投入，先将资源投入已验证的市场中。要单点突破，由点及线，沿着网络扩散。先做好某一个城市或国家，再延伸关联地区，进而扩展范围。如果一下子铺得太宽，每个市场都会让我们力不从心，就很难做起来。

3. 本地化

SaaS 出海时，原先国内的产品不一定完全适用当地市场，因而就有了 3 种不同类型的产品开发。首先，基于国际化，做出语言上的支持，产品还是原来的产品。然后，在原有产品的基础上做二次开发，即本地化，比如调整视觉、布局、交互、支付方式等。最后，基于当地特点开发新产品，虽然成本高，但是有市场还是可以的。

同样，在服务上，如果涉及全球范围的用户，就要考虑 7 天×24 小时的服务。从帮助文档到在线客服、技术支持、客户成功，都要考虑时区与语言。一般 To C 工具都是让用户自助服务的，邮箱都未必会留，不过对于企业级产品，人工服务不可缺少。从竞争角度考虑，如果普遍只提供离线服务，那么在线服务反而会成为优势。

本地化需要全方位地做，除了产品和服务，在市场营销、运营、设计等方面也如此。许多国家的用户会优先选择本地产品，不仅是因为归属感、认同感，主要还是因为本地产品对用户习惯、偏好的了解更透彻，做的产品更容易满足用户需求。实际上，还是要更多地关注用户画像，基于用户需求做产品，基于用户特点做运营。比如，在面向东南亚的用户时，可以主动做活动营销，发短信、打电话都可以，但面向美国的用户则更合适做内容营销，让客户主动找上门，一般都是通过邮件沟通。

4．国内外渠道的差异

在前些年移动互联网兴起之时，许多公司开发面向海外的各类手机 App 并且大获成功，除了技术能力与时机的因素，渠道规则也是一个重要因素。因为手机 App 主要通过应用市场发布，产品自身有竞争力，或者花更多的钱高效推广，就能快速获得用户。但在 SaaS 领域，尤其是主要面向计算机办公场景的 To B 产品，其获客渠道就大大不同了。

先看线下渠道，不同国家的市场受文化、语言、人口等因素影响，比如在日本需要依赖人际关系，依靠企业间的介绍，而在美国传统的直邮信件仍有一席之地。刚开始做出海，很难外派团队，即使派出去了，线下活动也难以展开，这时候不妨寻找当地的合作伙伴。在美国等市场有很多企业服务商，尤其是咨询公司，比如 Salesforce、HubSpot 等都会通过各类服务商拓展客户，这也是国内企业可以借鉴的策略。受"新冠肺炎疫情"影响，线下渠道都有所收窄，原本可以参加的展会没有了，可以举办的线下活动做不了，想拜访协会也不行，因而更多的还是通过线上渠道获客。

对于线上渠道，整体而言，国内各大平台是相当封闭的，搜索流量分散，社交流量集中，内容平台此消彼长，中小型企业需要不断地适应各个平台。海外各大平台之间相对开放，包容"外链"，搜索流量集中，社交流量相对分散，在内容平台百花齐放的同时也有佼佼者。以搜索为例，在百度、谷歌上搜索不到淘宝、微信、今日头条、抖音、微博等平台的内容，同时百度、好搜、搜狗等又普遍自建各种内容频道，这就使得国内独立搜索引擎自身的价值变低，同时企业官网想获得自然搜索流量也变得更加困难，不得不去做一些自媒体号和小程序。然而在国外，在谷歌上可以搜索到亚马逊、Facebook、Reddit 等各平台的内容，而且谷歌自身没有"百科""经验""文库"等频道与各网站抢夺流量，这使得所有企业都可以从谷歌获取流量，官网的作用巨大，SEO 也是核心获客手段。国内有些SaaS 厂商可能没有一个像样的官网，但一定有微信公众号，面向海外却是官网优先，没有官网就没有办法与客户谈合作。

具体到不同区域与国家，渠道间的差异可能会更大或更小些。比如在美国，网民还普遍使用邮件沟通，毕竟美国的互联网发展得比较早，用户习惯已经养成。但是东南亚等新兴发展地区的情况与国内的情况一样，属于移动互联网后来居上，网民对邮件依赖少，更习惯使用短信、WhatsApp 等类似微信的聊天产品。同样，各大流量平台在地区间也会有差异，在最初选定市场区域时，也要基于当地情况选择流量平台。表 25-1 所示为 Statcounter 提供的 2022 年 3 月全球主流搜索引擎市场份额对比。在全球市场只需关注谷歌，但在俄罗斯市场需优先考虑 Yandex，在日本市场则不能忽视 Yahoo。

表 25-1 2022 年 3 月全球主流搜索引擎市场份额对比

搜索引擎	全球市场份额（%）	俄罗斯市场份额（%）	日本市场份额（%）
Google	91.56	47.18	76.11
Bing	3.1	0.53	6.6
Baidu	1.5	—	0.15
Yahoo	1.47	0.24	16.67
Yandex	1.07	50.34	0.05
DuckDuckGo	0.69	0.31	0.31

25.4　出海展望

中国在改革开放的几十年里，已经对外输出了不少产品。接下来，互联网、SaaS 出海是大趋势，不论哪个领域，都有人在积极尝试着走出去。在 21 世纪，我们必然会不断地输出影响力。

再回到 SaaS 行业，出海不是单纯地输出产品，而是综合地对外输出管理理念、工作文化、技术、设计等。中国这些年的发展自然有做得好的地方，我相信中国创业者与 SaaS 从业者会创造出更普适的思想和工具，虽然很难，但是我们必须实现的。

附录 A

SaaS 术语词典

类别	缩写	英文全称	中文	定义说明
云计算	SaaS	Software as a Service	软件即服务	SaaS 是一种软件分发模式,在云端集中部署,客户可在线使用并按需付费。它还被称作"按需定制软件""在线软件""托管软件"等
	PaaS	Platform as a Service	平台即服务	PaaS 是指将软件研发的平台作为一种服务,以按需付费的模式提供给用户
	IaaS	Infrastructure as a Service	基础设施即服务	IaaS 是指把 IT 基础设施作为服务通过网络对外提供,并根据用户对资源的实际使用量或占用量进行计费的一种服务模式。例如阿里云等平台
	aPaaS	application Platform as a Service	应用程序平台即服务	aPaaS 可以在整个应用程序生命周期实现应用程序的快速开发和交付,简化应用程序的编译和部署并确保可用性、可靠性、可伸缩性,以及应用程序运行控制和监控
产品类	OA	Office Automation	办公自动化	OA 是一个动态概念,即将办公整合在一个平台上,达到协同办公的目的。传统 OA 平台的代表有泛微、致远互联等,新型 OA 平台有企业微信、钉钉等
	BI	Business Intelligence	商业智能	BI 系统用现代数据仓库技术、线上分析处理技术、数据挖掘和数据展现技术进行数据分析以实现商业价值。代表产品有 Tableau、帆软 BI
	ERP	Enterprise Resource Planning	企业资源计划	ERP 系统是一种主要面向制造行业进行物质资源、资金资源和信息资源集成一体化管理的企业信息管理系统。代表产品有 Oracle、SAP 的 ERP 系统

类别	缩写	英文全称	中文	定义说明
产品类	CEM	Customer Experience Management	客户体验管理	Gartner 将客户体验管理定义为：设计和响应客户互动以满足或超越客户期望的做法，从而提高客户满意度、忠诚度和倡导度。国外客户体验管理系统的代表有 Medallia，国内客户体验管理系统的代表有倍市得、云听等
	CRM	Customer Relationship Management	客户关系管理	CRM 系统是通过信息技术来管理潜在客户及已有客户关系的软件系统，可降低企业的运营成本，为客户提供更经济、快捷、周到的服务，保持和吸引更多的客户，以求最终达到企业利润最大化的目的。国外代表产品有 Salesforce，国内产品有纷享销客、销售易等
	SCRM	Social Customer Relationship Management	社会化客户关系管理	与传统 CRM 系统相比，SCRM 系统更强调消费者的参与和互动，通过社交媒体与客户建立和维持联系。具有代表性的产品有 EC 六度人和、尘锋等
	HRM	Human Resource Management	人力资源管理	HRM 系统主要适用于企业中的人事部门（人力资源部门），支持 HR 管理企业中的人员信息、组织架构、人员变动、招聘等。典型代表有北森云
	SRM	Supplier Relationship Management	供应商关系管理	SRM 系统是一种以"扩展协作互助的伙伴关系、共同开拓和扩大市场份额、实现'双赢'"为导向的企业资源获取管理的系统工程。国内代表产品有甄云 SRM
业务类	CSM	Customer Success Management	客户成功管理	客户成功是公司的最终目标，但不能寄希望于其自然发生。因此需要主动做客户成功管理。简单来说，"客户成功管理"就是以"客户成功"为目标，执行相应的动作，最终确保实现这一目标
	GTM	Go To Market	进入市场	GTM 战略是关于组织如何触达客户使之购买产品或服务并获得竞争优势的详细计划。GTM 战略包括与定价、销售、渠道、购买旅程、新品上市、品牌重塑、引入新市场等相关的一系列策略

续表

类别	缩写	英文全称	中文	定义说明
业务类	MVP	Minimum Viable Product	最小化可行产品	指开发团队通过提供最小化可行产品获取用户反馈，并在这个最小化可行产品上持续、快速迭代，直到产品发展到一个相对稳定的阶段
	PMF	Product Market Fit	产品市场匹配	当我们有一个创业或者关于产品的想法时，在定义并开发完一个产品的 MVP 之后，接下来的一个阶段就是进行产品的市场验证，验证产品开发的假想是否成立
	PLG	Product Led Growth	产品驱动增长/产品导向型增长	一个聚焦终端用户的增长模型，依赖于产品自身作为获取、转化、扩展客户的核心动力
	SLG	Sales Led Growth	销售驱动增长	以销售为核心驱动的增长模式，适用于面向大中型企业客户的市场
	ABM	Account Based Marketing	基于账户的营销	ABM 是一种 B2B 营销策略，该策略强调市场营销和销售的协同，以增强营销活动带来收益回报提升的效果
	-	Inbound Marketing	集客营销	通过高质量且有针对性的内容，吸引访客来访问网站后，分发对访客有用的内容，将访问者转化为潜在客户，赢得他们的信任，最后将他们转化为忠实客户和品牌推广者
	SEO	Search Engine Optimization	搜索引擎优化	一种通过分析搜索引擎的排名规律，了解各种搜索引擎怎样进行搜索、怎样抓取互联网页面、怎样确定特定关键词的搜索结果排名的技术
	SEM	Search Engine Marketing	搜索引擎营销	基于搜索引擎平台的网络营销，利用人们对搜索引擎的依赖和使用习惯，在人们检索信息的时候将信息传递给目标用户
指标类	NPS	Net Promoter Score	净推荐值	NPS 是一种非常具体的调查，由一个单一的问题组成，问客户有多大可能会推荐一个品牌、产品或服务。根据回答，客户被分成 3 组
	NSS	Net Satisfaction Score	客户满意度/净满意率	用于衡量用户的满意度，可针对产品的各个模块打分，采用 5 分制，比如对性能、服务、功能等打分。5 分为非常满意。重点看 5 分的比率

续表

类别	缩写	英文全称	中文	定义说明
指标类	NRR	Net Dollar Retention Rate	净金额留存率/净续期利率/净收入保持率	NRR 是指在规定的时间内从现有客户那里得到的净收入。NRR 考虑了总收入减去任何收入流失（由离开或降级客户造成）加上升级、交叉销售或提高销售的收入增长
	ARR	Annual Recurring Revenue	年化收入/年度经常性收入	ARR 是年度经常性收入的首字母缩写，是 SaaS 或订阅业务使用的关键指标，一般将定期订阅的合同经常性收入部分规范化为一年期的价值。通常情况下，ARR 只包括合同约定的固定订阅费
	GRR	Gross Renewal Rate	总收入保持率/总收入留存率/总收入续签率	GRR 用于衡量公司从客户群中损失的年收入，不包括任何来自扩张收入(交叉销售、向上销售)或价格上涨的好处。保留的总收入多少是企业成功留住现有客户的表现
	ARPU	Average Revenue Per User	每用户平均收入	ARPU 用于衡量单个客户为公司带来的金钱数量，是在 SaaS 企业发展各个阶段都应该观测的重要指标
	LTV	Life Time Value	生命周期价值	LTV 是对客户未来利润的有效预测，用来衡量一个客户（用户）在一段时期内对 SaaS 企业有多大价值
	CAC	Customer Acquisition Cost	客户获取成本	CAC 可根据业务产生的营销成本来计算，也可包括可归因的间接费用，例如达成协议或交易的销售、营销总成本